本书获：
海南师范大学学术著作出版资助（项目批准号：ZZ1312）
海南师范大学博士科研启动资助

中国寿险公司产权结构及其有效性研究

Study on Property Right Structure and its Effectiveness of life Insurance Company in China

叶成徽 著

西南财经大学出版社

图书在版编目(CIP)数据

中国寿险公司产权结构及其有效性研究/叶成徽著. —成都:西南财经大学出版社,2013.4
ISBN 978 – 7 – 5504 – 1006 – 0

Ⅰ.①中… Ⅱ.①叶… Ⅲ.①人寿保险—保险公司—产权结构—研究—中国 Ⅳ.①F842.62

中国版本图书馆 CIP 数据核字(2013)第 056430 号

中国寿险公司产权结构及其有效性研究
Zhongguo Shouxian Gongsi Chanquan Jiegou Jiqi Youxiaoxing Yanjiu
叶成徽 著

责任编辑:汪涌波
助理编辑:江 石
封面设计:杨红鹰
责任印制:封俊川

出版发行	西南财经大学出版社(四川省成都市光华村街55号)
网　　址	http://www.bookcj.com
电子邮件	bookcj@foxmail.com
邮政编码	610074
电　　话	028 – 87353785　87352368
照　　排	四川胜翔数码印务设计有限公司
印　　刷	郫县犀浦印刷厂
成品尺寸	170mm×240mm
印　　张	16.25
字　　数	300 千字
版　　次	2013 年 4 月第 1 版
印　　次	2013 年 4 月第 1 次印刷
书　　号	ISBN 978 – 7 – 5504 – 1006 – 0
定　　价	49.00 元

1. 版权所有,翻印必究。
2. 如有印刷、装订等差错,可向本社营销部调换。

序

随着中国保险业步入深化改革、全面开放、加快发展的新阶段，中国寿险公司的产权结构正经历着一系列的动态演变历程。从中国人保、中国人寿和中国再保险的股份制改造到中国人寿、中国平安、中国太保和新华人寿的成功上市；从民生人寿、新华人寿、生命人寿、嘉禾人寿、合众人寿等多家寿险公司为改善公司的资产结构和优化公司资源配置频繁变更其股权结构，到中国银行、交通银行、北京银行、中国建设银行、中国工商银行、中国农业银行为有效整合金融资源，实现银行和保险的"双赢"而相继参股中国寿险公司；从中国保监会出台《关于保险机构投资商业银行股权的通知》开始放开我国保险公司的股权投资，到保监会陆续颁布实施《保险公司股权管理办法》和《保险公司控股股东管理办法》，严格规定我国保险公司股东及控股股东的资格、股权变更及股东责任……中国保险业的产权制度经历了翻天覆地的变革，中国寿险公司的产权结构改革正迈入新的发展阶段。然而，伴随着产权结构多元化所产生的委托—代理关系、关联交易、股权变更浪潮以及金融风险的内部传递等问题，却导致寿险公司治理的整合难度增大，严重影响了我国寿险公司的经营效率。可见，中国寿险公司产权制度的多元化改革不能只注重产权结构形式上的多元化，更应该关注这种多元化对寿险公司经营效率的贡献，也即寿险公司产权结构的有效性问题。因此，从分析中国寿险公司经营效率的新视角，探索中国寿险公司产权结构及其有效性，已成为值得深入研究的紧迫问题。

对于寿险公司产权结构有效性的研究，在国内外学者的相关文献中颇为少见。国外学者与之相关的研究主要表现为对各种不同组织形式的保险公司进行效率比较，而国内学者则主要通过分析产权结构与公司效率的关系以及管理层激励与公司效率的关系间接地反映出保险公司产权结构的有效性。本书则是将产权结构和寿险公司效率结合起来，从产权结构的视角研究寿险公司经营效率，构建了寿险公司产权结构及其有效性的研究框架，具有重要的理论价值和现实意义。本书提供了一个独特的分析框架：以产权结构能否激励其支配的公司主体实现外部性较大内在化，作为寿险公司产权结构有效性的衡量标准；以寿险公司效率与股权结构和经理激励间的关系，作为产权结构有效性理论的具体表现内容；从理论和实证两方面对寿险公司产权结构有效性理论进行了深入分析及系统论证。

本书研究方法规范，框架结构清晰，资料丰富详实，其研究属于当前保险公司经营效率理论的前沿问题，具有较强的可读性。该书的作者颇费心力地收集、归纳及整理了大量、详实的寿险公司数据资料，并在此基础上运用实证建模及规范分析的方法，分析得出我国及发达国家和地区寿险公司产权结构的发展特点和趋势并提出对策建议，对我国寿险公司产权结构改革具有较强的实际借鉴意义，本研究所制作的40余个图表涉及海内外有关寿险公司产权结构及其有效性的最新数据资料，详实可信，对业内教学与科研均有借鉴意义。

期望本书的出版能有助于促进我国寿险公司产权结构的优化及其有效性的提高，进而促进我国保险业的健全和发展。

孙 蓉
2013年春于蓉城光华园

摘 要

伴随着中国保险业的高速增长，中国寿险公司的产权结构也经历着一系列的动态演变过程。国有独资寿险公司的股份制改造，中国人寿和中国平安的成功上市，众多寿险公司引入战略投资者，多家寿险公司股权结构的频繁变更以及银行相继参股中小寿险公司，中国寿险业正经历着由垄断性国有产权独家经营变迁为包括国有产权在内的公有产权和私有产权并存的竞争性行业的历程。中国寿险公司已从过去的单个国有保险公司一统天下发展至现在的几十家股份保险公司，不仅组织形式上从国有独资保险企业演变为内资股份制公司、外资股份制公司和合资公司，股权结构也发生了重大变革，其股份性质从单纯的国有股份向国有股份、外资股份和民营股份多元化的股权结构转变，股东数量也从国有独资一元结构向国有控股的多元结构转变。

中国寿险公司产权结构的多元化发展为改善公司的治理结构，提高其经营效率作出了很大贡献，但随之而来也为寿险公司的经营带来了新的问题。国有寿险公司的股份制改造出现的企业所有权和实际控制权的"两权分离"使寿险公司必须面对由于公司所有者与经营者拥有的信息不对称而带来的委托—代理问题；在引入战略投资者过程中，境外资本对中国寿险公司的渗透以及境外资本自身存在的问题或关联交易行为可能会影响其控股的国内寿险公司的偿付能力，从而侵害广大被保险人的利益；民营企业自身在资金实力和经营理念方面的不成熟以及对寿险业盈利周期的估计不足使得寿险公司出现股权变更的浪潮；银行入股寿险公司可能会引起银行和保险公司内部传递的金融风险以及关联交易行为的不规范，从而增加银行和保险公司整合的难度，导致寿险公司效率降低。因此，中国寿险公司产权制度的改革不能只注重产权结构形式上的多元化，更重要的是如何让这种多元化的产权结构为中国寿险公司带来更高的效率，也就是寿险公司产权结构的有效性问题。这是中国寿险公司目前面临的紧迫问题。

近年来，从定性的角度分析我国保险公司产权结构改革的必要性和产权结构改革的具体措施的研究比较多，特别是针对我国保险公司在国有控股的股权结构占主导的情况下存在的问题以及由此产生的保险公司的治理问题的相关研究较多。专门针对寿险公司产权结构有效性进行研究的文献非常少。因此有必要从定量的角度讨论寿险公司产权结构有效性，用实证方法分析和检验中国寿险公司产权结构变革带来的股权结构的多元化和经营者激励问题究竟为寿险公司的利润效率和成本效率带来什么影响以及影响有多大，从而为中国寿险公司在实践中采取各种提高经营效率的措施提供理论支持。本书以寿险公司的产权结构能否使在它支配下的公司主体产生将外部性较大地内在化的激励作为寿险公司产权结构有效性的衡量标准。以此为核心，本书一方面从寿险公司的资本名义产权和实际产权的"两权结构"出发，引出寿险公司外部性内在化的两层次的激励机制，即名义产权激励机制和实际产权激励机制，并通过分析各自股权结构和经理激励与寿险公司效率的关系，对寿险公司产权结构有效性进行系统的阐述，从而建立起寿险公司产权结构有效性理论的基本框架；另一方面在分析了中国寿险公司产权结构的发展状况之后，运用随机前沿分析法（Stochastic Frontier Approach，SFA）构建中国寿险公司随机前沿利润效率和成本效率模型，通过研究股权结构和经理报酬对中国寿险公司利润效率和成本效率的影响，检验中国寿险公司产权结构的有效性，并最终提出提高中国寿险公司产权结构有效性的思路和策略。

本书主要由八个部分构成：

第一部分是导论。这部分对本书研究背景、目的及意义，文献综述和研究现状，本书框架体系及研究方法，本书研究的创新和不足进行阐述。

第二部分是寿险公司产权结构及其有效性的基础理论。这部分介绍和评述本研究所涉及的相关概念和理论，如：产权的定义、交易费用、产权结构及其有效性的界定、效率、激励以及寿险公司产权结构有效性的界定等，为后续的研究奠定理论基础。

第三部分是对寿险公司产权结构有效性理论进行一般分析。这部分一方面以本书对寿险公司产权结构有效性的界定为基础，通过分析寿险公司股权结构有效性和经理激励有效性来反映寿险公司名义和实际产权的两层次激励机制，从而构建了寿险公司产权结构有效性的分析框架；另一方面这部分界定了本书所研究的寿险公司效率的内涵，介绍了寿险公司效率的研究方法以及测度函数的选择，为本书后续的实证分析打好理论基础。

第四部分是中国寿险公司产权结构状况分析。这部分不仅概括了中国寿险公司产权结构的历史演进过程，并以中国人寿股份有限公司（书中简称中国人寿）为例分析了我国寿险公司产权结构改革，归纳出现阶段我国寿险公司股权结构的特点，而且也概述了中国寿险公司经理激励机制的发展历程，对比了中国人寿、中国平安保险股份有限公司（书中简称中国平安）和中国太平洋保险股份有限公司（书中简称中国太保）三家上市保险公司的经理报酬激励机制，分析了中国寿险公司经理激励机制存在的问题。

第五部分是寿险公司产权结构的国际比较及其启示。这部分对美国、英国、日本和中国台湾地区寿险公司的产权结构的变迁过程进行了归纳和比较，并结合这些发达国家和地区具体寿险公司的股权结构数据，分别对美国、英国、日本和中国台湾地区寿险公司的股权结构和经理激励进行详细分析并总结它们共有的特点，最后探讨发达国家和地区寿险公司产权结构对我国寿险公司产权结构改革的启示和借鉴意义。

第六部分是中国寿险公司股权结构有效性分析。这部分采用超越对数成本函数，借鉴巴蒂斯和科里（Battese & Coelli, 1995）模型构建中国寿险公司的随机前沿利润（成本）效率模型，运用2006—2010年中国56家人寿保险公司共225组样本数据，在估计各家公司不同时期利润（成本）效率的基础上分析股权结构对中国寿险公司利润（成本）效率的影响。

第七部分是中国寿险公司经理激励有效性分析。这部分以中国人寿、中国平安以及中国太保三家上市保险公司作为研究样本，采用柯布—道格拉斯（Cobb - Douglas）成本函数，借鉴随机前沿法的巴蒂斯和科里（1995）模型构建中国上市保险公司利润（成本）效率的实证模型，分析了经理报酬对中国上市保险公司利润（成本）效率的影响。

第八部分是提高中国寿险公司产权结构有效性的思路及策略。这部分指出中国寿险公司应该分别提升其股权结构和经理激励的有效性，促使寿险公司名义产权和实际产权的两层次激励达到最大，从而提高我国寿险公司的总体经营效率，并提出了相应的具体措施。

本书可能的创新之处主要体现在以下几个方面：

第一，本书初步构建了寿险公司产权结构及其有效性的研究框架。国内外分别研究产权结构和寿险公司效率及其影响因素的相关文献不少，但是将二者结合起来，从产权结构的视角研究寿险公司经营效率的文献则相对匮乏。

第二，本书以产权结构能否激励在它支配下的公司主体实现外部性较大地内在化作为寿险公司产权结构有效性的衡量标准，以寿险公司效率分别与股权结构和经理激励之间的关系作为寿险公司产权结构有效性理论的具体表现内容，从理论和实证两方面对寿险公司产权结构有效性理论进行了系统的论证。

第三，运用随机前沿法（SFA）尝试性地分别实证检验了股权结构和经理激励对我国寿险公司前沿效率（即利润效率和成本效率）的影响。本书分别构建了中国寿险公司随机前沿利润（成本）效率模型和中国上市保险公司随机前沿利润（成本）效率模型，并在研究中沿用了巴蒂斯和科里（1995）提出的改进方案，将上述模型中的寿险公司利润（成本）非效率项（U_i）直接设成寿险公司影响因素和随机误差的具体函数，以便更准确地分析股权结构和经理激励分别对我国不同寿险公司的利润（成本）效率的影响。上述两个实证模型分别运用了2006—2010年55家中国主要人寿保险公司共225组样本数据以及中国平安2004—2010年、中国人寿2006—2010年和中国太保2007—2010年三家上市保险公司的全部16组样本数据，最终得出若干有新意的结论：股权集中度对中国寿险公司的利润效率和成本效率均有影响，而股权性质仅对利润效率有显著影响而对成本效率没有显著影响；经理薪酬和经理持股对我国上市保险公司的利润效率分别有显著的负向和正向影响，但对成本效率则没有显著影响。

第四，总结发达国家和地区部分寿险公司最新产权结构状况的特点对我国寿险公司产权结构改革具有较强的实际借鉴意义。本书运用美国、英国、日本和中国台湾地区部分寿险公司2010年年报中股权结构和经理报酬激励方面的具体数据资料，归纳和总结了发达国家和地区寿险公司产权结构的最新发展特点和趋势。这种在寿险公司产权结构方面运用国外最新数据资料的研究在国内非常少见。

关键词：寿险公司　产权结构　股权结构　经理激励　有效性

Abstract

With the rapid growth of China's insurance industry, the structure of property rights of life insurance company in China is also experiencing a series of dynamic evolution process. Joint - stock reform of state - owned life insurance companies; China Life and Ping An of China's success Listing; the introduction of strategic investors in many life insurance companies; frequent change of the ownership structure of many life insurance companies and banks have shares of small and medium - sized life insurance companies, Chinese life insurance industry is undergoing a course of exclusive monopoly state - owned property changes as the coexistence of state - owned property including public property and private property rights. Life insurance company in China has already transformed from the past a single state - owned insurance companies dominate the world to the present dozens of stock insurance company. Not only organizational form evolved from the wholly state - owned insurance companies for the within - owned joint - stock companies and foreign joint - stock companies and joint ventures, equity structure has also undergone major changes, the nature of its shares changes from the state - owned shares to diversified ownership structure of the state - owned shares, foreign shares and private shares, the number of shareholders change from the state - owned structure to the pluralistic structure the state - owned holding.

The diversified development of the property rights structure of the Chinese life insurance companies has make great contribution to improve the company's governance structure and their operational efficiency, but the accompanying life insurance company operating a new problem. "separation of two rights" of ownership and the actual control of the enterprise which happened in the joint - stock reform of state - owned life insurance company makes life insurance company must face the principal - agent problemproduced by the information asymmetry between company owners and managers. In the process of introduction of strategic investors, the penetration of foreign capital on the Chinese life insurance companies and foreign capital itself the problems or acts of connected transactions may affect the holding of the domestic life insurance company's solvency, and thus against the interests of the majority of the insured person's. Private enterprises in their own immaturity in financial strength and business philosophy and underestimation of the life insurance industry profit cycle makes life insurance company frequently change the equity. Bank shares life insurance company maybe lead to the integration of corporate governance more difficult and affecting the life insurance company because of the increasing internal transmission of financial risk and non-standard behavior of connected transactions. Therefore, the property rights system reform of China's life insurance companies can not only focus on the diversification of the form of property rights structure, but more importantly, how to make this diversity of property rights structure for the Chinese life insurance companies to bring greater efficiency, which is the issue of the effectiveness of property rights structure of life insurance companies. This is the pressing issues facing the life insurance companies.

In recent years, analyzed the need for reform of property rights structure of insurance companies and the specific measures of property rights structural reform from the qualitative point of view more, in particular, more research on the problems of Chinese insurance companies in the state-controlled ownership structure dominated and the resulting governance problems. Specifically for the effectiveness of the property rights structure of the life insurance companies, the research literature is very small. Therefore it is necessary to discuss the effectiveness of the property rights structure of the life insurance companies from a quantitative point of view. It is also necessary to analyze and inspect with empirical methodwhat the diversification of ownership structure and manager's incentive caused by the property structural reform of life insurance company in China impact on the life insurance company's profit efficiency and cost efficiency and the extent of impact, and provide theoretical support for the Chinese life insurance companies to take various measures to improve operating efficiency in practice. In this paper, whether the ownership structure of the life insurance companies for the main body of the company at its disposal to provide externalities more to internalize the incentive as a measure of the effectiveness of the property rights structure of life insurance companies. With this as the core, on the one hand, starting from the "two rights structure" of nominal property rights and real property rights of capital in life insurance company, the paper leads to the incentives of two levels of internalize externalities of life insurance companies, that is, nominal property right incentives and the actual property right incentives. Through the analysis of the relationship between ownership structure and the efficiency of life insurance companies and the relationship between manager incentives and the efficiency of life insurance companies, it systematically elaborated the efficiency of property rights structure of the life insurance companies in order to establish the framework of basic theory of the effectiveness of the property rights structure of life insurance companies. On the other hand, after analysis of the development of the property rights structure of Chinese life insurance companies, the paper uses stochastic frontier approach (SFA) to build stochastic frontier profit efficiency and cost efficiency model of Chinese life insurance companies, and studies on the impact of ownership structure and manager remuneration on Chinese life insurance companies profit efficiency and cost efficiency to test the effectiveness of the property rights structure of Chinese life insurance companies, and eventually proposes suggests and recommendations to improve the effectiveness of the property rights structure of Chinese life insurance company.

This dissertation is composed by eight parts:

Chapter I servers as an introduction which is concerned with such areas as the aim and significance of this dissertation, literature review, analytical framework, methodology, as well as contribution and deficiency.

Chapter II is the basic theory of the property rights structure and its effectiveness of life insurance companies. Reviewing the related concepts and theories of property rights, transaction costs, incentives and efficiency, this part gives attention to the definition of property rights structure and its effectiveness.

Chapter III is the general analysis of the effectiveness of property rights structure of life insurance companies. This part consists of its theoretical framework and core elements of property rights structure of life insurance companies.

Chapter IV is the analysis of the history, status quo and the main features of the reform of Chinese life insurance company property rights structural and manager incentives, including the reform of property rights structure of China Life Insurance Co., Ltd and the comparation of managers remuneration incentives of China Life, Ping An and China Pacific as a case.

Chapter V is its international comparison. This part laterally compares the changes of the property rights structure of life insurance companies and analyzes the ownership structure and manager incentives of some life insurance companies in US, Japan, UK and Taiwan, and also summarizes its characteristics, in order to provide useful experience for us.

Chapter VI is the analysis of the effectiveness of ownership structure of Chinese life insurance company. This part builds the empirical model of Chinese life insurance company profits and cost efficiency using the beyond logarithm cost function and combining with Battese & Coelli (1995) model, and estimates the profit and cost efficiency of companies in different period, and analyzes the influence of equity structure on China life insurance companies' profits and cost efficiency.

Chapter VII is the analysis of the effectiveness of manager incentives of Chinese life insurance company. This part builds the empirical model of China's listed insurance company profits efficiency and cost efficiency using the Cobb – Douglas cost function, and analyzes the influence of manager compensation on Chinese life insurance companies' profits and cost efficiency.

Chapter VIII is the proposals of improve the effectiveness of life insurance companies property rights structure in China. Based on these theoretical and empirical results, this part elaborated the specific measures to enhance the efficiency of ownership structure and managers incentives of life insurance company in China.

The contributions of this dissertation may include the following aspects:

Firstly, the dissertation initially builts the framework of the effectiveness of the structure of property rights of life insurance companies. The literature about life insurance companies operating efficiency from the perspective of the property rights structure can be described as scarce.

Secondly, this paper uses whether the ownership structure of the life insurance companies for the main body of the company at its disposal to provide externalities more to internalize the incentive as a measure of the effectiveness of life insurance companies property rights structure, and uses the relationship between the efficiency of life insurance companies and its ownership structure and manager incentives as specific performance, and systematically demonstrates the theory of effectiveness of life insurance companies property rights structure from both theoretical and empirical.

Thirdly, the dissertation uses Battese & Coelli (1995) model of the stochastic frontier efficiency analysis (SFA) build the stochastic frontier profit – efficiency and cost – efficiency model of Chinese life insurance company and the stochastic frontier profit – efficiency and cost – efficiency model of Chinese listed insurance companies. Based on the above two models, the paper analyzes the impact of the ownership structure on Chinese life insurance companies profit – efficiency and cost – efficient and the managerial compensation on Chinese listed insurance companies profit – efficiency and cost – efficient.

Finally, the dissertation summarizes the characteristics of the ownership structure and manager remuneration incentives in the 2010 Annual Report of some life insurance companies in developed countries and regions, and has a strong actual reference for the reform of property rights structure of life insurance companies in China.

Keywords: Property Rights Structure; Ownership Structure; Manager Incentives; Life Insurance Companies; Effectiveness

目　录

0 导论 / 1
  0.1 研究背景与研究意义 / 1
    0.1.1 研究背景 / 1
    0.1.2 研究目的和意义 / 2
  0.2 文献综述及研究现状 / 3
    0.2.1 国外研究现状 / 3
    0.2.2 国内研究现状 / 5
    0.2.3 国内外相关研究的简要评价 / 9
  0.3 本书结构框架与研究方法 / 10
    0.3.1 本书的基本框架 / 10
    0.3.2 本书的研究方法 / 12
  0.4 可能的创新与不足 / 13

1 寿险公司产权结构及其有效性的基础理论 / 16
  1.1 产权的定义 / 16
    1.1.1 对产权的界定 / 16
    1.1.2 名义产权与实际产权 / 20
  1.2 产权分析的基本工具：交易费用 / 21
    1.2.1 交易费用的定义 / 22

1.2.2 交易费用、产权安排及资源配置效率 / 23

1.3 产权结构的界定 / 25

1.3.1 从组织形式界定产权结构 / 25

1.3.2 从产权要素角度对产权结构的界定 / 26

1.3.3 本书对产权结构的界定 / 27

1.4 本书对产权结构有效性的界定 / 28

1.5 产权结构有效性的量化指标：效率 / 29

1.5.1 效率的内涵及主要研究方向 / 29

1.5.2 评价企业前沿效率的主要实证方法：利润效率法和成本效率法 / 33

1.5.3 前沿效率的主要测度函数与估计方法 / 34

1.5.4 效率与产权结构有效性的关系 / 42

1.6 产权结构有效性的实现途径：激励 / 44

1.6.1 激励的内涵 / 44

1.6.2 激励机制 / 45

1.6.3 激励的相关理论 / 45

1.7 本书对寿险公司产权结构有效性的界定 / 48

1.8 本章小结 / 48

2 寿险公司产权结构有效性分析的理论框架 / 49

2.1 寿险公司产权结构有效性的基本分析框架 / 49

2.2 寿险公司效率及其测度 / 50

2.2.1 传统的寿险公司效率评价指标 / 51

2.2.2 本书对寿险公司效率内涵的界定 / 52

2.2.3 效率的测度方法在保险公司中的应用 / 52

2.2.4 本书对寿险公司效率研究方法和测度函数的选择 / 54

2.3 **寿险公司股权结构及其有效性** / 57

 2.3.1 对寿险公司股权结构的界定 / 58

 2.3.2 寿险公司股权结构有效性分析：股权结构与寿险公司效率的关系 / 59

2.4 **寿险公司经理激励及其有效性** / 64

 2.4.1 本书对寿险公司经理的界定 / 64

 2.4.2 寿险公司经理激励理论概述 / 65

 2.4.3 寿险公司经理激励有效性分析：经理激励与寿险公司效率的关系 / 69

2.5 **本章小结** / 72

3 中国寿险公司产权结构状况分析 / 73

3.1 **中国寿险公司产权结构的演变** / 73

 3.1.1 中国寿险公司产权结构的历史演进 / 73

 3.1.2 寿险公司的产权结构改革：以中国人寿为例 / 77

3.2 **中国寿险公司股权结构的特点** / 82

 3.2.1 股权结构呈现出三种典型的控股模式 / 82

 3.2.2 境外资本陆续入股并相对控股部分寿险公司 / 86

 3.2.3 民营资本积极参股中国寿险公司 / 87

 3.2.4 银行相继参股中国寿险公司 / 89

3.3 **中国寿险公司经理激励机制的状况分析** / 91

 3.3.1 中国寿险公司经理激励机制发展历程 / 91

 3.3.2 中国上市寿险公司经理报酬激励机制对比 / 93

 3.3.3 中国寿险公司经理激励机制存在的问题 / 96

3.4 **本章小结** / 97

4 寿险公司产权结构的国际比较及其启示 / 98

4.1 美国寿险公司产权结构状况分析 / 98
4.1.1 美国寿险公司产权结构的变迁 / 98
4.1.2 美国部分寿险公司股权结构分析 / 100
4.1.3 美国部分寿险公司经理激励机制分析 / 102

4.2 英国寿险公司产权结构状况分析 / 105
4.2.1 英国寿险公司产权结构的变迁 / 105
4.2.2 英国部分寿险公司股权结构分析 / 108
4.2.3 英国寿险公司经理激励机制分析:以标准人寿和法通保险集团为例 / 110

4.3 日本寿险公司产权结构状况分析 / 112
4.3.1 日本寿险公司产权结构的变迁 / 112
4.3.2 日本部分寿险公司股权结构分析 / 114
4.3.3 日本寿险公司的经理激励分析:以第一生命保险株式会社为例 / 116

4.4 中国台湾地区寿险公司产权结构状况分析 / 117
4.4.1 中国台湾地区寿险公司产权结构的变迁 / 118
4.4.2 中国台湾地区主要寿险公司股权结构分析 / 118
4.4.3 中国台湾地区主要寿险公司经理激励机制分析 / 121

4.5 发达国家和地区寿险公司产权结构对中国的启示 / 123
4.5.1 发达国家和地区寿险公司产权结构的特点 / 123
4.5.2 发达国家和地区寿险公司产权结构对中国的启示 / 125

4.6 本章小结 / 127

5 中国寿险公司股权结构有效性分析:股权结构与寿险公司效率 / 128

5.1 变量选取及样本选择 / 128

5.1.1　因变量选取 / 128

　　5.1.2　自变量选取 / 129

　　5.1.3　样本选择及数据来源 / 135

5.2　股权结构与中国寿险公司利润效率的关系：基于SFA的实证分析 / 138

　　5.2.1　中国寿险公司随机前沿（SFA）利润效率模型 / 138

　　5.2.2　实证工具 / 139

　　5.2.3　实证结果及分析 / 140

5.3　股权结构与中国寿险公司成本效率的关系：基于SFA的实证分析 / 146

　　5.3.1　中国寿险公司随机前沿（SFA）成本效率模型 / 146

　　5.3.2　实证工具 / 147

　　5.3.3　实证结果及分析 / 148

5.4　实证分析的主要结论 / 154

5.5　本章小结 / 155

6　中国寿险公司经理激励有效性分析：经理激励与寿险公司效率 / 156

6.1　变量选取及样本选择 / 156

　　6.1.1　因变量选取 / 156

　　6.1.2　自变量选取 / 157

　　6.1.3　样本选择及数据来源 / 159

6.2　经理报酬激励与中国寿险公司利润效率的关系：基于SFA的实证分析 / 160

　　6.2.1　中国上市保险公司随机前沿（SFA）利润效率模型 / 160

　　6.2.2　实证工具 / 161

　　6.2.3　实证结果及分析 / 162

6.3　经理报酬激励与中国寿险公司成本效率的关系：基于 SFA 的实证分析 / 164

　　　　6.3.1　中国上市保险公司随机前沿（SFA）成本效率模型 / 164

　　　　6.3.2　实证工具 / 165

　　　　6.3.3　实证结果及分析 / 166

　　6.4　实证分析的主要结论 / 169

　　6.5　本章小结 / 169

7　提高中国寿险公司产权结构有效性的思路及策略 / 170

　　7.1　提高中国寿险公司产权结构有效性的总体思路 / 170

　　7.2　提高中国寿险公司股权结构的有效性：模式、措施及制度保证 / 171

　　　　7.2.1　寿险公司股权结构的有效模式：多股制衡的多元化网络式股权结构 / 172

　　　　7.2.2　确保寿险公司股权结构有效的重要措施：引入战略投资者 / 174

　　　　7.2.3　实现有效的寿险公司股权结构的制度保证：强化监管 / 176

　　7.3　提高中国寿险公司经理激励的有效性：物质激励与精神激励相结合 / 180

　　　　7.3.1　有效的物质激励：实行经理报酬契约的结构化安排 / 180

　　　　7.3.2　有效的精神激励：实现经理的贡献与其控制权相对称 / 181

　　　　7.3.3　提高经理激励有效性的有益补充：良好的经理声誉激励 / 182

　　7.4　本章小结 / 184

参考文献 / 185

附录 / 202

后记 / 239

0　导论

0.1　研究背景与研究意义

0.1.1　研究背景

自 1980 年国务院、中国人民银行批准恢复办理国内保险业务以来，中国的保险业取得了辉煌的成就，其增长速度不仅远远超出同期世界保险业的平均增长速度，而且创造了保险业发展史上的奇迹。伴随着中国保险业的高速增长，中国寿险公司①的产权结构也经历着一系列的动态演变过程。2002 年中国人保、中国人寿和中国再保险公司进行股份制改造；2003 年中国人寿在纽约证券交易所及香港联交所上市；2004 年中国平安在香港联交所上市；2007 年中国人寿和中国平安先后回归国内 A 股市场；从 2006 年开始，长城人寿、中国人寿、正德人寿、华夏人寿和新华人寿等众多寿险公司纷纷引入战略投资者；2006—2011 年间，民生人寿、新华人寿、生命人寿、嘉禾人寿和合众人寿等多家寿险公司频繁变更股权结构；从 2009 年开始，中国银行、交通银行、北京银行、中国建设银行、中国工商银行以及中国农业银行相继参股中国寿险公司。中国寿险业正经历着由垄断性国有产权独家经营变迁为包括国有产权在内的公有产权和私有产权并存的竞争性行业的历程。中国寿险公司已从过去的单个国有保险公司一统天下发展至现在的几十家股份制寿险公司，不仅组织形

---

① 本书中的中国寿险公司指在中国境内经中国保监会批准设立，并依法登记注册的人寿保险公司、健康保险公司以及养老保险公司，包括中资寿险公司、中外合资寿险公司、外资独资寿险公司以及外国寿险公司分公司。根据这种界定及中国保险监督管理委员会网站公布的《2011 年人寿保险公司原保险保费收入情况表》，截至 2011 年年底，我国共有寿险公司 60 家，其中中资寿险公司 35 家，外资寿险公司 25 家。

式上从国有独资保险企业演变为内资股份制公司、外资股份制公司和合资公司，股权结构也发生了重大变革，其股份性质从单纯的国有股向国有、外资以及民营股份多元化的股权结构转变，股东数量也从国有独资的一元结构向国有控股下的多元结构转变。

  为了有效推进中国寿险公司产权结构的多元化，中国保险监督管理委员会从2006年开始陆续出台了一系列与保险公司股权有关的法规政策。2006年9月出台了《关于保险机构投资商业银行股权的通知》，允许我国保险机构投资境内国有、股份制以及城市商业银行等未上市的银行股权；2008年12月发布了《关于保险公司高级管理人员2008年薪酬发放等有关事宜的通知》，明确规定暂时停止实施股权激励以及员工持股计划；2009年11月提出《商业银行投资保险公司股权试点管理办法》，只允许每一家进行股权投资试点的商业银行投资一家保险公司以防止关联交易风险的发生；2010年6月实施的《保险公司股权管理办法》，对我国保险公司股东的资格、股权变更及股东责任的内容进行了严格规定。这些法规政策为中国寿险公司产权结构改革过程中出现的新问题提供了法律依据，有助于促进中国寿险公司改善法人治理结构，最终达到提高公司经营效率的目的。

  中国寿险公司产权结构改革正迈入新的发展阶段。与此同时，中国寿险公司产权结构的变化对公司经营效率的贡献逐渐成为人们关注的重要问题。产权是最基本、最重要的经济制度，不同的产权安排对经济主体的行为和绩效会产生重要的影响，统计资料也反映出不同产权结构的企业其投入产出效率存在明显差异。因此，探索中国寿险公司产权结构及其有效性成为值得深入研究的课题，它将为分析中国寿险公司的经营效率问题提供一个新视角。

0.1.2 研究目的和意义

  近年来，中国保险业的产权制度发生了翻天覆地的变革，产权结构的多元化发展为改善中国寿险公司的治理结构，提高其经营效率作出了很大贡献，但随之而来也为中国寿险公司的经营带来了新的问题。国有寿险公司的股份制改造出现的企业所有权和实际控制权的"两权分离"使寿险公司不得不面对由于公司所有者与经营者拥有的信息不对称而带来的委托—代理问题，寿险公司必须设计合理的制度安排使其监督机制的激励相容性达到合意的程度。在引入战略投资者过程中，境外资本对中国寿险公司的渗透比较严重，境外资本自身存在的问题或关联交易行为可能会影响其控股的国内寿险公司的偿付能力，从而侵害广大被保险人的利益。民营资本参股中国寿险公司有助于其产权结构的多元化，但民营企业自身在资金实力和经营理念方面的不成熟以及对寿险业盈利周期的估计不足使得寿险公司出现股权变更的浪潮。银行入股寿险公司也有可能增大金融风险内部传递，产生不规范的关联交易行为，导致公司治理的整合难度增加，影响寿险公司的效率。这些问题的出现让我们意识到，中国寿险公司产权制度的改革不能只注重产权结构形式上的多元化，更重要的是如何让这种多元化的产权结构为中国寿险公司带来更高的公司效率，即寿险公司产权结构的有效性问题，这是中国寿险公司目前面临的紧迫问题。

理论上，我国专门针对寿险公司产权结构有效性进行研究的文献非常少，一般都是以保险公司整体作为研究对象，从定性的角度分析我国保险公司产权结构改革的必要性和产权结构改革的具体措施，分析得比较多的是我国保险公司在国有控股的股权结构占主导的情况下存在的问题以及由此产生的保险公司的公司治理问题。这些定性的理论分析主观性比较强，缺乏客观的数据支持，分析的结论不一定适合寿险公司的实际情况。因此有必要在理论梳理及框架搭建的基础上，从定量的角度讨论寿险公司产权结构有效性，用实证方法分析和检验中国寿险公司产权结构变革带来的股权结构的多元化和经营者激励问题究竟为寿险公司的利润效率和成本效率带来什么影响以及影响有多大，从而为中国寿险公司在实践中采取各种提高经营效率的措施提供理论支持。

0.2　文献综述及研究现状

0.2.1　国外研究现状

产权结构是产权结构有效性研究的基础。在国外，产权结构最初是在阿尔钦和德姆塞茨（Alchian & Demsetz，1972）的团队生产（Team Production）假说中以企业产权结构的形式提出的，被认为是为了克服企业内部不同要素所有者之间在协作群生产过程中的偷懒行为以及"搭便车"动机建立的制度安排[1]。后来经过詹森和麦克林（Jensen，Meckling，1976）以及威廉姆森（1981）的发展使产权结构的内涵更为丰富。与此同时，产权学派主要代表阿尔钦、德

---

[1] Alchian, A. and Demsetz, H. Production, Information Cost, and Economic Organization [J]. American Economic Review, Vol. 62, No. 5. (Dec. 1972): pp. 782–783.

姆塞茨、配杰威齐、张五常、菲吕博腾等先后围绕产权安排与效率的问题展开了深入的探讨。阿尔钦和德姆塞茨（Alchian, Demsetz, 1972）认为不同的产权结构表现为不同的企业制度，并通过分析公司、合伙制、私有和利润分享制等各种不同类型的企业及其投入要素，运用产权结构的变化解释企业的行为目标和变化来强调产权界定的重要性，并提出各种可检验的实例，认定经济效率的必要前提是私有产权制度[1]。詹森和麦克林（Jensen, Meckling, 1976）、威廉姆森、克莱因（Williamson, 1980, Klein & Crawford, 1978）、格罗斯曼和哈特（Grossman, Hart, 1983, 1986）以及埃斯瓦瑞和克特威（Eswaran, Kotwal, 1989）等学者主要从委托代理和交易费用的角度阐述所有权与管理权分离的产权结构安排能否解决企业效率和激励的问题应取决于不同的代理成本。在这些讨论的基础上，科斯（1992）将制度分析和资源配置联系在一起，分析产权界定及安排在外部性和降低交易费用方面的重要性，重建了产权结构和经济效率之间的内在关系，突出了在经济运作中产权制度的重要性[2]。这一结论，使产权结构有效性问题上升到理论的层面上而被提出来。20世纪90年代末，国外学者开始运用实证分析来验证产权结构有效性理论，他们主要采用数据包络分析法（DEA）论证不同产权结构与企业效率之间的关系，但结论各异。波利特（M. Pollitt, 1996）、马丁和帕克（Martin & Parke, 1997）等认为产权对企业效率没有影响，而利玛尼等（Erik Lehmanni et al., 2004）和莫利和波加斯特（B. Maury & A. Pajuste, 2005）等则提出产权对企业效率有明显的影响。

寿险公司产权结构有效性的研究在国外学者的相关文献中非常少见。国外与保险公司产权结构有效性相关的研究主要表现为从保险公司组织形式的角度分析保险公司的效率，并对各种不同组织形式的保险公司进行效率比较。在1981年、1986年、1988年和1994年，迈耶斯和史密斯（Mayers & Smith）分别针对美国保险市场的组织结构以及保险公司的所有权结构进行了连续研究。迈耶斯和史密斯（1988）在研究美国保险业如何受到保险机构组织形式影响的基础上，得出股份制和相互制可以验证经营效率和激励问题并且这两种组织形式各有其自己特殊的优点[3]。康明斯、维斯和兹（Cummins, Weiss & Zi,

---

[1] Alchian, A. and H. Demsetz, H. Production, Information Cost, and Economic Organization, American Economic Review, Vol. 62, No. 5. (Dec., 1972), pp. 782 – 783.

[2] R. H. Coase. The Institutional Structure of Production, The American Economic Review, Vol. 82, No. 4 (Sep., 1992), pp. 713 – 719.

[3] Mayers D. and Smith C. W., 1988, "Ownership Structure across Lines of Property – Casualty Insurance", Journal of Law and Economic, 31: 351 – 378.

1999）分别分析了美国股份制和相互制财产保险公司和意外险保险公司的效率，发现相互制公司有助于提高生产率而股份公司则有助于稳定生产效率，并且这些公司不仅能降低不同市场的生产以及代理成本，而且具有提供极具特色的保险产品的技术优势[1]。莱和林巴帕荣（Lai & Limpaphayom，2003）在验证了日本非寿险业的组织形式同公司绩效关系的基础上发现，与独立股份制保险公司和相互制保险公司相比，日本隶属经联保险集团内的股份制保险公司的费用和自由现金流比较低，但损失率却比较高；独立股份制保险公司的损失率和进入门槛较低；相互制保险公司的投资收益较高，各种组织形式优势不同[2]。杰（Jeng）和莱（2005）对日本1985—1994年的非寿险经联公司、非专业化独立公司和专业化独立公司的效率进行了非参数方法的测量，指出较低的信息成本及良好的监督使经联公司的成本效率比非专业化独立公司更高[3]。

0.2.2 国内研究现状

0.2.2.1 产权结构有效性的研究现状

在国内，李石泉（1992）最早提出产权结构是一定所有制实现形式以及有关财产权利责任在各主体间的分配与安排。后续的学者则对产权结构的构成展开了讨论。陈伯庚（1996）从横向和纵向的角度；黄少安（2004）从微观和宏观的角度；钟玉文（2010）从系统内各要素之间关系的角度分别提出产权结构的不同构成要素。在对产权结构的构成要素有了深入理解之后，国内学者开始关注产权结构与企业经营效率关系以及"两权分离"带来的经营者激励与企业效率关系的问题。张军（1989）提出剩余索取权力与监督权相分离，由专业人员独立执行协调活动的任务，从而提高协调规模经营的效率；杨晓维（1992）指出经营权和剩余索取权的残缺，限制了企业经营行为，从而降低经营效率及整个社会资源配置效率；刘小玄（1994）认为资本的终极所有权和法人所有权分离的产权结构比两权一体化的古典产权结构具有更高的生产效

---

[1] Cummins J. D., M. Weiss and H. Zi, 1999, "Organizational form and Efficiency: The Coexistence of Stock and Mutual in the Property – Liability Insurers", Management Science, 45 (9): 1254 – 1269.

[2] Gene C. Lai and Piman Limpaphayom, 2003, "Organizational Structure and Performance: Evidence from the Nonlife Industry in Japan", Journal of Risk and Insurance, 70 (4): 735 – 757.

[3] Vivian Jeng and Gene C. Lai, 2005, "Ownership Structure, Agency Cost, Specialization, and Efficiency: Analysis of Keiretsu and Independent Insurers in the Japanese Nonlife Insurance Industry", Journal of Risk and Insurance, 72 (1): 105 – 158.

率。魏峰（1999）运用经理激励理论证明了应该增加经理补偿对企业业绩的敏感度。肖继辉（2005）通过对西方经理报酬研究动态的梳理发现，公司业绩对经理报酬水平的解释力很弱，但可以从经理报酬水平的其他机制如公司的董事治理、大股东治理，以及经理的人力资源特征等方面分析其与公司业绩之间的关系。吴春雷、马林梅（2011）采用数理模型推演的方法得出结论：薪酬管制与高管腐败和企业业绩下降是不是一种必然的因果关系，取决于监督力的变化方向和强度。对这些问题的分析为产权结构有效性理论在我国的深入研究奠定了一定的理论基础。

从20世纪90年代末开始，国内学者开始运用实证方法论证产权结构有效性理论，与此相关的研究不仅仅包括对产权结构和企业效率关系的直接分析，许多学者对股权结构和经理激励与企业效率关系的实证分析也为产权结构有效性理论在我国的发展作出了贡献。姚洋（1998）通过比较不同所有制企业的效率，得出结论：私营企业平均效率最高，三资企业、股份制企业、集体企业其次，而国有企业最低。刘小玄（2004）指出，产权结构不同的企业其效率也有所不同，民营产权结构对其效率存在正向影响，具有上升的边际生产率；而国有产权结构对其效率则存在负面影响，具有下降的边际生产率。刘小玄和李利英（2005）选择1994—1999年451家样本企业，运用CD生产函数以及超越对数生产函数的模型对技术效率进行测定和分析，得出企业效率水平与国有股权变化显著负相关，而与私有和法人股权变化则显著正相关，因此国有产权比重下降和个人资本比重上升对提高企业效率有显著作用，产权变革能有力地推动生产率的提高。郝大明（2006）研究了国有企业公司制改革前后的效率变化，认为具有相同初始状态的国有企业，其改制后的效率与改革中引入的其他投资有关，其他投资引入的比重大，或者其他投资主体对行政干预产生有效的制衡作用，企业效率就能大幅度提高；反之其他投资引入的比重小，或者其他投资主体对行政干预产生的制衡作用有限，则很难提高企业效率，改革的关键在于如何引入其他投资以建立有效的产权结构。

国内许多学者分别运用各种实证模型分析股权结构与企业绩效的关系，但是关于国有股和持股比例与企业绩效之间的关系，大家得出的结论却并不一致。关于国有股与企业绩效之间的关系，张维迎（1995）、许小年和王燕（1999）、刘国亮和王加胜（2000）认为国有股比例与企业业绩呈现负相关的关系；于东智（2001）同意国有股比例和经营绩效正相关的观点，认为国家股与公司业绩表现出弱的正相关关系；林毅夫（1997）、朱武祥和宋勇（2001）认为企业持有国家股对其经营绩效的影响力并不显著；吴淑琨

(2002) 在对 1997—2000 年我国上市公司的实证分析过程中论证了国家股比例和公司经营绩效之间的 U 形曲线关系；陈晓和江东（2000）则认为股权结构对公司业绩的影响与行业竞争性有关：竞争性强的行业，其国有股比例与公司业绩呈负相关关系，而法人股比例与公司业绩则正相关；垄断性较强的行业，其国有股和法人股比例对公司业绩没有显著影响，从而股权结构与企业的业绩无关。关于持股比重与企业绩效的关系，施东晖（2000）论证了法人股持股比例与公司市净率和净资产收益率之间的三次函数关系，即持有 20% 以下或 60% 以上法人股的企业将会由于其法人股东积极的公司治理态度使其经营绩效与持股比例正相关；而持有 20%~60% 法人股的企业则会由于法人股东过于追求个人利益而使公司的经营绩效与持股比例负相关；陈小悦和徐晓东（2001）认为非保护性行业的第一大股东持股比例和企业业绩呈正相关关系；高明华（2001）从股权集中度分析得出企业的第一大股东持股比例与其每股收益之间仅有弱的正相关，而其前三位和前五位股东持股比例与其每股收益则没有显著的相关性。

关于经理激励与企业效率关系的分析国内学者主要采用不同的数量经济模型，结合公司的具体数据，推导二者之间的关系，但结论各不相同。孙月静，张文泉（2007）对影响公司高管人员报酬的董事会结构与公司绩效进行分析，发现高管人员报酬的对数和公司净资产收益率以及净资产收益率的平方虽然都存在正相关性，但是相关性很小。张大勇、王磊（2010）选取 157 家深、沪 A 股的民营上市公司，从公司的盈利、偿债、发展及股本扩展能力四方面论证高管现金报酬、高管持股和公司绩效之间的关系，发现中国民营上市公司的高管现金报酬和公司绩效显著正相关，而高管持股的激励作用不显著。王晓静、陈志军（2011）构建沪深两市上市集团公司的董事会结构、高管激励和集团绩效回归模型，得出结论：中国上市集团公司董事会规模对集团绩效没有产生积极效应，独立董事也没有发挥有效的监管职能，董事长与总经理的两职合一与集团公司的绩效负相关；报酬制度的合理有效与股权激励环境的公平透明能够提高集团公司的绩效，应进一步完善股权激励制度。

0.2.2.2 寿险公司产权结构有效性的研究现状

在国内，对寿险公司产权结构有效性进行系统研究的文献可谓十分匮乏。与此相关的文献主要是对我国保险公司的产权结构改革和股权结构多元化与公司效率和治理结构关系的问题进行了分析。对于保险公司产权结构改革与公司效率和治理结构的关系，国内学者的分析主要从理论层面展开。李开斌（2000）认为，在发达资本主义国家为了减少交易费用和生产成本而产生纵向和横向一体化的保险兼并以及为了实现跨国经营而导致竞争力增加的背景下，我国保险经济的产权结构必须予以改革。汤若岚（2001）指出把非国有经济股份引入到国有保险公司，使其成为国家控股或持股的股份制公司，是国有保险公司产权制度改革的方向。朱俊生、齐瑞宗（2003）认为建立现代公司治理结构以及激励机制，使股权结构向多元化发展，是国有保险公司产权改革的核心，提出为根本改善公司治理结构，应通过引入战略投资者和将国有保险公司民营化来重建控制权结构。慕刘伟（2003）指出国有保险公司可以采取交叉持股和外资金融机构参股等方式进行股份制改造，形成多元化网络式股权结构，并认为目前国有股份制保险公司规范化建设的一项重要内容是必须使股权结构合理化。贾琦龙（2003）深入分析了国有保险公司的人力资本产权，重点阐述人力资本产权的归属问题以及如何安排剩余索取权和产权结构的问题，提出国有保险公司的产权结构应该是物力资本与人力资本产权的有机结合体。庄宏献、蒲海成（2005）认为我国保险公司股权结构多元化只是初步形成，在国有控股的股权结构占主导的情况下，依然还存在诸多问题，相应的治理机制还不成熟，不利于企业制定合理经营目标、实现内部有效约束和改进经营效益。董国升（2006）认为我国保险企业产权不清晰、公司治理失灵在一定程度上成为保险交易行为低效率的关键原因，完善产权制度、实现股权多元化、强化保险公司治理、切实维护相关利益者的利益，成为解决我国保险交易行为低效率的重要途径。

对股权结构多元化与公司效率和治理结构关系的问题，国内学者比较注重用实证分析的方法加以检验和论证。黄薇（2006）首次采用随机前沿分析法评估了1999—2004年我国28家保险机构的成本和利润效率，并将效率影响因素引入随机前沿模型进行因素分析，认为片面地改变保险机构的产权结构对提高其效率并不一定有效，影响我国保险业效率的主要因素还有公司治理结构、组织形式、资产规模、营销体系、产品多元化程度。刘志迎（2007）利用随机前沿分析法测算了我国16家财产保险公司1999—2004年的成本效率，并分析了影响财产保险公司成本效率的主要因素，发现公司规模对财险公司的经营效率有显著的负面影响，并且中资公司成本效率提升的幅度比外资公司小。胡颖、叶羽钢（2007）对保险公司效率的决定因素进行了理论和实证分析，指出国有保险公司产权结构能否促使产权制度的激励、约束和配置职能有效地发挥作用是造成其相应效率损失的主要原因，具有较高公司治理水平的保险公司，其效率也普遍较高。谢晓霞、李进（2009）构建了股权结构、董事会特征与保险公司业绩模型，发现政府和高管持股比例与保险公司业绩正相关，境外战略投资者持股对保险公司业绩的提高有负面影响，董事会规模与保险公司业绩负相关，独立董事和具有金融相关从业经验的独立董事对保险业绩没有影响。王晓英、彭雪梅（2011）采用个体时点双固定效应回归模型考察了从2008年第一季度到2010年第三季度两家国有上市公司股权结构对经营绩效的影响，得出政府持股有利于国有上市保险公司绩效提高，股权集中度太高不利于绩效的提高，外资持股与经营绩效负相关，高管持股与企业经营绩效是负向关系。吴越凡（2011）通过构建博弈论模型，具体考察股权结构对于我国保险公司治理水平的影响，提出国有成分会加剧经理人"内部人控制"，股权集中度高的保险公司"内部人控制"现象较少，但当股东利益和保单持有人利益相冲突时，更有激励损害保单持有人的利益。

0.2.3　国内外相关研究的简要评价

产权结构理论经过数十年的发展，已成为现代经济学的前沿及热门领域，其内容十分丰富。但是，运用产权结构理论分析保险公司产权结构及其有效性问题的相关研究非常有限，而专门针对寿险公司产权结构及其有效性的研究则更为少见。通过对国内外相关研究的梳理，笔者发现已有的研究可以概括为以下几个特点：

第一，国外学者对产权结构与保险公司效率关系的研究侧重于运用实证方法分析保险公司效率如何受到其组织形式的影响以及具有不同组织形式的保险公司其经营效率的差异，研究内容比较单一。

第二，国内学者对保险公司产权结构及其有效性的研究不仅从理论方面阐述了保险公司产权结构改革的必要性、措施、改革方向以及产权结构与公司效率的关系，而且通过构建不同的数量模型来验证保险公司产权结构与公司效率的关系以及保险公司管理层激励与公司效率之间的关系，研究的内容比较具体和丰富。

第三，国内外学者的相关研究基本上都是以保险公司整体为研究对象，没有区分产险公司和寿险公司。这些相关文献对保险公司产权结构及其有效性的研究主要通过分析产权结构与公司效率的关系以及管理层激励与公司效率的关系间接地表达出来，对保险公司特别是寿险公司产权结构及其有效性理论直接进行系统分析的文献非常少见。

0.3 本书结构框架与研究方法

0.3.1 本书的基本框架

本书主要研究中国寿险公司产权结构及其有效性。本书以寿险公司的产权结构能否激励在它支配下的公司主体实现外部性较大地内在化作为寿险公司产权结构有效性的衡量标准。以此为核心,本书一方面从寿险公司的资本名义产权和实际产权的"两权结构"出发,引出寿险公司外部性内在化的两层次的激励机制,即名义产权激励机制和实际产权激励机制,并通过分析各自股权结构和经理激励与寿险公司效率的关系,对寿险公司产权结构有效性进行系统的阐述,从而建立起寿险公司产权结构有效性理论的基本框架;另一方面在分析了中国寿险公司产权结构的发展状况之后,运用随机前沿分析法(Stochastic Frontier Approach, SFA)构建了中国寿险公司随机前沿效率模型研究股权结构和经理报酬对中国寿险公司利润效率和成本效率的影响,实证检验了中国寿险公司产权结构的有效性,并最终提出提升中国寿险公司产权结构有效性的政策建议。

本书研究的逻辑框架如图 0-1 所示。

全书包括八部分内容,具体如下:

第一部分是导论,概述本书的研究背景、目的及意义;详细梳理和简要评述国内外的相关研究文献;提出本书的框架体系;介绍本书主要的研究方法、可能的创新以及存在的不足。

第二部分是寿险公司产权结构及其有效性的基础理论。这部分介绍和评述本书研究所涉及的相关概念和理论,如:产权的定义、交易费用、产权结构及其有效性的界定、效率、激励以及寿险公司产权结构有效性的界定等,为后续的研究奠定理论基础。

第三部分是对寿险公司产权结构有效性理论进行一般分析。一方面以本书对寿险公司产权结构有效性的界定为基础,通过分析寿险公司股权结构有效性和经理激励有效性来反映寿险公司名义和实际产权的两层次激励机制,从而构建了寿险公司产权结构有效性的分析框架;另一方面本章界定了本书所研究的寿险公司效率的内涵,介绍了寿险公司效率的研究方法以及测度函数的选择,为本书后续的实证分析打好理论基础。

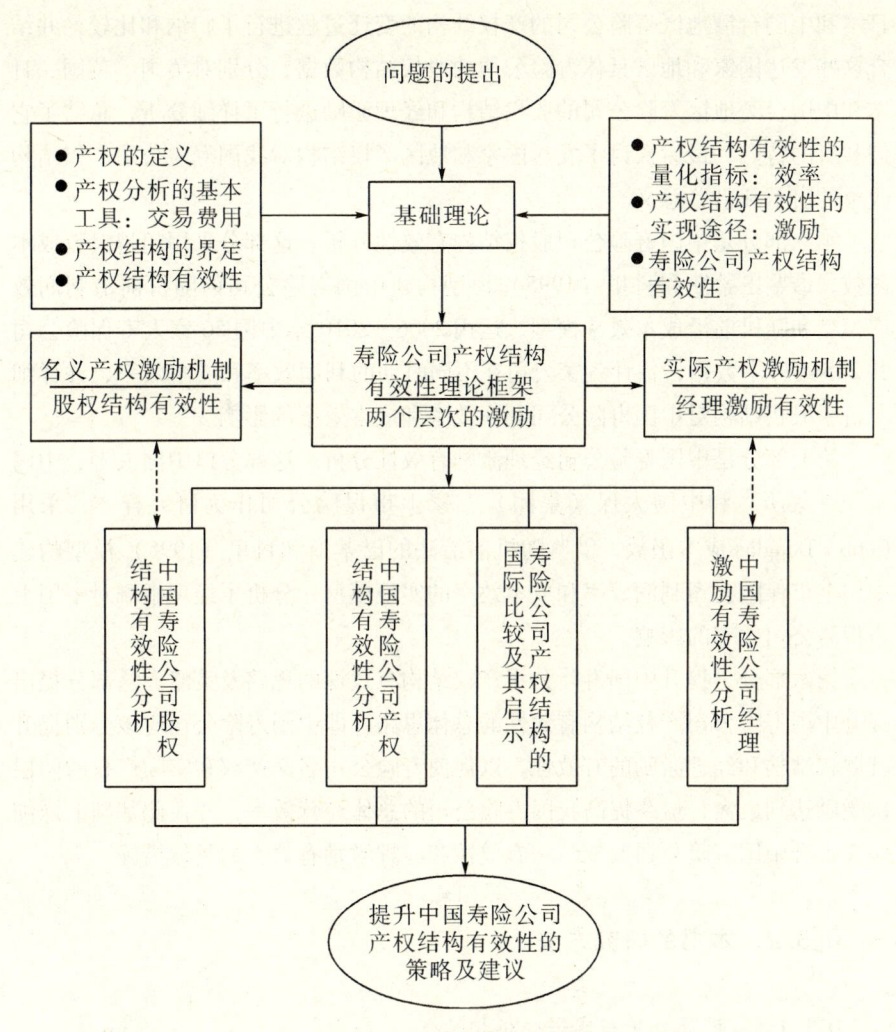

图 0-1　本书的逻辑框架

　　第四部分是中国寿险公司产权结构状况分析。这部分着重分析了中国寿险公司的产权结构状况。一方面，概括了中国寿险公司产权结构的历史演进过程，并以中国人寿为例分析了我国寿险公司产权结构改革，同时归纳出现阶段我国寿险公司股权结构的特点；另一方面，概述了中国寿险公司经理激励机制的发展历程，并以中国人寿、中国平安和中国太保三家上市保险公司为例对我国寿险公司经理报酬激励机制进行对比，最终阐述了中国寿险公司经理激励机制存在的问题。

　　第五部分是寿险公司产权结构的国际比较及启示。这部分对美国、英国、日本和中国台湾地区寿险公司的产权结构的变迁过程进行了归纳和比较，并结合这些发达国家和地区具体寿险公司的股权结构数据，分别对美国、英国、日本和中国台湾地区寿险公司的股权结构和经理激励进行了详细分析，总结了它们共有的特点，最后探讨了发达国家和地区产权结构对我国寿险公司产权结构改革的启示和借鉴意义。

第六部分是中国寿险公司股权结构有效性分析。这部分采用超越对数成本函数，借鉴巴蒂斯和科里（1995）模型构建中国寿险公司的随机前沿利润效率模型和随机前沿成本效率模型，运用2006—2010年中国56家人寿保险公司共225组样本数据，估计各家公司在不同时期的利润效率和成本效率，并详细分析了股权结构对中国寿险公司利润效率和成本效率的影响。

第七部分是中国寿险公司经理激励有效性分析。这部分以中国人寿、中国平安（集团）和中国太保（集团）三家上市保险公司作为研究样本，采用Cobb-Douglas成本函数，借鉴随机前沿法的巴蒂斯和科里（1995）模型构建中国上市保险公司利润效率和成本效率的实证模型，分析了经理报酬对中国上市保险公司效率的影响。

第八部分是提升中国寿险公司产权结构有效性的思路及策略。这部分提出提升中国寿险公司产权结构有效性的总体思路，即中国寿险公司应该分别提升其股权结构和经理激励的有效性，以促使寿险公司名义产权和实际产权的两层次激励达到最大，最终提高我国寿险公司的总体经营效率，并在此基础上详细阐述提升中国寿险公司股权结构有效性和经理激励有效性的具体措施。

0.3.2 本书的研究方法

0.3.2.1 规范分析与实证分析相结合

本书在探究寿险公司产权结构有效性理论的过程中，运用规范分析的方法，通过分析股权结构和经理激励与寿险公司效率之间的关系，对寿险公司产权结构有效性理论进行系统阐述，从而建立起本书的基本理论框架。在此基础上，本书运用随机前沿分析法构建中国寿险公司随机前沿效率模型和中国上市保险公司随机前沿效率模型，对股权结构和经理激励对中国寿险公司效率的影响进行实证分析，进一步验证本书运用规范分析得出的观点，有效结合规范分析与实证分析，使本书的逻辑分析更加严密，论述的理论更具有说服力。

0.3.2.2 比较分析方法

本书在分析中国寿险公司产权结构的变迁时运用了纵向的历史对比，以清晰刻画其演变过程；在寿险公司产权结构的国际比较部分运用了横向比较分析，总结出发达国家和地区寿险公司产权结构的特点，旨在为中国寿险公司产权结构改革提供有益的借鉴；在分析中国寿险公司经理激励机制时，不仅对中国寿险公司经理激励机制的发展过程进行了历史对比，而且对中国三家上市寿险公司的经理报酬机制进行了横向比较分析，从而比较全面地反映了中国寿险公司经理激励机制的发展状况。

0.3.2.3 案例分析法

案例分析法是对研究对象的个案进行分析。本书在第四部分分析了中国人寿保险股份有限公司的产权结构改革；第五部分分析了美国、英国、日本及中国台湾地区部分寿险公司的股权结构情况；在第七部分分析了中国人寿、中国平安（集团）和中国太平洋（集团）三家上市公司的经理报酬激励机制。这些案例使本书对中国寿险公司产权结构有效性的分析更加实际和具体。

0.4 可能的创新与不足

本书的研究借鉴了很多学术界已有的成果，前人的研究思想和研究方法对本书产生了很大的影响，同时也为本书的创作带来许多新的启发。

本书在以下四个方面可能有所创新或突破：

第一，本书初步构建了寿险公司产权结构及其有效性的研究框架。国内外分别研究产权结构和寿险公司效率及其影响因素的相关文献不少，但是将二者结合起来，从产权结构的视角研究寿险公司经营效率的文献则可谓匮乏。

第二，本书以产权结构能否激励在它支配下的公司主体实现外部性较大地内在化作为寿险公司产权结构有效性的衡量标准，以寿险公司效率分别与股权结构和经理激励之间的关系作为寿险公司产权结构有效性理论的具体表现内容，从理论和实证两方面对寿险公司产权结构有效性理论进行了系统地论证。

第三，运用随机前沿法（SFA）尝试性地分别实证检验了股权结构和经理激励对我国寿险公司前沿效率（即利润效率和成本效率）的影响。本书分别构建了中国寿险公司随机前沿利润（成本）效率模型和中国上市保险公司随机前沿利润（成本）效率模型，并在研究中沿用了巴蒂斯和科里（Battese & Coelli, 1995）提出的改进方案，将上述模型中的寿险公司利润（成本）非效率项（U_i）直接设成寿险公司影响因素和随机误差的具体函数，以便更准确地分析股权结构和经理激励分别对我国不同寿险公司的利润（成本）效率的影响。上述两个实证模型分别运用了 2006—2010 年 55 家中国主要人寿保险公司共 225 组样本数据以及中国平安 2004—2010 年、中国人寿 2006—2010 年和中国太保 2007—2010 年三家上市保险公司的全部 16 组样本数据,最终得出若干有新意的结论:股权集中度对中国寿险公司的利润效率和成本效率均有影响,而股权性质仅对利润效率有显著影响而对成本效率没有显著影响;经理薪酬和经理持股对我国上市保险公司的利润效率分别有显著的负向和正向影响,但对成本效率则没有显著影响。

第四,总结发达国家和地区部分寿险公司最新产权结构状况的特点对我国寿险公司产权结构改革具有较强的实际借鉴意义。本书运用美国、英国、日本和中国台湾地区部分寿险公司 2010 年年报中股权结构和经理报酬激励方面的具体数据资料,归纳和总结了发达国家和地区寿险公司产权结构的最新发展特点和趋势。这种在寿险公司产权结构方面运用国外最新数据资料的研究在国内非常少见。

本书尚存在如下不足之处:

第一,产权理论的复杂性使得寿险公司产权结构有效性理论的分析角度众多,笔者仅选取寿险公司产权结构将外部性内在化的激励程度作为本书的研究基点来尝试分析寿险公司产权结构有效性理论,这主要是考虑到科斯以克服外部性降低社会成本以保证资源配置在制度上的有效性作为产权的主要经济功能。限于研究的重点和问题的集中性,对寿险公司产权结构有效性理论的其他分析视角并未列入本书的研究范围,所以本书的研究难免存在一定的局限和遗漏。

第二,在运用随机前沿效率模型对中国寿险公司产权结构有效性进行实证分析的过程中,由于部分资料获取困难,某些投入产出变量只好以其他相关数据替代,加上样本数量的缺乏,使实证模型仅能得到有限的结论。相对欧、美、日等发达国家来说,我国的寿险公司样本数量少,成立时间晚,营运年份也相对较短,对外公布的相关信息不够充分,笔者只能尽可能从各种信息来源中挖掘数据,构造非平衡面板数据进行研究。为便于对多家寿险公司效率的计算和比较,本书中仅使用了 2004 年以后的各家寿险公司的完整数据作为数据样本。在分析股权结构与中国寿险公司效率的关系时,由于每家公司第一大股东持股比例的具体资料难以获得,笔者只好放弃对这一影响因素对寿险公司利润效率和成本效率影响的分析。在分析中国上市保险公司经理激励与公司效率的关系时,笔者考虑到控制权激励和声誉激励很难量化,因此只针对经理报酬激励与上市保险公司效率的关系进行了实证分析。由于只能找到三家上市保险公司的年报，且能够运用的数据非常少，因此在选用随机前沿效率模型的函数形式时，只好选择自变量数量比较少的 Cobb - Douglas 成本函数作为随机前沿利润函数和随机前沿成本函数的形式。这些选择和处理都有可能导致计算的结果出现一些偏差。

1 寿险公司产权结构及其有效性的基础理论

1.1 产权的定义

1.1.1 对产权的界定

古罗马时期的法学家最早在法律领域讨论产权的概念，提出绝对私有财产的概念，创设了"完全所有权"（Dominium）的概念，指出所有权是对物的完全的、绝对的支配权，所有者在法律许可的范围内可以任意使用和耗费物品。到 20 世纪初，罗纳德·科斯（Ronald H. Coase）产权理论的提出使人们开始用新的视角重新认识产权问题。历史前提不同、经济生活大相径庭以及研究目的和方法存在的差异使得现实生活中产权的存在形式及其运动非常复杂。因此，产权是一个非常不确定的范畴，由于不同学者对产权研究的侧重点不同，因而对产权的定义也有着不同的理解。尽管存在种种差异，但归纳起来，古今中外的学者主要还是从所有制、成本收益、制度规则或法律、产权的功能以及产权的具体形式等几个方面对产权进行界定的。

马克思的产权思想是与所有制分析相联系的所有权思想，认为本质上产权是一种法权关系，是生产关系的法律表现，所有权是所有制的法律形态和法律范畴。科恩（G. Cohen, 1978）在马克思研究成果的基础上区分了"所有权"（Ownership rights）范畴的两重形态，认为所有制是实际控制关系，不涉及法律意义上的"所有权"，属于经济基础；而所有权作为一种法律关系，本质上属于上层建筑①。我国学者于光远（1990）、陆日东（1995）、程恩富（1998）、杨秋宝（1998）、叶祥松（2000）、刘波（2005）、曹昭（2005）等都从所有制的角度阐述产权的定义，认为产权的本质就是所有权，产权由所有制决定，是一个历史范畴。

费雪（1923）较早从成本收益的角度认为产权是为了享用权益而支付成本的自由权或者是可以享受财产的利益权②。德姆塞茨（H. Demsetz, 1967）从收益—费用角度阐述产权的起源，认为当建立私有产权的成本低于相互联系的人们适应新的收益—费用可能性收益时，就会产生新的产权③。我国学者魏杰（2003）提出产权就是对物品或者劳务根据一定目的加以利用或者处置以便从中获取一定收益的权利。

阿尔钦（A. A. Alchian, 1965）认为产权是授予特别的个人某种权威的办法，强调产权是形成并确认人们对资产权利方式的一种制度规则④。T. 安德逊也是从制度规则的角度指出，产权是人们必须遵循的能够获得或使用包括体力和脑力在内的各种资源的一种规则，且必须可以限定、保护和被剥夺⑤。我国也有学者从法律的角度对产权进行了界定。彭力疆（1991）提出产权是在市场交易中经济主体拥有的具有法律形式规范的复合的财产权利以及必须遵循的行为准则。杨秋宝（1998）、程恩富（1998）、林岗、张宇（2000）、叶祥松（2000）等提出产权本质上是一种法权关系，是生产关系的法律表现，产权关系是生产关系或者所有制关系的意志或法律的硬化形式。

国内外有很多学者从产权功能的角度界定产权。奈特（1921）提出产权的约束功能，即使财产权利受到财产责任的约束，企业只能由具有财产权和财产责任能力的人来支配，并且支配者在制度上还必须承担资产责任⑥。德姆塞茨（H. Demsetz, 1967）认为产权是一种社会工具，是能够促使自己或他人得到好处或者受到损失的权利，产权具有引导人们较大程度地内在化其外部性的

---

① Cohen, G. 1978. Karl Marx' Theory of History: A Defence. New Jersey: Princeton University Press.
② L. Fisher, 1923, Elementary principles of economics. New York. Macmillan, p. 27.
③ H. 德姆塞茨. 关于产权的理论：财产权利与制度变迁 [M]. 刘守英，等，译. 上海：上海人民出版社，1994: 97.
④ Alchian, A. A. 1965, Some economics of property rights. 2 Politico 30 (NO.4), p. 816 – 829.
⑤ J. 加德纳. 公共选择与制度经济学（英文版）[M]. 1988: 208 – 209.
⑥ 刘伟，李风圣. 产权通论 [M]. 北京：北京出版社，1998: 315.

激励功能[1]。张五常（Cheung，1968）、布坎南（James M. Buchanan，1983）分别从资源配置的角度阐述了产权的资源配置功能，认为清晰的产权是保证资源有效配置的基本条件。我国学者杨秋宝（1998）、叶祥松（2000）也分别提出产权产生的激励与约束作用有助于保障维护企业内部之间的权威关系以及促使企业资源的有效配置。

产权的不确定性使产权概念非常抽象，对产权具体形式的研究有助于深刻理解产权概念。国内外的很多学者都对产权的具体形式进行了探讨。P. 施瓦茨（1987）认为产权包括人们对有形物的所有权、是否行使市场投票方式的决定权以及是否行使运用特许权履行契约、申请专利和著作的决定权。Y. 巴泽尔（1989）指出人们对财产的使用权、收益权和转让权是不同财产的各种产权[2]。马克思对历史上出现过的各种产权形式进行了系统分析，指出产权涉及所有权、占有权、支配权、使用权以及收益权等权能形式的一组权利束，并认为这些产权的具体形式不仅可以统一于同一权利主体，而且可以分别归属于不同的主体，并采取分离形式或进行不同的权利组合[3]。菲吕博腾和配杰威齐（Furubotn, Pejovich, 1972），指出产权由使用财产的权利；改变其形式和内容的权利；以及通过例如出售转让其全部权利，或通过出租转移其部分权利等[4]。埃格特森（1996）也提出大致相同的观点[5]。P. 阿贝尔认为产权包括所有权、管理权、使用权、分享残余收益或者承担负债的权利、处置权、安全权、转让权、重新获得的权利以及其他权利[6]。另外，罗马法也详细规定了几类产权，即所有权、邻接权、用益权、使用权以及抵押权[7]。我国学者针对产权的具体形式也进行过激烈的讨论。彭力疆（1991）提出产权是物权（包括自物权和他物权）、债权以及衍生权利相互交叉和融合形成的权利体系，产权的基本行使权利是使用权、转让或处分权和收益权。杜莉（1993）结合股份

---

[1] Demsetz, Harold. Toward a Theory of Property Rights, American Economic Review, Vol. 57, No. 2. (May, 1967), pp. 347-359.

[2] Y. 巴泽尔. 产权的经济分析（英文版）[M]. 伦敦：剑桥大学出版社，1989：2.

[3] 程恩富. 西方产权理论评析——兼论中国企业改革 [M]. 北京：当代中国出版社，1997：77.

[4] Furubotn, Eirik G. and Pejovich, Svetozar. Property Rights and Economic Theory: A Survey of Recent Literature, Journal of Economic Literature, Vol. 10, (Dec., 1972) pp. 1137-1146.

[5] 思拉恩·埃格特森. 新制度经济学 [M]. 吴经邦，等，译. 北京：商务印书馆，1996：35-36.

[6] J. 詹金斯. 新的所有制形式、管理与就业（英文版）[M]. 1990：15.

[7] 斯韦托扎尔·平乔维奇. 产权经济学：一种关于比较体制的理论 [M]. 蒋琳琦，译. 北京：经济科学出版社，1999：29.

制企业的情况，指出企业资产产权以所有权、经营权以及债权三种形式存在，其中股份持有者行使所有权；董事会授权总经理以及其职能机构行使经营权；股份持有者或者经营者通过债务人履行债务行使债权。蔺丰奇（1994）也提出产权权能是指产权所包含的占有权、使用权、收益权和处分权等诸权项所具有的权利和职能。

显然，为产权做出统一、全面并且精确的定义很不容易，产权研究者总是根据特定的需要，从某个角度以特殊的理解对产权进行界定。因此，只有限定在一系列特殊条件之下的"产权"才能得到产权的准确定义，不同界定条件有不同的产权定义。产权概念因对其范畴本身的理解以及给定前提条件的不同而存在很多不同的界定。但通过对上述产权定义的归纳，可以总结出各类产权定义的共性：

第一，产权是一种具有排他性和平等交易性的法权。这种权利的产生无论是源于国家强制性的法律，还是法律强制与市场竞争运动相结合；无论人们将其具体内容概括为人对物的各种权利，还是人对物及非物的各种权利，或者经济权利甚至拓展到非经济权利领域，不同的学者在解释这种权利发生的方式和具体内容上存在差异，但总体说来，人们不否认产权这种上层建筑是具有可交易性的排他的权利。

第二，产权作为社会的基础性规则能够规定人们相互之间的行为关系。人们提出的产权是否有效的判别条件以及衡量标准虽然有所不同，但产权是规范人们行为的基础准则的结论是一致的。人们在产权究竟是人与物之间的关系还是人与物所发生的人与人之间的社会关系的看法上存在分歧，但仍然一致地认为产权是起源于社会经济生活的对人的权利和责任的一种规范；产权强调权责对称并规定人们应该和不应该做出的行为以及违反规定应承担的经济方面的责任；产权有可能制度性地将外部性转化为内在性，并为人们的行为提供合理预期的依据。

第三，产权是一种呈现出结构状态的多种权利构成的权利束。产权涵盖的广泛内容使这一权利束呈现出不同的内部结构。虽然很多学者将产权结构等同于所有权的各种权能结构，但在不能简单地将产权作为狭义的所有权这方面是一致的。社会经济生活的演变使产权这种权利束的内容更加丰富，因而越来越广泛的产权权利束的定义成为当代西方产权学者的重要研究倾向。

结合本书的研究目标和内容，本书将借用上述的第三种说法，即将产权定义为一种多种权利构成的权利束。《牛津法律大辞典》对这种观点的表述最简单明确并且具有权威性，即认为产权（Property）被用来指财产的所有权，具体就是包括财产的占有权、使用权、出借权、转让权、消费权、用尽权以及其他与财产有关的权利在内的在任何客体之中或者之上存在的一种完全的权利①。这种观点把产权等同于所有权，并且把所有权解释为包含多方面的因财产而发生的人们之间的社会关系的权利束。配杰威齐（Pejovich，1972）的观点在这方面是最具有代表性的，他认为所有权是使用权、收益权、处置权和交易权四种权利的统一，从而将产权等同于所有权。P. 阿贝尔则将产权作为区别于所有权并且具有比所有权更加宽泛的内容的范畴加以阐述，认为产权包括所有权、使用权、管理权、分享残余收益或承担负债的权利、处置权、安全权、重新获得的权利以及其他权利。可见，从权利束的角度，笔者认为产权可以作出如下定义：广义的产权即为财产权，是指与财产相联系的各方面权利，或者说是指人们对财产在社会经济生活运动中存在的各方面的权利，是包括财产多种权能在内的一种权利结构体系。

1.1.2　名义产权与实际产权

现代公司产权理论认为所有权、经营权和剩余索取权是企业的基本财产权利。因此，只有将所有权、经营权（或使用权）以及相应的收益权都包括在内的产权束才是完整的企业产权束。其中，传统理论并未将使用权与所有权相提并论，主要原因在于没有两权分离的资本主义生产阶段下的资本所有权和控制使用权的一体化使得实物形式的占有和使用集资本所有权于一身。但这种一体化在现代企业制度下却分化成两种有差异的不同的产权，即资本的终极所有权与法人所有权。

早在 20 世纪初，资本所有权和控制权的差异就已经受到经济学家熊彼特的关注。他认为企业家只是运用了更加合适有效的与众不同的方式将现存的生产手段进行了新组合②。"企业家从来就不是风险的承担者。若新的企业经营失败，给这个企业贷款的债权人就会带来损失。因为，尽管企业家所拥有的任何财产都有偿债义务，但是，拥有这种财富并不重要，即使是有利的。如果企业家是用以前的利润来提供资金支持，或者如果他利用属于他的'静态'企业的生产手段来经营，那他也只是以资本家或商品拥有者的身份来承担风险，

---

① 戴维·M. 沃克. 牛津法律大辞典 [M]. 北京社会与科技发展研究所，译. 北京：光明日报出版社，1988：729.

② 约瑟夫·阿洛伊斯·熊彼特. 经济发展理论对利润、资本、信贷、利息和经济周期的探究 [M]. 叶华，译. 北京：中国社会科学出版社，2009：167.

并不是以企业家的身份承担。在任何情况下，承担风险并不是企业家职能的一个要素。即使他可能冒名声的风险，但是经营失败的直接经济责任从来都不会由他承担。"① 熊彼特将资本视为购买力基金，认为企业家通过资本能够控制其需要的商品并且可以使生产要素具有新的用途或生产方向，并指出把生产手段转交给企业家是资本在交换经济中的表现。②

可见，企业家掌握着实际生产手段，资本家则是拥有企业名义产权的所有者。资本家在早期的资本主义经济发展时期兼具资本家和企业家双重身份，但是，在现代经济发展阶段则有必要在产权结构中将资本家和企业家明确区分，对二者在生产过程中各自的作用及效果进行分析和考察。

市场经济的发展以及高效率具有规模经济的社会化生产加速了所有权和使用权的两权分离。但是剩余利益在终极资本所有者和法人资本所有者之间的再分配以及利用这种利益关系重新组合的产权制度所导致的生产效率的提高则是产生所有权和使用权差异的更加具体的原因。获得生产率提高因而利润提高的源泉是实际生产和经营过程中的组织创新、技术创新和市场创新。正如熊彼特所描述的，法人资本所有者合理使用生产手段和要素获取了剩余权力，最终得到了与企业名义产权不同的企业实际产权。

名义资本所有权（名义产权）是古典资本所有权概念在资本家与企业家职能分离之后逐渐形成的，与此同时企业资本的实际产权则由企业的资本实际控制和使用权构成。可见，企业的实际产权是因其能够占有并使用企业资本而具有的在使用过程中获取剩余收益的一种权利，属于资本的法人所有权；而企业的名义产权则是因其不能真正控制和使用企业资产而拥有的只能获取资本报酬的权利，属于资本的终极所有权。

1.2　产权分析的基本工具：交易费用

市场经济是交易的经济，而交易却源于产权与分工。现代产权经济学的基本核心范畴是交易费用（Transaction Costs），而现代产权理论的基础则可以说是交易费用理论。这是因为，作为评价和分析产权制度的优劣以及在其影响下

---

① 约瑟夫·阿洛伊斯·熊彼特. 经济发展理论对利润、资本、信贷、利息和经济周期的探究 [M]. 叶华, 译. 北京：中国社会科学出版社, 2009：172.
② 约瑟夫·阿洛伊斯·熊彼特. 经济发展理论对利润、资本、信贷、利息和经济周期的探究 [M]. 叶华, 译. 北京：中国社会科学出版社, 2009：155.

资源配置是否有效的基本依据，交易费用是产权经济学的理论起点和现代企业产权结构和行为的分析工具。交易费用概念、范畴的提出如同"边际分析方法"、"一般均衡方法"、"非均衡分析方法"等分析工具的建立，对经济理论的发展产生了深刻的影响。

1.2.1 交易费用的定义

"交易费用"概念是由罗纳德·科斯创立的。科斯对整个交易费用理论的建立也做出了重要的贡献。他1937年11月发表在英国《经济学》杂志的《企业的性质》和1960年10月发表在美国《法与经济学》杂志的《社会成本问题》两篇文章，标志着"交易费用"范畴的创立以及交易费用理论的初步形成。科斯认为交易费用是运用市场价格机制的成本，它至少包括获取准确的市场信息的成本和谈判与监督履约的成本。厂商产生的主要原因在于其作为参与市场交易的组织单位在进行市场交易时，通过把各种资源的所有者组合为一个整体，从而减少了市场参与者的数目和交易摩擦并最终降低了交易成本。

在科斯提出交易成本概念以后，其他一些产权经济学家在这一基础上进一步发展了这一概念。肯尼斯·阿罗（K. J. Arrow, 1969）把经济系统的运行成本或者经济体制的经营成本定义为交易成本[1]。威廉姆森（O. Williamson, 1985）明确指出交易成本是交易费用经济学的核心，十分重视交易成本在选择经济组织机构以及提高经济效益过程中的作用，并认为交易自由度的大小和交易成本的高低是能否有效发挥市场运行及资源配置作用的关键[2]。同时，交易成本又被他分为事先交易成本和事后交易成本，前者是起草、谈判和保证落实某种协议的成本；后者是交易发生之后的成本，包括：当事人要退出契约关系应该支付的费用；交易者为改变错误的价格信息所支付的费用；交易者为解决矛盾冲突而付出的费用；为保证交易关系的长期性及连续性所支付的费用。诺斯认为交易费用的核心是信息的高昂代价，它主要由衡量所交换物品价值属性的成本、保护权利的成本和监察与实施协约的成本组成，它们是社会、政治以及经济制度的源泉。他还将交易费用分为衡量成本和实施成本，前者是为确定所交换的物品或劳务的价值属性而花费的资源，后者是监督、实施协约所花费

---

[1] Kenneth J. Arrow. The Organization of Economic Activity: Issues Pertinent to the Choice of Market versus Non-market Allocation. the Joint Economic Committee of Congress in 1969.

[2] Riordan, Michael, and Oliver Williamson, 1985, "Asset specificity and economic organization", International Journal of industrial Organization, 3: 365-378.

的资源。由这两部分所构成的交易费用是生产费用的一部分,即生产的总费用由土地和劳动力资源投入、一种物品的物质(价值)属性,以及在交易中界定、保护、实施物品产权的资本所构成①。在《新帕尔格雷夫经济学大辞典》的"经济制度与交易费用"条目中,张五常(S. N. S. Cheung, 1987)将交易费用定义为:"广义而言,在没有产权、交易以及任何一种经济组织的鲁宾逊·克鲁索(Robinson Crusoe)经济中不可能存在的成本即构成交易费用。"②马修斯(R. C. O. Matthews)将交易成本与生产成本作了比较,认为交易成本包括事前发生为达成一项合同而发生的费用以及事后发生监督、贯彻该项合同而发生的费用,而和交易成本相对应的生产成本则是执行合同本身而发生的费用。③

具体而言,交易费用可以包括以下各种行为所引起的费用:①通过价格如何分布、产品质量如何以及劳动如何投入等相关信息的搜寻,确定潜在的买者及卖者,并充分掌握其交易行为以及所处的环境;②当可以商讨价格时,为达成真实价格而进行的讨价还价的过程;③起草、讨论以及确定交易合同的过程;④监督合同签订者是否遵守合同条款;⑤对方违约导致强制执行合同和寻求赔偿;⑥界定和保护产权④。

1.2.2 交易费用、产权安排及资源配置效率

交易费用不仅作为一个范畴,而且作为一种新的经济学的分析方法,得到了广泛的应用。科斯定理揭示交易费用高低与产权安排和资源配置效率之间的相关性就是对交易费用分析法的运用。它强调了产权界定与安排对交易费用及最终对资源配置的影响。

科斯定理(Coase Theorem)集中地体现出交易费用、产权安排以及资源配置这三者之间的关系,是西方现代产权经济学基本的核心内容。科斯的《社会成本问题》(1960年)和《〈社会成本〉注释》(1988年)等书中包含了科斯定理的基本内涵。科斯并没有将这一理论的思想称为"定理",也没有

---

① 诺斯. 制度、制度变迁与经济绩效 [M]. 刘守英,译. 上海:上海三联书店,1994:38.
② 约翰·伊特韦尔,等. 新帕尔格雷夫经济学大辞典 [M]. 第2卷. 陈岱孙,主编译. 北京:经济科学出版社,1996:58.
③ R. C. O. Matthews, 1986, "The Economics of Institutions and the Sources of Growth", Economic Journal 96 (December) P. 903 – 910.
④ Thrainn, Eggertsson, 1990, "Economic Behavior and Institutions", Cambridge University Press. P. 5.

为它下过严密的定义，而是由美国芝加哥大学教授乔治·斯蒂格勒（G. Stigler）在其《价格理论》（The Theory of Price, 1966 年）一书中首先使用的。但是，由于对科斯理论思想理解上的差异，导致不同经济学家对科斯定理的表述不完全一致，科斯本人又不愿意对此作出解释，使得科斯定理一直没有规范的、权威的表述。

斯蒂格勒第一个为科斯定理命名，并将科斯定理归纳为私人成本在完全竞争的条件下与社会成本相等[1]。即：外在效应的存在使私人成本不等于社会成本，但只要存在完全竞争的条件，就能使私人成本和社会成本相等。罗伯特·D. 库特（Robert D. Cooter）在《新帕尔格雷夫经济学大辞典》中对科斯定理的解释可以概括为：只要产权能自由交换，或者交换的成本为零，即零交易费用，或者法定权利能在完全竞争市场上交换，那么产权的最初分配无关紧要，资源配置自然会达到帕累托最优状态。《麦克米伦现代经济学词典》把科斯定理表述为：外部性因素在零交易费用和充分界定产权时不会引起不适当的资源配置，原因是此时的市场动力会驱使外部因素的生产和消费者进行互惠互利的交易谈判从而使外部性因素内部化。这表明拥有相关资源的产权使外部因素的生产和消费者的交易结果相同。[2] 库特与托马斯·尤伦（Thomas Ulen）在其合著的《法和经济学》（Law and Economics, 1988）一书中将科斯定理分为实证的科斯定理和规范的科斯定理，认为规范的科斯定理是制定法律以消除私人协议的障碍，或者说，除非交易成本为零，否则产权的初始分配就是重要的，产权明确界定，可以使资源配置达到最优；实证的科斯定理是当权利冲突双方能够在一起谈判并通过协商解决争端时，无论法律的基本规则是什么，不管产权归谁，他们的行为都将是有效率的。科斯定理在西奥多·舒尔茨的《私人利益的公共利用》（1977 年）中被表述为：只要交易发生在完全竞争条件下，最初的合法权利配置同资源配置的有效性无关。或者说，产权明晰和完全竞争条件的同时满足能够保证资源配置的有效性[3]。公共选择学派的奠基者詹姆斯·布坎南（1983）在《权利、效率和交换》中界定的科斯定理是：提高分配效率的充分的条件是自愿交换以及明确定义权利[4]。

---

[1] 斯蒂格勒. 价格理论 [M]. 施仁, 译. 北京: 北京经济学院出版社, 1990: 125.
[2] Pearce. The Dictionary of Morden Economics [M]. Macmillan Press, London, 1986: 67.
[3] 吴宣恭, 等. 产权理论比较——马克思主义与西方现代产权学派 [M]. 北京: 经济科学出版社, 2000: 368 - 369.
[4] James M. Buchnan: "Liberty, Market and State, Political Economy in the 1980s", Harvester Press, 1986.

可见，无论各经济学家如何进行表述，科斯的这种思想说明了产权安排、交易费用与资源配置之间的关系的观点，还是得到经济学家们的普遍认可。也就是说，在私人之间达成协议需要成本的情况下，法律制度尤其是产权制度的明晰界定，就会影响资源配置效率，甚至合法权利的初始界定将会对经济制度的运行产生影响。可见，在正交易费用条件下，最佳产权界定只能是相对于交易成本存在时的"相对最佳"界定，其所对应的资源配置点也只能是相对最佳的选择，即最大限度降低交易成本的产权安排就是最佳界定。

1.3 产权结构的界定

正如学术界很难给产权做出统一的既全面而又精确的定义一样，到目前为止，"产权结构"这个概念虽然被广泛使用，却没有一个统一的定义。国内外学者从不同的角度考察产权结构，归纳出不同状态的产权结构。

1.3.1 从组织形式界定产权结构

产权的组织形式是指由产权的权利结构组合而成的组织单位。现代意义的产权组织形式主要是企业，因此从组织形式的角度研究产权结构就是研究企业产权结构。阿尔钦和德姆塞茨（Alchian & Demsetz, 1972）、詹森和麦克林（Jensen, Meckling, 1976）以及威廉姆森（1981）分别从产权组织形式的角度阐述了具体不同组织形式的企业如何进行最优产权结构的安排。企业是社会生产和流通的基本单位，是社会产权关系和产权制度的主要载体。企业产权结构主要有三种形式：企业主制、合伙人制和公司制。

企业主制是最传统的企业产权结构，是企业主拥有企业的全部资本所有权和剩余索取权的一元产权结构，表现为完整和统一的产权束。剩余索取权的一项主要权能是对"队生产"进行监督管理，因此古典企业中的资本所有权与监督管理权是合一的。这是一种有效率而成本又较低的制度安排。

合伙人制是企业产权结构的发展，是两人或两人以上共同投资并分享剩余、共同监督和管理企业，属于多元产权结构。在这种产权结构中，监督是两个或两个以上的人的职责，剩余也由两个或两个以上的人分享，合伙人分享一个共同的效用函数使他们具有自我监督的激励，从而比雇主—雇员合约效率要高。但为了保证监督都有效率和剩余分配的公正，就增加了监督成本。

公司制是现代企业产权结构，也属于多元产权结构。股份公司的产权结构是一种通过股东大会的方式来行使和保障的集合产权结构。这种资本所有权与监督决策权在某种意义上相分离的产权结构把监督决策权转给董事会，节约了监督管理成本也保证了更为有效地监督。股东大会和董事会一起掌握并实施监督决策权。

1.3.2 从产权要素角度对产权结构的界定

产权要素主要由产权主体、客体以及产权的权能结构组成。

产权主体是对财产能够实施一定权利的经济活动主体，主要包括自然人、各种法人及国家。可以从三个方面考察产权主体结构：①从一般意义上分析产权掌握在哪些主体手里，是全部私人所有，还是全部国家所有或社会统一所有，或全部集体所有，或者三者各占有一定比例，而这个比例又有所不同，从而构成不同的产权主体结构。②可以考察不同种主体内部的更具体的主体身份。如，法人主体内部有不同的法人，国家、企业、社团等不同各类的法人及其不同的比例形成不同的产权主体结构。③还可以考察不同形态产权的主体结构。如，股权主体即股东结构，有哪些身份的股东，国家股东和集体、个人股东相对地位如何，自然人股东与法人股东的相对地位如何等，这些也形成了不同的产权主体结构。对这些产权结构的分析都极富有理论和实践的意义。

产权客体是指财产、资产或物品，即能够给产权主体带来经济利益的（有形或无形的）客观对象物。根据不同的标准可以对产权的客体（资产或物品）进行不同的分类，从而形成不同的产权客体结构。如：根据是否具有消费上的排他性和竞争性，可以把产权客体分为私人物品、俱乐部物品、公共资源和公共物品；根据资产的流动性，可以将产权客体分为动产资产和不动产资产。随着社会经济的不断发展，产权客体的外延不断扩展，从动产、不动产等有形物质财富，发展到知识产权等无形资产和其他经济资源，使产权客体的结构越来越多样化，随着社会生产力的提高与科学技术进步，人们对财产和经济资源在认识上在不断深化，产权客体的范围还在不断扩大。

产权的权能结构作为产权各项权利分解和组合的具体形式，由产权主体作用于产权客体的行为权利构成。产权是权能和利益的有机统一，权能是产权主体对财产的职能或权力，而利益是产权对产权主体的效用或者带来的好处。产权作为一种多种权利构成的权利束，从理论上分析，其中的每一项都应该可以分割和独立出来。马克思、配杰威齐（Pejovich，1972）、埃格特森以及 P. 阿贝尔等学者分别以不同的表达方式将产权的各项权利分解为所有权、占有权、支配权和使用权等形式。这里，所有权即狭义所有权或归属权是主体对客体的占有关系或归属关系；占有权是对生产资料的实际掌握和运用；支配权是所有者对其所有的生产资料的处理和处置权；使用权是所有者主体对生产资料客体的具体利用和运用。这一组产权中最根本的权利是狭义所有权或归属权，即归谁所有，它决定其他三项产权，但并不能取代或包含它们。这四权的划分具有一般性，其中任何一项权利都有可能以具体的不同形式存在并且不断变化，从而可以划分为更细的权能和利益，使产权理论中产生形态各异且种类繁多的权利。由于产权本身的动态性和复杂性，迄今为止，产权理论还没有能够确定产权到底有哪些，有多少具体的权项。一些经济学家从一定的角度所列举的产权中的若干项也很难说是对产权内容的全面概括，但任何具体的形式都可以将其归类于这四权之中。另外，将"收益权"或与其相似的概念与所有权和占有权等概念并列提出的做法并不确切，这一点需要特别强调。因为"收益权"并不是一项独立的产权而是包含在这"四权"的任何一项产权中，故不能并列于其他权项。

1.3.3 本书对产权结构的界定

根据上述从不同角度对产权结构的界定，我们可以发现：从组织形式上看，企业产权结构的形式有企业主制、合伙人制和公司制三种，但其中只有公司制，也就是现代企业产权结构，是目前最普遍的产权结构形式；从产权要素上看，产权的权能结构作为产权各项权利分解和组合的具体形式，由产权主体作用于产权客体的行为权利构成，它是联系产权主体和客体的纽带，可见，产权的权能结构可以被看成是产权要素的核心。

综合组织形式和产权要素两个方面，结合本书的研究对象，本书尝试将产权结构界定为现代企业产权的权能结构，并且是由前述的"四权"分解组合而成的企业的终极所有权（即名义产权）和法人所有权（即实际产权）所构成的两权结构。这里，企业的终极所有权就是"四权"中的所有权，而占有权、支配权和使用权则形成企业的法人所有权。简言之，本书所指的产权结构是由现代企业的名义产权和实际产权构成的两权结构。

股东、董事和经理是构成现代企业基本公司结构的三个主要元素，现代企业不同的产权结构则是由这三个要素的不同力度组合而成。其中，股东是资本的所有者拥有企业的名义产权，在股份制公司中表现为股东的股权，股东可以凭借其股权获得应得的报酬；经理是资本的实际占有和使用者，拥有企业的实际产权，并通过自己的才能获得经理报酬以及控制权收益。在这种股东和经理之间的名义产权和实际产权的两权结构中，董事作为股东的代理人，其监督作用则主要取决于股东和经理这两极作用力大小的对比。当股东很集中且为大股东时，可能会出现董事自己就是大股东的情况，这时他们在资本所有的激励下代表股东行使权利，使股东们在很大程度上控制了企业的实际产权，导致企业的名义产权和实际产权并未真正分离；当股东由非常分散的较小股东组成时，董事因其能够得到的利益极其有限而产生很小的激励作用，形同虚设的董事对企业的控制作用微弱，这样反而加强了经理的地位，使企业实际上由经理控制，从而产生了实际产权与名义产权的差别。

1.4 本书对产权结构有效性的界定

现实经济生活中交易总是有交易费用的，任何一种体制、组织或制度在其运行过程中都要付出一定的交易费用。从产权经济学的角度看，交易费用产生的原因在于外部性。外部性是在原有产权格局下和原有产权的范围内产生了新的权利，即产权主体行使自己的产权时，却产生了新的权利。外部性包括外部损害（外部负效应）和外部效益（外部正效应）。如果对外部损害（外部负效应）不加约束或制止，损害者不用承担外部损害的责任，而由其以外的经济主体（社会）承担这部分外在成本，因此他不会考虑外在成本的增加，导致外在成本无限度扩大，往往以社会或别人的巨大代价换取自己的小利益，造成社会资源的巨大浪费。外部正效应同样需要加以关注，这是因为当外部效益的制造者发现自己的行为让别人无偿受益时，他可能会在对他自己不一定有好处的情况下仍然约束或修改自己的行为，使别人免受或少受其益，这样就会减少社会福利。可见，外部性——无论是外部负效应还是外部正效应，都会导致交易费用的产生。

外部性越大，交易费用越大，经济主体为了获取最大的收益，其控制交易费用的动机越强烈，强烈到希望将交易费用控制到零，使外部性问题得到彻底解决。解决外部性最有效的办法就是将外部性内部化，即对以外部性形式表现出来的新的产权进行设置或界定，明确划分新产权拥有者的权能和利益，这样可以使外在成本内部化，即把外在成本由社会成本转化成私人成本，将交易费用向零逼近。这种由经济主体本身最大化地承担其在经济活动中所造成的费用损失，也就是将交易费用控制到零的过程被称为将外部性较大地内在化。可见，交易费用的大小与产权的清晰度直接相联系，只有产权界定的清晰程度越来越高，才能使交易费用越来越小，有向零逼近的趋势，社会福利才会越来越靠近最优配置，资源配置的效率才会不断提高。

这种清晰的产权界定所形成的产权结构能够激励经济主体实现将外部性较大地内在化，只有在将外部性最大化的内在化的场合，才能最大限度地激励和约束经济主体，从而提高经济效益。因此，我们可以称这种产权结构是有效的。根据上述原理，本书中把产权结构有效性界定为：产权结构所具有的能激励在它支配下的经济主体实现外部性最大化的一种特有的性质。结合本书对产权结构的界定，产权结构有效性的涵义可以具体化为：名义产权和实际产权的两权结构所具有的能激励在它支配下的经济主体实现将外部性较大地内在化的一种特有的性质。

1.5 产权结构有效性的量化指标：效率

1.5.1 效率的内涵及主要研究方向

1.5.1.1 效率的内涵

"效率"在《辞海》中有两种定义："第一个定义是指消耗的劳动量和所获得的劳动效果之间的比率，如工作效率。第二个定义指一种机械（原动机或工作机等）在工作时输出与输入能量之间的比值。机械能或其能量通过某种设备转化为有效能量时，部分能量被摩擦、阻抗和辐射等原因所消耗，使得有效能量（输出能量）比原有能量（输入能量）低。常用百分率表示：效率＝有效能量/原有能量×100%＝输出能量/输入能量×100%，有时也可以其他指标的比值来表示，如容积效率等。"[1]

效率在经济学中有广泛的应用。由于资源是稀缺的，因此经济学中的效率主要是从要素资源配置的优化程度的角度加以探讨的。从经济学中效率思想的发展过程来看，效率先后经历了古典经济学效率思想、新古典经济学效率思想以及前沿效率理论的发展阶段。古典经济学中，亚当·斯密（Adam Smith）提出的"看不见的手"理论；奥地利的门格尔（Carl Menger，1871）和英国的杰

---

[1] 辞海编辑委员会. 辞海（1999年版普及本）[M]. 上海：上海辞书出版社，1999：4175.

文斯（William Stanley Jevons，1871）提出的"边际效用理论"；法国的瓦尔拉斯（Marie E'spire Léon Walras，1874）提出的"一般均衡理论"都体现出资源稀缺前提下经济要素资源在不同部门之间进行优化配置，使社会资源实现最佳使用效率的思想。在新古典经济学中，帕累托（Vilfredo Pareto，1906）提出"帕累托效率"（Pareto Efficiency）思想，即在既定的资源配置安排下，当要使一个人的福利变好就必须伴以使其他人遭受损失时的资源配置状态。之后，希克斯（J. R. Hicks）、萨缪尔森（P. A. Samuelson）和阿罗（K. Arrow）等将帕累托效率思想不断地精炼和推广，使其更加清晰和具体。这个时期的效率理论都建立在同一个假设前提下，即企业内部不会出现非配置低效率，也就是说企业总是能在投入和技术既定的前提下实现最大的产出和最小的成本。前沿效率理论最早是法雷尔（Farrell，1957）[①] 利用德布鲁（Debreu，1957）和库普曼斯（Koopmans，1957）的成果，在运用图形的方式确定投入与产出之间的定量关系，提出技术效率和配置效率的基础上不断发展起来的。莱宾斯坦（H. Leibenstein，1966）在此基础上以企业内部存在非配置低效率为前提，提出了与新古典效率理论相对立的前沿效率理论——X效率理论，即经济个体（企业或家庭）由于各种内部原因没有充分利用既定的投入获得最大产出，从而无法实现效率最大化的一种状态。这种前沿效率理论从企业投入成本和产出率的角度研究企业效率问题，侧重分析企业内部的微观资源配置，已逐渐成为现代企业效率研究的主要方向。

本书研究的效率就是"前沿效率"（Frontier Efficiency，以下简称"效率"）。根据前述分析，我们取《辞海》中对"效率"的第一种界定，这个定义表明效率是劳动量的消耗与所获得劳动成果的比较，即投入与产出的比例关系。因此，本书中的效率主要指经济活动中投入与产出或者成本与收益间的对比关系。其中，产出或收益是指可以满足人们需要的有用的物品，一般把人们的满足即效用作为最终产出；投入或成本是运用一定的科学技术，生产一定的产品所需要的生产资源，包括劳动力和物资资源。效率就是现有的生产资源及其所提供的人类满足之间的对比关系。它是一个相对概念，经济机构利用一定投入使产出最大或生产一定量的产出而投入的成本最小则称其为效率高，反之，则认为其的效率低。

1.5.1.2 效率的主要研究方向

自20世纪60年代开始，国内外学者对企业效率已展开深入而广泛的研

[①] Farrell, M. J., 1957, "The Measurement of Technical Efficiency", Journal of the Royal Statistical Society, Series A, General, 120, Part 3, 253 – 290.

究。不同的经济发展时期，人们关注的企业效率的研究对象有所不同。国内外学者对企业效率的研究先后形成了规模效率、范围效率和前沿效率三个主要方向。其中，规模效率和范围效率以新古典经济学的企业内部不会出现非配置低效率为前提；前沿效率则以莱宾斯坦提出的企业内部存在非配置低效率为前提。

（1）规模效率和范围效率

规模效率最早开始于20世纪60年代，用来讨论企业扩大生产时其单位成本的状况，主要反映企业经营规模的大小与其成本和收益的变动之间存在的关系。如果企业产出的增长率高于其成本的增长率，则该企业处于规模效率的状态，也就是说企业可以通过扩大生产规模，提高产出水平来提高企业的经营效率；如果企业产出的增长率低于成本的增长率，则该企业处于规模无效率状态，这时扩大企业的生产规模则会造成资源浪费；如果企业产出的增长率与成本的增长率相等，则该企业处于规模效率不变的状态。另外，企业的规模效率只有在其规模处于一定的合理范围时才能提高，如果企业的产出超过某一水平，或者说其生产规模超出一定的范围时，企业的平均经营成本将会开始上升，此时表明该企业的规模效率已被耗尽。

从20世纪70年代中期以后，企业实行的产品多样化的综合式经营模式使学术界将企业效率的研究重点从规模效率转向了范围效率。范围效率与范围经济有关。范围经济是指由一个企业生产既定产品组合的成本比由多个专业化企业分别生产所花费的成本低的情况，而范围效率就是指企业是否具有成本最低的产品组合。如果经营多种产品组合的企业的成本比专业经营企业的成本低，那么经营多种产品组合的企业就存在范围效率；反之该经营多种产品组合的企业就存在着范围非效率。但是由于只提供单一产品的企业很少，并且各国学者的实证研究也表明范围效率会随着企业规模的不同而出现差异，企业的经营规模以及经营范围的不同和效率之间没有有规则的相关关系，使范围效率的可信度受到严重影响。

（2）前沿效率

20世纪90年代以来，各类企业在国内和国际上的竞争愈发激烈，众多企业开始注重把提高企业的竞争力放在首要地位，这就需要加强企业的经营管理。因此，国内外学者对企业效率的研究又从规模效率和范围效率转向侧重分析企业管理及其内部资源配置的微观效率问题，即对企业前沿效率的研究。前沿效率强调效率的相对性，并假设效率的前沿面始终由样本中的最优机构或者最优机构的组合构成。学术界分别从效率理论和效率衡量两个视角对前沿效率进行了界定。

从效率理论视角界定：人们直接将前沿效率定义为莱宾斯坦（H. Leibenstein，1966）所提出的 X 效率[1]。而这个 X 效率，则被莱宾斯坦定义为组织或者个人的原因所导致的企业既定的投入却无法得到既定的产出，无法实现企业效率最大化的一种状态。弗朗茨（Frantz，1993）曾经指出 X 效率中的 X 是指来源并不明确的配置非效率[2]。可见，这种企业最大化效率无法实现所表现出的无效率并不是因为缺乏配置效率和技术效率造成，而是由配置非效率和技术非效率综合而成的。其中，配置非效率代表对相关的投入价格企业未能做出最优的反应；技术非效率则代表因缺乏管理和技术水平而导致的投入过多。X 效率和配置效率是相对的，它主要是针对企业的产出率或者投入成本而论，可以用于测度经济个体（企业或家庭）由于各种内部原因没有充分利用既定的投入获得最大产出，从而无法实现效率最大化的一种状态。在效率分析中，X 效率描述的是那种因缺乏市场竞争压力引起企业的管理人员和所有者目标不一致而导致实际产出比应有产出少的情况，它纳入了人的行为因素，使其在研究效率理论方面的解释力比规模效率和范围效率更强。例如，伯杰（Berger，1997）通过对拥有相同规模和产品组合的银行效率的测量发现，因 X 效率导致的损失达到银行总成本的 20%，而因规模和产品组合不合适产生的低效率而导致的损失还不到银行总成本的 5%。[3] 可见，X 效率这种能够反映企业管理能力的前沿效率比规模效率和范围效率更加重要，它不仅可以对各家企业的效率水平进行排序，而且还可以找出企业效率的内部和外部的主要影响因素，为寻找提高企业效率的途径提供理论依据。

从效率衡量视角界定：人们将前沿效率定义为伯杰和迈斯特（Berger & Mester，1997）所提出的成本效率、标准利润效率和可替代利润效率。[4] 其中，成本效率是在既定产出的前提下，某特定企业的成本与行业内最佳营运企业的成本相接近的程度；标准利润效率是在既定投入和产出价格的前提下，某特定企业实现的实际利润与行业内最佳营运企业所能实现的最大可能利润相接近的

---

[1] Leibenstein, H. (1966), "Allocative Efficiency versus X - inefficiency", American Economic Review, 56, 392 - 415.

[2] R. S. Frantz. X - 效率：理论、论据和应用 [M]. 费方域，等，译. 上海：上海译文出版社，1993：2.

[3] Berger, A. N. and Humphrey, D. B. (1997), "Efficiency of Financial Institutions: International Survey and Direction for Future Research", European Journal of Operational Research, 98, 175 - 212.

[4] Berger, A. N. and Mester, L. J. (1997), "Inside the Black Box: What Explain Differences in the Efficiency of Financial Institutions?" Journal of Banking and Finance, 21, 895 - 947.

程度；可替代利润效率是 Berger & Mester（1997）在修正了标准利润函数的基础上提出的，是在产出水平而不是产出价格既定的前提下，某特定企业实际利润与行业内最佳营运企业所能获得的最大利润的接近程度。

1.5.2 评价企业前沿效率的主要实证方法：利润效率法和成本效率法

衡量前沿效率最关键的问题是应该采取何种可靠的办法才能获得样本企业的最佳经营或者生产边界。理论上，生产、成本和利润这三个方面可以分别以最大产出水平、最小投入成本以及最大获得利润作为被测企业投入和产出效率的衡量标准来估计前沿效率。但是最大化产出水平的效率衡量标准只能处理单一产出的情况，无法适应多产出的企业。因此，自施密特和洛弗尔（Schimdt & Lovell，1979）利用生产函数和成本函数的对偶关系推导出成本边界的替代性分析法[①]之后，研究企业前沿效率的主要实证方法大都以最小投入成本或最大获得利润作为效率衡量标准，运用成本或利润边界函数估计和测算样本企业相应的成本或利润无效率值，即在要素投入水平不变的前提下，以样本期内运营情况最佳的样本企业的数据为基础建立成本或利润边界，然后通过对比不同样本企业与效率边界之间的距离估算该企业的成本或利润无效率值。

近年来，越来越多的学者运用利润效率的观点来评价企业前沿效率，这是因为利润函数是以利润边界作为分析的基础，有利于使其估计出的利润非效率值中含有更多关于样本企业经营获利或亏损情况的信息，而成本函数的边界估计在暗含产出既定的情况下，很难确定样本企业的产出水平是否符合整体最优的假设以及是否考虑了因技术水平或产品组合而出现的产出调整，从而造成成本函数忽略产出无效率的缺点。因此，用利润效率的观点评价企业前沿效率有助于更加全面地考察企业投入与产出以及成本与收益的变化对其所获的最终利润所产出的综合影响。

另外，标准利润效率和可替代利润效率估计企业前沿效率时具有不同的适用性假设。前者假定被评价的样本企业的产出价格不变但产出数量可变，选择样本企业产出数量和服务质量应依据相应的市场价格且样本企业提供的产出或质量不易度量，且规模因素在其他条件不变的情况下对大小企业的利润影响不

[①] Schmidt, P. and Lovell, C. A. K., "Estimating Technical and Allocative Inefficiency Relative to Stochastic Production and Cost Frontiers", Journal of Econometrics, 9, pp. 343–366, 1979.

大；而后者则假定被评价的样本企业面临一个不完全竞争的产出市场，提供的产品和服务价格和质量很难量化，具有利用其产品和服务的定价特权实现自身利润最大化的优势，并且在其产出水平达到某个标准的产出规模和搭配组合界限之前以追求规模经济和范围经济所体现的潜在收益为首要目标，而在达到之后企业的利润将会因为企业提供的产品和服务的异质性特征仅受到规模扩张和产品多元化的有限影响。

与标准利润效率相比，可替代利润效率方法允许样本企业通过变动其产出价格来调整产出数量以获得最大利润，更为重要的是该方法综合考虑了企业成本会随着服务质量的提高而增加的实际情况，以消费者愿意为高质量的产品或服务支付高价作为假定前提，使样本企业拥有通过提高服务质量赚取收益以弥补相关成本并最终获得利润的空间，从而得出更加准确的样本企业利润效率的估计值。

1.5.3 前沿效率的主要测度函数与估计方法

前沿效率以法雷尔（Farrell, 1957）提出和测度的技术效率和配置效率为基础，经过不断地发展，出现了各种不同的前沿效率测度函数和估计方法。不过，其核心仍然是先运用已知的投入产出值确定所有可能的投入产出的生产前沿面，然后让所有的产出值位于边界之内，而让所有的投入值位于边界之外，最后观察每个投入产出值与边界的距离，这就是该生产点的投入产出效率。实际应用中的前沿效率总是由样本中的最佳机构或效率值为100％的组合构成效率前沿面。根据前沿生产函数中的参数是不是需要估计，前沿效率的主要测度函数和估计方法可以分为参数分析法（Parametric Frontier Method）和非参数分析法（Non-Parametric Programming Method）。其中，参数法又分为随机前沿方法（Stochastic Frontier Approach, SFA）、自由分布方法（Distribution-Free Approach, DFA）以及厚前沿方法（Thick Frontier Approach, TFA）三种主要方法，它们的主要区别在于对边界函数中的非效率项和随机扰动项规定了不同的分布和相关性假设；非参数法则主要包括数据包络分析方法（Data Envelopment Analysis, DEA）和无界分析方法（Free Disposal Hull, FDH）两种，FDH方法是DEA方法放松凸性假定之后的特殊情况。结合本书的研究，以下将在简要说明Farrell的效率衡量理论和非参数的数据包络方法之后，对参数法的随机前沿法进行详细阐述。

1.5.3.1 Farrell 的效率衡量理论

法雷尔（1957）利用德布鲁（1957）和库普曼斯（1957）的成果，运用图形的方式确定出投入与产出之间的定量关系，确立了一个能解释多种投入的公司效率测度方式，并将公司效率区分为技术效率和配置效率，从而提出一个微观效率测度的基本框架。其中，技术效率（Technical Efficiency）是公司在给定投入时所能获得的最大产出能力；配置效率（Allocative Efficiency）则是公司在给定投入要素价格时利用最优投入比例的能力。

法雷尔的效率衡量理论示意图如图1-1所示。单位产出的劳动力投入用横轴表示，单位产出的资金投入用纵轴表示，单位等成本曲线是 CC'，企业规模扩张线代表规模收益不变，这里就脊线是 OR。各样本中，相对比较低的点的投入（L/Y、K/Y）用 UU' 线表示，法雷尔前沿面就是采用线性规划技术构造出的凸包（Convex Facet）。若从投入导向的角度，这个前沿面表示单位产出的最小投入量，而如果从产出导向分析，则表示单位投入下的最大产出。企业的技术和配置效率可以利用各样本点与 UU' 的距离和位置估算出来。

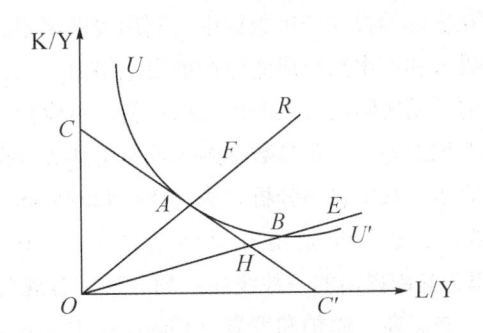

图1-1 法雷尔的效率衡量理论示意图

若样本企业位于 A 点，等成本曲线 CC' 与脊线 OR 和凸包边界 UU' 三条曲线交于 A 点，则该点表示企业的技术效率和配置效率都等于1，即均为最优。这是因为给定的产出 Y 点位于生产边界（UU'）上，此时的投入（即 CC' 所确定的值）使用最少。

若样本企业位于 B 点，B 点在凸包边界 UU' 上，该点表示企业的技术效率是1，但 B 点并不在代表企业最小成本的脊线 OR 上，说明存在配置非效率，可以用 OH/OB 表示配置效率值。

若样本企业位于 F 点，F 点位于代表企业最小成本的脊线 OR 上，表示企业的配置效率位于1，但 F 点不在凸包边界 UU' 上，说明存在技术非效率，可以用 OA/OF 表示技术效率值。

若样本企业位于 E 点，E 点既不在凸包边界 UU' 上，也不在代表企业最小成本的脊线 OR 上，该点表明技术非效率和配置非效率都存在于该企业，可以分别用 OB/OE 和 OH/OB 表示技术效率和配置效率值。

法雷尔将企业的经济效率（Economic Efficiency）定义为一定时期内技术效率与配置效率的乘积，图 1-1 中投入点 E 的经济效率可以写成：

$$EE = OH/OE = TE \times AE \tag{1.1}$$

若将劳动力和资本的价格要素 P(K,L) 加进上述模型，则样本企业的最小成本和实际成本就分别用 OH×P(K,L) 和 OE×P(K,L) 代表。企业的成本效率（Cost Efficiency）就是上述二者之间的比例，反映企业成本和产出的关系。图 1-1 中 E 点的成本效率可以表达成：

$$CE = OH \times P(K,L)/OE \times P(K,L) = OH/OE = EE = TE \times AE \tag{1.2}$$

可见，E 点具有相同的成本效率值和经济效率值，都可以通过技术效率与配置效率相乘得出。

1.5.3.2 非参数法：数据包络分析法（Data Envelopment Analysis, DEA）

非参数方法是在实际的投入产出数据中，利用线性规划法及对偶原理构建一个由相对有效的投入和产出点形成的生产前沿包络面。该方法不必事先假设任何函数形式，仅需利用实际的投入产出数据资料，不检验模型本身的有效性和合理性。由于不考虑误差项，非参数中的非效率用其所有投入和产出的样本点与前沿面的差距表示。数据包络分析方法（Data Envelopment Analysis, DEA）是最基本的非参数法，它最早是由查恩斯（Charnes，1978）等以法雷尔（1957）的生产效率为基础提出的一种线性规划方法，有规模报酬不变和规模报酬可变两种模型。查恩斯、库柏和罗兹（Charnes、Cooper & Rhodes，1978）提出的规模报酬不变模型（CCR 模型）是最基本的模型，可用于测度决策单位的技术效率[1]。目前人们主要使用规模报酬可变模型（BCC 模型），它是班克、查恩斯和库柏（Banker、Charnes & Cooper，1984）在假设决策单位的规模报酬可变的条件下用来测度纯技术效率（Pure Technical Efficiency）的模型，该模型把技术效率又进一步分解成纯技术效率和规模效率[2]，并且利用 CCR 模型计算出的技术效率除以利用 BBC 模型计算出的纯技术效率就可以求出规模效率。

---

[1] Charnes, A., W. W. Cooper and E. Rhodes, 1978, "Measuring the Efficiency of Decision Making Units", European Journal of Operational Research, 2: 6 (November). pp. 429–444.

[2] Banker. R. D., A. Charnes and W. W. Cooper, 1984, "Some Models for Estimating Technical and Scale Inefficiencies in Data Envelopment Analysis", Management Science, 30, 9 (September), pp. 1078–1092.

假设有 n 个部门或企业，称为 n 个决策单元，每个决策单元都有 m 种投入和 p 种产出，x_{ij} 和 y_{rj} 分别代表第 j 个决策单元第 i 种投入量和第 r 种产出量且 $x_{ij} > 0$ 和 $y_{rj} > 0$，v_i 和 u_r 分别代表第 i 种投入和第 r 种产出指标的权系数且 $v_i \geq 0$ 和 $u_r \geq 0 (i = 1,2,\cdots,m; j = 1,2,\cdots,p)$。具体决策单元的效率得分就可以通过数学规划方式应用 DEA 软件计算出来。假设投入指标和产出指标的权系数向量分别为 $v = (v_1, v_2, \cdots, v_m)^T$，$u = (u_1, u_2, \cdots, u_p)^T$，则每个决策单元的效率评价指标可以定义为：

$$h_j = \frac{\sum_{r=1}^{p} u_r y_{rj}}{\sum_{i=1}^{m} v_i x_{ij}} \quad (j = 1,2,\cdots,n) \tag{1.3}$$

上式中，效率指标 h_j 表示第 j 个决策单元多指标投入和多指标产出所取得的经济效率，可以适当地选择权系数 u、v，使得 $h_j \leq 1$。DEA 最基本的 CCR 模型用下式表示：

$$\max h_0 = \frac{\sum_{r=1}^{p} u_r y_{rj_0}}{\sum_{i=1}^{m} v_i y_{ij_0}}$$

$$s.t. \quad \frac{\sum_{r=1}^{p} u_r y_{rj_0}}{\sum_{i=1}^{m} v_j y_{ij}} \leq 1 \quad (1 \leq j \leq n) \tag{1.4}$$

$$v \geq 0, u \geq 0$$

(1.4) 表示在效率评价指标 $h_j \leq 1 (j = 1,2,\cdots,n)$ 的约束条件下，选择一组最优权系数 u 和 v，使得 h_0 达到最大值，从而评价出第 j_0 个决策单元的相对有效性。

数据包络法的主要优点在于它不需要知道生产函数的具体形式，所受的约束条件较少，能够得出有利于比较的技术效率并且可以找到使企业效率更低的投入要素，从而找到提高企业效率的最佳途径。同时，数据包络法对企业的评价更加全面，可以测算企业的技术效率、经济效率、配置效率以及纯技术效率。但数据包络法没有考虑由于运气、数据问题或者其他计量问题所引起的随机误差，而随机误差的存在，又会使评价效率值与随机偏离不易区分。另外，数据包络法对效率的估计值偏低，离散程度较大，并且其检验结果是否显著不易判断。值得提出的是，如果计算出 100% 有效的效率值有可能是因为有较多的约束条件。

1.5.3.3 参数法：随机前沿分析法（Stochastic Frontier Approach，SFA）

根据传统生产（成本）函数的估计思想，参数法要求必须在假设或者构造具体生产（成本）函数形式的基础上，通过多元回归分析把函数中的未知参数估计出来，并运用这一结论计算理论上的最小成本与实际成本之间的比值。参数法根据概率分布的理论看待具有不同效率的样本点，并且必须利用估计的结果检验模型本身的合理性，属于一种统计方法。随机前沿法是由艾格纳、洛弗尔和施密特（Aigner、Lovell & Schmidt，ALS）[1] 以及米森和范德布罗克（Meeusen & van den Broeck，MB）[2] 于 1977 年提出的，是最早使用的最基本的参数分析法。随机前沿法考虑到随机误差对效率的干扰，构造出各种不同样本点所形成的不同的生产前沿面，避免了统计误差对效率的影响。伯杰和汉弗莱（Berger & Humphrey，1997）指出随机前沿法避免了数据包络分析法中存在多个样本点效率均为 1 的情况，但其设定的特定的函数形式隐含了效率前沿的形状，函数形式的不恰当或误差项的分布假设容易混淆设定误差与效率估计[3]。

另外，随机前沿法可以从非效率值中把一些无法控制的外在因素（如地理位置的远近、气候条件的好坏、政策是否具有特殊性等）剔除最终改善估计结果。因此，近年来随机前沿分析方法被广泛地运用于进行效率测度。20 世纪 70 年代以后，随机前沿法的后续研究者大多从生产函数和成本函数两个方面对其进行研究，并且研究的模型在不断地改进。

（1）随机前沿生产函数

①艾格纳、洛弗尔和施密特[4]以及米森和范德布罗克（1977）[5] 模型

随机前沿生产函数模型是由艾格纳、洛弗尔和施密特（1977）以及米森和范德布罗克（1977）等人最早提出的。最初，它只用于截面数据（Cross-sectional data），函数中有一个误差项，这个误差项分为两部分，一部

---

[1] Aigner, D. J., C. A. K. Lovell and P. Schmidt, 1977, "Formulation and estimation of stochastic frontier production function models", Journal of Econometrics 6: 21–37.

[2] Meesusen W. and J. van den Broeck, 1977, "Efficiency estimation from Cobb-Douglas production functions with composed error", International Economic Reviews 18: 435–444.

[3] Berger A. N., Humphrey, D. B., 1997, "Efficiency of Financial Institutions: International Survey and Directions for Future Research", European Journal of Operational Research, 98: 175–212.

[4] Aigner, D. J., C. A. K. Lovell and P. Schmidt, 1977, "Formulation and estimation of stochastic frontier production function models", Journal of Econometrics 6: 21–37.

[5] Meesusen W. and J. van den Broeck, 1977, "Efficiency estimation from Cobb-Douglas production functions with composed error", International Economic Reviews 18: 435–444.

分计算随机影响,另一部分计算技术非效率。该模型被表达为下面的形式:

$$Y_i = x_i\beta + (V_i - U_i) \quad i = 1,2,\cdots,N \tag{1.5}$$

上式中,Y_i 是第 i 个公司的产出(或产出的对数);X_i 是一个 $k \times 1$ 的向量,是第 i 个公司的要素投入数量(或投入数量的变形);β 是一个未知参数的向量;V_i 是随机变量,与 U_i 独立且假定 $V_i \sim iid\ N(0,\sigma_V^2)$;$U_i$ 是非负随机变量,用来计算生产中的技术非效率,并常被假定 $U_i \sim iid\ |N(0,\sigma_U^2)|$。

这个最初的模型在过去的二十年里被用在许多经验的应用之中。它也以许多方式被转变和扩展。这些扩展包括:模型中对 U_i 更加一般的分布假设,如 U_i 服从截断正态分布或两参数伽马分布;考虑面板数据和随时间变化的技术效率;将这个方法扩展到成本函数和对方程式的估计中,等等。富斯特、洛弗尔和施密特(Forsund, Lovell & Schmidt, 1980)、施密特(Schmidt, 1986)、鲍尔(Bauer, 1990)和格林(Greene, 1993)都是对这种方法的综合性的回顾。

②巴蒂斯巴蒂斯和科里(1992)模型①

巴蒂斯和科里(1992)提出用于处理(非平衡)面板数据的随机前沿生产函数。这个生产函数假定影响公司技术非效率的因素是服从截断正态分布的随机变量,并且允许其随着时间的变化而改变。这个模型的表达式是:

$$Y_{it} = x_{it}\beta + (V_{it} - U_{it}) \quad i = 1,2,\cdots,N \quad t = 1,2,\cdots,T \tag{1.6}$$

上式中,Y_{it} 是第 i 家公司第 t 时期的产出(或产出的对数);x_{it} 是一个 $k \times 1$ 的向量,是第 i 个公司第 t 时期的要素投入数量(或投入数量的变形);β 是一个未知参数的向量;V_i 是随机变量,与 U_i 独立且假定 $V_i \sim iid\ N(0,\sigma_V^2)$;$U_{it} = \{U_i \exp[-\eta(t-T)]\}$,这里 U_i 是非负随机变量,用来计算生产中的技术非效率,并被假定服从在零处被截断的半正态分布,即 $U_i \sim iid\ |N(\mu,\sigma_U^2)|$;$\eta$ 是待估参数,利用 η 的 t 值可以判定成本非效率有没有随时间的变动发生变动。巴蒂斯和科里在这该模型中,利用巴蒂斯和科拉(Battese & Corra, 1977)的参数,用 $\sigma^2 = \sigma_v^2 + \sigma_u^2$ 和 $\gamma = \sigma_u^2/(\sigma_u^2 + \sigma_v^2)$ 代替 σ_v^2 和 σ_u^2,其中参数 γ 大于 0 小于 1。这个模型要求的数据可以是不完整的,不均衡(Unbalanced)的面板数据可以在这个模型中使用。

---

① Battese, G. E. and Coelli, T. J., 1992, "Frontier Production Functions, Technical Efficiency and Panel Data: With Application to Paddy Farmera in India", Journal of Productivity Analysis 3, 153 – 169.

③巴蒂斯和科里（1995）模型[1]

皮特和李（Pitt & Lee, 1981）[2] 等学者曾采用二阶段估计法进行了随机前沿效率分析，即先通过随机前沿成本函数，假设非效率结果独立且服从某种分配，估计出各个厂商每期的技术非效率，然后再以所估计出的非效率值为被解释变量，将解释变量设为企业规模、组织结构、员工受教育水平、研发水平等效率的影响因素，各影响因素对非效率有多大的影响则用 OLS 法进行估计。这种方法长期以来被认为是一种很有用的运用，但这种两阶段估计法的第二阶段的回归方式与第一阶段中无效率结果是独立的假设不一致，因此，两阶段估计过程不可能提供与运用单一阶段估计过程得到的效率一样有效的估计。

库姆哈克、高什和麦库克（Kumbhakar, Ghosh & McGukin, 1991）以及芮富施奈德和史蒂文森（Reifschneider & Stevenson, 1991）提出一种随机前沿模型解决了这个问题。这个模型中的非效率随机变量 U_i 包括一个由影响公司技术非效率的因素变量组成的明确的函数和一个随机误差。巴蒂斯和科里（1995）提出的模型除了增加了配置效率，改变了第一顺序利润最大化的条件和允许面板数据之外，其他与库姆哈克、高什和麦库克（1991）的模型一样。巴蒂斯和科里（1995）的表达式为：

$$Y_{it} = x_{it}\beta + (V_{it} - U_{it}) \quad i = 1,2,\cdots,N \quad t = 1,2,\cdots,T \tag{1.7}$$

上式中，Y_{it}，x_{it} 与 β 和前面定义的含义一样；V_i 是随机变量，与 U_i 独立且假定 $V_i \sim iid\ N(0,\sigma_V^2)$；$U_i$ 是非负随机变量，用来计算生产中的技术非效率，并被假定服从在零处被截断的半正态分布，$U_i \sim iid\ |N(m_{it},\sigma_U^2)|$；这里

$$m_{it} = z_{it}\delta \tag{1.8}$$

上式中，z_{it} 是一个影响企业效率的 $p \times 1$ 的向量；δ 是一个 $1 \times p$ 的待估计的参数向量。

这个模型假设技术非效率的分布均值是各种影响因素的函数，将各样本点的技术非效率值作为被解释变量，把影响效率的因素作为解释变量，然后将二者在同一个模型中估计出来。

上述三种随机前沿生产函数中的 U_i 被解释为技术非效率的影响，是造成公司处于随机生产前沿状态经营的原因，在这里被定义为公司的经营效率离效

---

[1] Battese, G. E. and Coelli, T. J., 1995, "A model for technical inefficiency effects in stochastic frontier production function for panel data", Empirical Economics, 20, 325 – 332.

[2] Pitt, M. and L. F. Lee, 1981, "The measurement and sources of technical inefficiency in the Indonesian weaving industry", Journal of Development Economics, 9, 43 – 64.

率前沿有多远。

(2) 随机前沿成本函数

上面所有的模型都是以生产函数的形式表达的，其中的 U_i 被解释为技术非效率的影响，是造成公司处于低于随机生产前沿状态经营的原因。如果想设置一个随机前沿成本函数，我们只需要将生产函数模型中的误差项从 $V_i - U_i$ 改变为 $V_i + U_i$。这种替换将把式（1.5）定义的生产函数转变成为以下的成本函数：

$$Y_i = x_i\beta + (V_i + U_i) \quad i = 1, 2, \cdots, N \qquad (1.9)$$

上式中，Y_{ii} 是第 i 家公司的生产成本（或生产成本的对数）；X_i 是一个 $k \times 1$ 的向量，是第 i 个公司的要素投入数量（或投入数量的变形）；β 是一个未知参数的向量；V_i 是随机变量，与 U_i 独立且假定 $V_i \sim iid\ N(0, \sigma_V^2)$；$U_i$ 是非负随机变量，用来计算生产中的成本非效率，并常被假定 $U_i \sim iid\ |N(0, \sigma_U^2)|$。

在这个成本函数里，U_i 被定义为公司的经营成本离成本前沿有多远。假定配置效率是确定的，则 U_i 与技术非效率的成本有很密切的关系。如果没有这个假定，由于可能同时涉及技术和配置效率，因此对成本函数里 U_i 的解释就不是很清楚。因此，我们在本书中，将把与测量成本前沿有关的效率称为成本效率。这些成本效率的明确的解释将取决于特别的应用。

(3) 随机前沿法的基本原理

能否利用随机前沿法及其估计结果的优劣取决于变差率 γ 的零假检验结果和无效率项 u 分布的选择两个关键因素。随机前沿法的根本依据就是检验变差率 γ 的零假设得出的结果。

随机前沿函数主要采用最大似然函数估计法（ML）的参数估计。ML 与普通最小二乘法（OLS）的区别在于，OLS 不能对测量误差和其他不可控因素加以综合考虑而只能估计给定的自变量；ML 在两步格点法搜索的基础上得到 γ 的值，通过单边似然比（LR），检验判断是否应该拒绝 $\gamma = 0$ 的原假设（Battese and Coelli, 1995），若变差率 γ 的零假设不成立，则可以断定误差主要是受到随机误差的影响；若变差率 γ 的零假设成立，则可以断定误差受到自变量以外的其他变量的系统性影响。

定义 $\sigma^2 = \sigma_v^2 + \sigma_u^2$，$\gamma = \sigma_u^2 / \sigma^2$，则 γ 表示无效率项的误差占总误差的比率，其数值在 0~1 之间。通过 γ 的取值来判断 OLS 和 ML 的优劣以及是否可以选择随机前沿函数。γ 趋近于 0 表明主要由随机误差引起总误差则应该用 OLS 进行估计；γ 趋近于 1 表明主要由无效率项引起总误差应采用随机前沿函数进行估计。

(4) 随机前沿效率的预测

与生产前沿函数式(1.5)相关的技术效率和与成本前沿函数式(1.9)相关成本效率的测度方法都可以定义为:

$$EFF_i = E(Y_i^* | U_i, X_i) / E(Y_i^* | U_i = 0, X_i) \quad (1.10)$$

上式中, Y_i^* 是第 i 个公司的产出(或成本),当解释变量是原始数据的时候它等于 Y_i;当解释变量是对数形式的时候,它等于 $\exp(Y_i)$。如果是生产前沿函数,EFF_i 代表生产效率,其取值为 0~1 之间,EFF_i 的值越大,说明离生产效率前沿越近,表明生产效率越高;如果是成本前沿函数,EFF_i 代表成本效率,其取值即为 1 到无穷大,EFF_i 的值越小,说明离成本效率前沿越近,表明成本效率越高。效率的测度可以由以下方式定义(见表 1-1):

表 1-1　　　　　　随机前沿效率的预测值汇总

生产函数或成本函数	解释变量是否是对数形式	效率(EFF_i)
生产函数	是	$\exp(-U_i)$
成本函数	是	$\exp(U_i)$
生产函数	否	$(x_i\beta - U_i)/(x_i\beta)$
成本函数	否	$(x_i\beta + U_i)/(x_i\beta)$

上述四种对 EFF_i 的表达方式全都取决于不能观测的被预测的 U_i 的值。这是在 $V_i - U_i$ 的条件下,由 U_i 的条件分布模型得出的。乔卓(Jondrow,1982)以及巴蒂斯和科里(1988)将结论表达为一般形式。巴蒂斯和科里(1992,1993,1995)提供了生产前沿函数效率的相关表达;成本前沿函数效率的表达则在本书中通过对技术效率进行小的修改而获得。

1.5.4　效率与产权结构有效性的关系

科斯(1991)等西方现代产权经济学家将制度分析和资源配置联系起来,在分析产权界定及安排在外部性问题与降低交易费用上的重要性的同时重建了产权结构与经济效率的内在性关系,从而突出了产权制度在经济运作中的重要性。不同的产权结构表现为不同的企业制度,企业产权结构建立的目的是为了克服在协作生产过程中各要素所有者之间的偷懒行为及"搭便车"动机。

从理论上讲,合理的企业产权结构是其效率得以提高的前提,产权界定越明确，排他性越强，交易费用越低，而效率则越高。同具有较大外部性的共有产权相比，私有产权制度由于其产权界定的明确性和排他性，交易的受益效应和受损效应（即收益和成本）对交易当事人会产生更大的影响，交易当事人将承担更多自身行为的结果，从而降低交易成本，提高效率。可见，企业效率的必要前提是私有产权制度。另外，股份公司的产权结构不仅能够使剩余索取权与监督权相分离，而且保持了剩余索取权和监督权，由专业人员独立执行企业协调活动的任务，以便提高协调规模经营的效率。

随着市场经济的发展，企业产权结构经历了种种不同的组合和选择，不断地进行调整，产权制度不断地从低效率向高效率转化，企业的生产率也随之大大提高。对此，我国学者刘小玄（1994）认为两权分离的产权结构比两权一体化的古典产权结构具有更高的生产效率。关于产权结构与效率的关系，国内外学者在理论上分析得较多，实证分析主要侧重企业产权结构与企业整体效率水平的关系研究，得出的结论与理论分析的结论基本一致，即产权结构与效率密切相关。

根据本书对产权结构有效性的界定，产权结构有效性是产权结构所具有的能激励在它支配下的经济主体实现外部性最大化的一种特有的性质，也就是说当某种产权结构能够将外部性最大地内在化以实现最大限度地激励经济主体从而提高经济效率时，这一产权结构就是有效的。但是"外部性最大地内在化"和"最大限度地激励"这种理论上的表达非常抽象并且很难量化，为我们准确判断企业产权结构是否有效造成了一定的困难。不过，如前所述，效率是一个较易量化的指标，古今中外的研究者对效率都有着非常深入的研究，形成了各种测度效率的有效方法。结合上述产权结构与效率之间的关系[1]，本书考虑借助效率作为产权结构有效性的量化指标，旨在对企业产权结构有效性的分析更为精确。

---

[1] 注：根据本书阐述的企业产权结构与效率之间的关系，我们可以得出结论：若企业产权结构有效，则其效率就会提高。但是反过来，影响企业效率高低的因素有很多，如果我们已知企业拥有较高的效率，却并不意味着这一较高的企业效率仅仅来源于其产权结构有效，也可能来源于其他多种因素（如：企业市场份额、企业规模、人力资本等）。考虑到这一点，本书在以效率作为产权结构有效性量化指标对产权结构有效性进行实证分析的过程中，特别关注了在以企业效率作为被解释变量，产权结构及其他影响因素作为解释变量构建的模型函数中，代表企业产权结构的解释变量的系数能否通过相应的显著性检验，以此来判断企业效率是否确实受到产权结构的影响。通过这种方法可弥补不能从企业效率直接得出产权结构是否有效的不足，从而使本书得出的企业产权结构有效性与效率的关系的结论更为准确。

1.6 产权结构有效性的实现途径：激励

由前面的论述可知，产权结构有效性在很大程度上取决于其能否为从事经济活动的主体提供激励。只有当产权结构对经济主体形成有效的激励与约束，才会有经济效率的提高。因此，从激励出发是全面考虑产权结构有效性的有力视角。

1.6.1 激励的内涵

从词源中可以查到，激励就是激发、鼓励，它能够从心理上促使人们形成一种内在的动力为达到期望的目标而不断前进。组织行为学中的激励（Motivation）是通过组织设计适当的外部奖酬形式及工作环境，设置一定的行为规范及惩罚性措施，借助信息沟通，以激发、引导和归化组织成员的行为，从而使组织及其成员的个人目标能够有效实现的系统活动。这里的激励还有约束、归化之意，因为激励合约的制定一般包含激励的客体违反行为规范的事前预防及事后处理，如一项奖励制度的执行，本身就是对激励客体不能达到奖励目标的约束。可见，在一定意义上，约束也可以认为是一种负激励，因为约束会产生压力，压力在一定条件下会转化为动力，从而产生激励。结合上述分析，本书中的激励不仅包括积极奖励的正面激励，而且包括消极防范与惩罚的反面激励，是广义的激励。

在激发人的动机时，激励把需要、动力和目标衔接起来，这三个要素在相互影响和相互依存的过程中使组织效率不断提高。激励的实质就是动机的激发过程。激励之所以被现代经济学广泛采用，是因为客观上存在着所有者与生产者、经营者（这里指企业高层管理者，不同于一般的生产经营者）之间的信息不对称，造成生产者或经营者损害所有者权益的经营行为。古典企业中，所有者与经营者是同一人，激励只在所有者与生产者之间发生，为防止生产者偷懒，所有者就要对生产者的行为进行监督和激励，管理心理学中的激励理论主要是为了解决这类激励问题而展开的。随着现代企业规模的迅速扩大，企业资产高度分散或管理能力的需要，导致所有者与经营者的身份相分离。因所有者与经营者拥有的信息不对称，经营者为追求自身利益通常会损害所有者利益。相对于生产者来说，经营者对生产经营的效果造成的影响比生产者造成的影响要严重得多，因而对经营者的激励比对生产者的激励更为重要。

正因为如此，20世纪初以来，经济学家对激励的研究不同于管理学，没有假设人有多种需求，而是更加关注对经营者激励的研究。经济学从理性人出发，研究如何激励经营者才能产生最大的利润或效用，并根据信息在委托人与代理人之间不对称的假定，将因信息不对称而产生的激励问题分为道德风险问题和逆向选择问题两大类。

1.6.2　激励机制

激励机制指激励主体在组织系统中通过激励因素或者手段与激励客体之间相互作用的关系总和，包含外部和内部两个方面。外部激励机制通常指企业经理行为会受到来自于市场环境、政府机构以及社会关系的影响而产生的诸如市场竞争机制以及法律与道德约束等制约的激励机制。内部激励机制主要指企业内部激励经理的报酬措施以及满足经理自身追求的控制权和声誉激励。

激励机制设计者可以采用多种不同分类的激励方式，如显性与隐性激励，内在与外在激励，物质与精神激励，短期与长期激励等。不同的具体情况使激励企业经理的因素表现为工资、福利、晋升、竞争、嘉奖、授权、责任感以及成就感等不同形式。根据人的需要动机及经济人假设，经理的动机包括利益动机（生存的物质需要）、声誉动机（地位、成就感、自我实现需要）以及控制权动机（领导欲望、职位消费）等，因而也就有相应的满足需要的激励机制。如果从约束行为的角度，激励经理的方式则包括竞争（经理市场、资本市场、商品市场、避免淘汰、危机感）和惩罚（法律、责任、预算、道德）等约束机制。这些激励约束机制对企业的效率都将产生重要的影响。

1.6.3　激励的相关理论

对于激励问题，管理学和经济学从两个不同的思路展开研究。管理学从人的需要出发，探索人的行为动机，分析影响人们活动的激励因素，寻找科学的激励方法，其目的在于提高激励的效果，最终形成了管理学激励理论；经济学则从人的理性假设出发，对经济学激励理论进行了严密的逻辑推理和模型论证。

1.6.3.1　管理激励理论

20世纪初，管理学家、心理学家以及社会学院通过研究如何从不同方面激励人的问题，逐渐形成不同的激励理论。管理激励理论已从过去的单一金钱刺激需要理论发展到目前满足多种需要的理论，从一般化的激励条件发展为因素明晰的激励条件，从研究基础的激励理论发展到深入探索激励过程。现代管理激励理论克服了泰勒科学主义管理在激励人方面的缺陷，注重通过分析人所具有的共性来调动生产者的积极性从而为管理者提供服务。多因素激励理论、行为改造理论、过程激励理论以及综合激励模式理论从不同的侧重点和行为关系对激励进行了研究，构成现代管理激励几大主要理论。

多因素激励理论从人的心理需要出发，以激励的诱因和影响激励的因素作为研究重点。马斯洛（A. Maslow, 1954）[1] 的需要层次理论、奥尔德弗（Alderfer, 1972）的 ERG 理论[2]、麦克里兰（D. C. McClelland, 1961）的成就需要理论[3]、梅奥（E. Mayo, 1933）的"社会人"理论[4]以及赫兹伯格（F. Herzberg, 1959）的"激励—保健"双因素论[5]是主要的多因素激励理论。马斯洛提出应该按照人的不同需要及其所处的不同社会环境设计包括物质和精神等激励方式在内的激励方案。马斯洛的这种需要层次理论被奥尔德弗概括成生存（Existence）、关系（Relatedness）和成长（Growth）理论（即 ERG 理论）。赫兹伯格的"激励—保健"双因素论认为消除职工的不满和抵触情绪的最好办法是满足职工的需要，这种"保健因素"结合"激励因素"对人的激励作用有利于生产效率的提高。麦克里兰提出的成就需要理论提出具有强烈成就需要的人认为与金钱相比，个人成就更加重要，他们把报酬只看成是衡量自己的成就高低的一种尺度。成就需要理论认为经济发展的基石由具有成就需要的人创立和发展的公司构成的，因而这些人成为推动整个社会经济发展的重要因素。

行为改造理论是激励目的理论，认为改造与修正人们的行为方式是激励的主要目的，它由挫折论、操作型条件反射论和归因理论组成。著名心理学家斯金纳（B. F. Skinner, 1953）的操作条件反射理论[6]认为人的行为会随着外部操作条件的变化而改变，外部环境会刺激人的行为作出反应。该理论特别强调

---

[1] Maslow, A., H., 1954, Motivation and Personality, 2nd ed., New York: Harper & Row.
[2] Alderfer, Clayton P., 1972, Existence, Relatedness, and Growth: Human Needs in Organizational Settings, New York: Free Press.
[3] McClelland, D., 1961, The achieving society, New York: The Free Press.
[4] Mayo, G. E., 1933, The human problems of an industrial society (2nd ed.). New York: Macmillan.
[5] Herzberg, F., et, 1959, The Motivation to work, New York: Wiley Press.
[6] B. F. Skinner, 1953, Science and human behavior, New York: The Free Press.

环境改造在保持积极愉快的行为以及消除消极悲伤的行为过程中的重要作用。自20世纪80年代开始,学者们开始关注结合环境设计技术与道德抑制的行为改造理论如何发展多样化的激励方式。

过程激励理论主要研究人的动机如何形成以及人们如何选择行为目标。弗鲁姆(V. H. Vroom, 1964)的期望效用价值理论[①]、亚当斯(J. S. Adams, 1963)的公平理论[②]以及波特和劳勒(L. Porter & E. Lawler, 1968)的综合激励理论[③]等这些代表性最强理论一致认为人们的行为动机和对工作目标的设置能够使生产者发挥极大的主观能动性和创造性。其中,弗鲁姆认为人们只会受到那种预期其行动能达到某种目标的措施的激励,并采取实际行动完成预期目标。以此为基础,美国的波特和劳勒在20世纪60年代末构建出期望论模型,论证了当事人对成功、报酬及其影响的认识和评价等这些多方面的变化因素都有可能使激励力量增大或减小,并指出相对于具有较低内在激励价值的人,具有较高的内在激励价值的人对其他条件相同的同一项工作可能会产生更大的激励效果。亚当斯的公平激励理论强调工作报酬的相对公平,认为同等报酬是否能获得同样的激励效果只有通过比较才能知道。不按公平原则设计的激励机制将会降低激励效果,提高报酬的激励效果只能尽量使人的投入与获取的报酬相匹配。

罗伯特·豪斯(Robert House, 1970)将上述几类激励理论综合起来,加入内外激励因素之后提出了综合激励模式理论[④],并指出完成任务的报酬、能否完成任务的期望值以及完成任务的效价可以看成内在激励因素;而加薪和升职这种因完成任务而带来的外在报酬可以看成外在激励因素。该理论说明激励力量的大小主要由各种激励因素共同作用决定的。

1.6.3.2 经济学对激励理论的发展

经济学家对激励问题的研究主要把所有权和剩余控制权作为激励因素,从代理成本或交易费用出发,研究道德风险及逆向选择应该采取何种方式有效避免。信息、产权、契约、内部人控制以及委托—代理理论的不断发展使声誉、

---

① Vroom V. H., 1964, Work and motivation, New York: Wiley.

② Adams, J. Stacy, "Toward an Understanding of Inequity," Journal of Abnormal and Social Psychology, LXVII (1963), 422 – 436.

③ Porter, L. W., & Lawler, E. E., III. Managerial attitudes and performance. Homewood, Ill.: Dorsey, 1968.

④ John R. Rizzo, Robert J. House, Sidney I. Lirtzman, Role Conflict and Ambiguity in Complex Organizations, Administrative Science Quarterly, Vol. 15, No. 2 (Jun., 1970), pp. 150 – 163.

竞争、控制权、公司制度及运行环境等因素也纳入经营者激励问题之中，从而引起现代企业激励理论中的激励模式具有向复杂化发展的趋势。

委托—代理理论在经营者最大限度地追求与所有者经济利益一致的方面作出了很大贡献，也为企业所有者设计有效的经营者激励方式提供了理论依据。多种激励机制的设计能够强化代理人的激励与约束。例如：把剩余支配权交给经理；将工资、奖金和股票进行最优组合形成最优的企业报酬；董事会代表股东有责任任命公司的最高管理人员，对重大投资进行决策权以及有效监督企业经营者；通过经理以往的表现计算其将来的人力资本的市场价值加强经理市场的竞争，形成市场压力；企业通过股票市场实现优胜劣汰。可见，经济学家已经注意到研究代理制企业经营者行为的激励问题，并认为加强委托人和代理人之间的信息沟通，减少信息不完善造成的激励偏差可能比设计合理的激励报酬更为重要。

1.7　本书对寿险公司产权结构有效性的界定

类似于其他企业，股东、董事和经理是构成寿险公司制度体系的三要素，它们构成最基本的寿险公司结构。根据本书对产权结构和产权结构有效性的界定，结合寿险公司的制度体系，本书将寿险公司产权结构定义为由寿险公司的名义产权和实际产权构成的两权结构；将寿险公司产权结构有效性定义为寿险公司的名义产权和实际产权的两权结构所具有的能激励在它支配下的股东和经理实现外部性较大地内在化的一种特有的性质。

1.8　本章小结

本章在回顾和梳理产权、交易费用、产权结构、效率以及激励的相关理论的基础上，结合本书的研究内容和目的，对产权、交易费用、产权结构、产权结构有效性、效率、激励以及寿险公司产权结构有效性这些本书所涉及的基础性概念进行了界定和评述。本章还对交易费用和产权安排与资源配置效率的关系以及效率与产权结构有效性的关系进行了分析，并介绍了前沿效率的主要测度函数和估计方法。这些内容为本书分析寿险公司产权结构及其有效性奠定了基础。

2 寿险公司产权结构有效性分析的理论框架

2.1 寿险公司产权结构有效性的基本分析框架

根据本书在第一章中的界定,寿险公司产权结构有效性是寿险公司的名义产权和实际产权的两权结构所具有的能激励在它支配下的股东和经理实现外部性最大化的一种特有的性质。而寿险公司的这种名义产权和实际产权的两权结构又分别对应着相应的名义产权和实际产权的两层次激励机制。

寿险公司名义产权的激励机制是最基本的一种激励机制,它能够激励追求利润最大化的资本所有者愿意向寿险公司投入大量资本以期得到较大的资本回报率。一般来讲,寿险公司的股东都是通过董事会控制公司,并促进公司取得较高的经营效率,以实现其利润的最大化。其中,股权结构直接影响着股东行使权利的方式和效果,其差异影响着公司对经营者的监督和激励机制的效率,因此,可以将寿险公司的股权结构作为其名义产权的具体表现形式,通过分析寿险公司股权结构有效性来反映寿险公司名义产权对公司股东的激励。寿险公司股权结构是否有效,就看股权结构能否带来公司效率的提高,具体可以通过判断公司股权集中度、股权制衡度以及公司股东性质是否能够促使公司效率的提高来进行衡量。如果上述因素能够促进寿险公司效率提高,则寿险公司股权结构是有效的,公司股东将有可能获取较多的利益,此时,该股权结构所代表的名义产权将会对公司股东产生比较大的激励作用。

寿险公司的实际产权作为另一种激励机制,允许公司的实际控制使用者有获得剩余的权利,是通过把公司效率与经理报酬相联系的方式来实现的激励。它具有比名义产权更直接的对生产的激励效果,是激励经营管理者在寿险公司取得较高生产效率的直接动机。因此，可以通过分析寿险公司经理激励有效性来反映寿险公司实际产权激励机制的效果。经理激励是否有效，就看经理激励的措施能否带来公司效率的提高，具体可以通过分析经理报酬与寿险公司效率的关系对其进行判断。如果经理报酬能够促进寿险公司效率的提高，则经理激励是有效的，这表明寿险公司实际产权激励机制是有效的。

综上所述，本书从寿险公司的名义产权和实际产权的两权结构出发，引出寿险公司的两个层次的激励机制，即名义产权激励机制和实际产权激励机制，从这两方面对寿险公司产权结构有效性进行分析，从而建立起寿险公司产权结构有效性理论的基本框架，如图2-1所示。

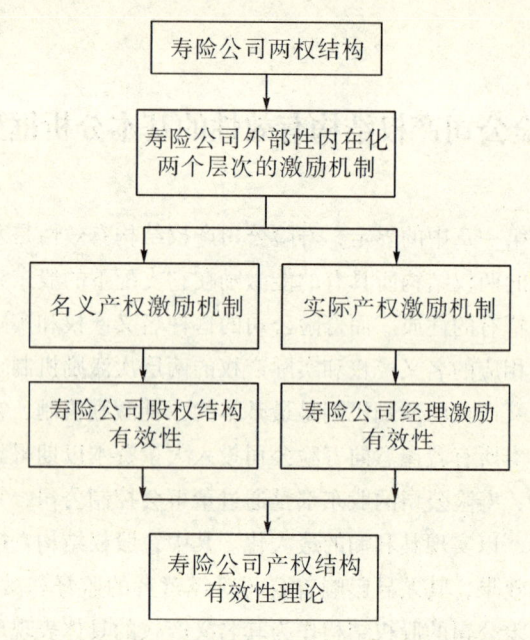

图2-1　寿险公司产权结构有效性理论的基本框架

2.2　寿险公司效率及其测度

寿险公司效率的高低不仅影响着寿险公司的效益，对整个保险产业以及一国的经济健康和持续发展都有着重要影响。对寿险公司效率的界定、计量方法的选择以及对其经营规律的量化判断都很不容易，因此准确地量化寿险公司的效率存在着很大的困难。

2.2.1 传统的寿险公司效率评价指标

一般的研究用单要素指标对传统的寿险效率评价进行考察，这些要素一般包括寿险公司的稳健经营指标和盈利能力指标两大类。

2.2.1.1 经营稳健性指标评价

经营稳健性指标用来衡量寿险公司的经营状态是否稳健，保费收入变动率和资本充足率是其核心指标，而资本和盈余总变化率以及续保率和应收保费周转率则为其辅助指标。其中，资本充足率指标主要是衡量寿险公司正常营业和维持充足的偿付能力的关键和稳定性经营指标；保费收入变动率指标主要衡量各家寿险公司保费收入的动态变动情况，以弥补保费收入绝对数量指标的不足；续保率指标作为衡量寿险公司客户忠诚度的重要指标，是保户对寿险公司满意程度的"晴雨表"；资本和盈余总变化率指标被用来显示各家寿险公司的财务实力；应收保费周转率指标可以反映寿险公司资金风险管理的效率，是寿险公司在保险合同签约时应该向投保人收取而事实上却并未收到的保费金额。上述指标可以用如下方法计算出来：

(1) 资本充足率 = 准备金/资产净值 = 实收保费/资产净值

(2) 保费收入变动率 = 寿险公司本年度保费总额/上年度保费收入总额

(3) 续保率 = 在以前保险期限投保在本期限继续投保的保单/总承保保单

(4) 资本和盈余总变化率 = 资本和盈余的总(净)变化/上年度资本和盈余

(5) 应收保费周转率 = 应收保费收入/总保费收入

2.2.1.2 盈利能力指标评价

寿险公司作为金融企业也是以利润最大化为经营目标，因此盈利能力指标对其也很重要。能够反映寿险公司盈利能力的指标可以分为成本费用类、资金运用效率类和利润类三大类。具体包括如下指标：寿险公司盈利水平的直接影响因素赔付率指标，由综合赔付率和加权赔付率构成；反映寿险公司经营消耗和费用成本的综合费用率指标；反映寿险公司进行投资和运用资金情况的资金运用率指标；用于衡量寿险公司的资金管理水平以及资金的运用效益的资金运用盈利率指标；用来衡量寿险公司承保业务带来利润的能力的承保利润率指标等。这些指标可以用如下方法计算：

(1) 赔付率 = 当年总保险赔付额/当年总保费收入

(2) 综合费用率 = (手续费 + 营业费)/保费收入

(3) 资金运用率 = 资金运用总额/资产总额

(4) 资金运用盈利率 = (对外投资收入 + 利息收入)/投资总额

(5) 承保利润率 = 承保利润/保费收入

2.2.2 本书对寿险公司效率内涵的界定

根据第一章关于本书研究效率的说明,这里的寿险公司效率就是指寿险公司前沿效率,即寿险公司经营活动中投入与产出或成本与收益间的对比关系。寿险公司前沿效率也可以从效率理论和效率衡量两个视角进行界定。

从效率理论视角,寿险公司前沿效率可以定义为寿险公司 X 效率,即寿险公司因外部的金融环境(包括市场结构、法律制度等)或内部的产权结构、法人治理以及管理体制等问题所导致的寿险公司既定的投入却无法得到既定的产出,无法实现公司效率最大化的一种状态。

从效率衡量视角,寿险公司前沿效率可以定义为寿险公司成本效率、寿险公司标准利润效率以及寿险公司可替代利润效率。其中,寿险公司成本效率是在产出一定的前提下,某特定寿险公司的成本与营运情况最优的寿险公司的成本相接近的程度;寿险公司标准利润效率[①]是在投入和产出价格一定的前提下,某特定寿险公司实现的实际利润与营运情况最优的寿险公司所能实现的最大可能利润相接近的程度;寿险公司可替代利润效率是在产出水平而不是产出价格一定的前提下,某特定寿险公司的实际利润与营运情况最优的寿险公司所能获得的最大利润的接近程度。

2.2.3 效率的测度方法在保险公司中的应用

国际经济学界对保险公司效率的研究大约开始于 20 世纪 60 年代,其研究进程相当迅速,在研究中主要采用参数法和非参数法来测度保险公司的效率。早期学者多采用计量经济学中的回归方法研究保险公司的效率,如休斯顿和西蒙(Houston & Simon, 1970)[②] 及吉汉(Geehan, 1977)[③] 对美国加州地区寿

[①] 注:为了书写的简便,本书后续内容中提到的寿险公司利润效率均指寿险公司标准利润效率。

[②] David B. Houston and Richard M. Simon, 1970, "Economies of Scale in Financial Institutions: A Study in Life Insurance", Econometrica, Vol. 38, No. 6 (Nov., 1970), pp. 856 – 864.

[③] Randall Geehan, 1977, "Returns to Scale in the Life Insurance Industry", The Bell Journal of Economics Vol. 8, No. 2 (Autumn, 1977), pp. 497 – 514.

险业的规模经济问题进行了回归分析；普瑞兹（Praetz，1980）利用1976年的截面数据对90家寿险公司的规模经济进行了回归分析[1]。约恩吉特（Yuengert，1993）[2]、莱（Rai，1996）[3]、哈德威克（Hardwick，1997）[4] 开始使用随机前沿法（SFA），并针对美国及世界各国的产寿险公司的经营效率进行研究。加德纳和葛瑞丝（Gardner & Grace，1993）[5] 和康明斯和兹（Cummins & Zi，1998）则使用自由分配法（DFA）研究了保险公司的效率。20世纪90年代学者们开始运用DEA衡量保险公司的经营效率。费希纳（Fecher，1993）等采用DEA探讨了法国人寿保险业的效率[6]；福山（Fukuyama，1997）利用DEA对1988-1993年的日本寿险公司在经济扩张和衰退时期的生产效率和生产力的变化进行了研究[7]；康明斯、坦尼森和维斯（Cummins，Tennyson & Weiss，1999）对1988—1995年美国寿险业并购对经营效率与规模经济的影响进行DEA分析，并对考虑实际因素的经营效率的改变进行曼奎斯特指数（Malmquist Index）法的评估[8]。特别值得一提的是，康明斯和兹（1998）运用相同的数据，同时使用SFA、DFA、DEA及FDH进行研究，发现DFA及DEA的平均效率明显比SFA低，各种参数之间具有非常一致的相关性[9]。

早期国内学者对保险公司效率的研究侧重于定性分析，但受到其评价主体主观因素的影响，使定性分析的结论具有局限性。近年来，国内学者开始转向运用定量分析法衡量保险公司的效率。国内学者运用效率的测度方法分析保险

---

[1] Praetz, P., 1980, "Returns to scale in the US life insurance industry", Journal of Risk and insurance 47, 525 – 533.

[2] Yuengert, A. M., 1993, "The measurement of efficiency in life insurance: Estimates of a mixed normal – gamma error model", Journal of Banking & Finance, 17, 483 – 496.

[3] Rai, A., 1996, "Cost efficiency of international insurance firms", Journal of Financial Services Research 10, 213 – 233.

[4] Hardwick, P., 1997, "Measuring cost inefficiency in the UK life insurance industry", Review of Economics and Statistics 49, 211 – 219.

[5] Gardner, L. A. and M. F. Grace, 1993, "X – Efficiency in the US life insurance industry", Journal of Banking & Finance 17, 497 – 510.

[6] Fecher F.; Perelman S. and Pestieau P., 1993, "Scale economies and performance in the French insurance industry", Insurance: Mathematics and Economics, Vol. 12, NO. 1: 87 – 88.

[7] Fukuyama, H., 1997, "Investigating productive efficiency and productivity changes of Japanese life insurance companies", Pacific – Basin Finance Journal 5: 481 – 509.

[8] Cummins J. D.; Tennyson S.; Weiss M. A., 1999, "Consolidation and efficiency in the US life insurance industry", Journal of Banking and Finance, Vol. 23, No. 2: 325 – 357.

[9] Cummins J. D and H. Zi, 1998, "Comparison of Frontier Efficiency Methods: An Application to the US Life Insurance Industry", Journal of Productivity Analysis 10, 131 – 152.

公司的效率可以归纳为三类：其一，采用参数法或非参数法对我国保险公司的技术效率或者规模效率进行测算。赵旭（2003）、侯晋和朱磊（2004）、吴诣民、李存璞和何静（2005）、邓庆彪、赵学原和邵月琴（2005）、曹乾（2005）、陈璐（2006）等学者都运用 DEA 的方法测度我国保险公司的技术效率或规模经济。何静、李村璞（2005）、黄薇（2006）、刘志迎、孙文平和李静（2007）等则运用 SFA 的方法测度我国保险公司的成本效率和利润效率。其二，在测算出各保险公司效率值的基础上分析效率的主要影响因素。例如，姚树洁、冯根福和韩钟伟（2005）在用 DEA 测算出 1999—2002 年我国 22 家保险公司的技术效率分数的基础上，通过回归分析方法证明影响保险公司效率的重要因素有：公司规模、所有制形式、营销方式以及人力资本。刘志迎、孙文平和李静（2007）利用随机前沿分析法测算出 1999—2004 年我国 16 家财险公司的成本效率值，并在此基础上对影响财险公司成本效率的主要因素进行了分析。其三，利用 DEA 和曼奎斯特指数（Malmquist Index）对中国保险业生产效率的动态变化进行研究。李克成（2005）、陈璐（2005）和曹乾（2006）等均采用 DEA 和 Malmquist 生产指数计量和考察了我国保险公司的效率及动态变化问题。可见，我国学者主要侧重运用数据包络（DEA）方法对保险公司效率进行测度，而运用随机前沿（SFA）方法测度保险公司效率的研究则比较少见。随机前沿法考虑到成本效率会受到随机误差的干扰，得出的成本效率值具有较小的离散度。

2.2.4 本书对寿险公司效率研究方法和测度函数的选择

2.2.4.1 寿险公司效率研究方法的选择

根据以往关于保险公司效率的国内外经验研究，只有分离出理论上的最优效率边界函数才能明确地找到不同保险公司与最优效率保险公司存在差异的具体原因。寿险公司利润效率可以理解为在投入和产出价格相同的情况下，某家寿险公司的实际利润低于最有效率寿险公司的预期利润，并且这部分利润差异又无法利用随机干扰项进行解释，在这种情况下则认为该寿险公司存在技术无效率；同理，寿险公司成本利润效率可以理解为在产出相同的情况下，某家寿险公司的成本高于最有效率的寿险公司的成本，并且这部分成本差异也无法利用随机干扰项进行解释，这时也认为该寿险公司存在技术无效率。

为了在实证研究中顺利剔除可能由于随机误差造成的潜在影响，得到各个样本寿险公司在不同时期的效率值，本书选取参数法中的随机前沿分析法

(SFA）作为寿险公司利润效率和成本效率的研究工具，从而将前沿函数的误差项分解为随机扰动项（V）和寿险公司非效率项（U），这里的 V 服从正态分布且 U 服从从零截断的正态分布。同时，在模型设定过程中，为了判断不同寿险公司之间的利润或成本效率出现差异的主要原因（如产权性质、经理激励以及公司治理等），本书还借助巴蒂斯和科里（Battese and Coelli, 1995）模型将随机前沿模型中寿险公司利润或成本非效率项（U_i）直接设成寿险公司影响因素和随机误差的具体函数。

2.2.4.2 寿险公司效率测度函数的选择

寿险公司效率的投入和产出的函数关系通常可以用生产或成本函数进行表达。常见的保险效率测度函数有柯布—道格拉斯（Cobb‑Douglas, C‑D）成本函数和超越对数（Translog）成本函数。因此，本书也以这两种函数作为寿险公司效率测度的函数。

（1）柯布—道格拉斯（Cobb‑Douglas, C‑D）成本函数

1928 年，美国数学家柯布和经济学家道格拉斯提出以下生产函数：$Y = AK^\alpha L^\beta$，其中 K 是投入的资本额，L 是投入的劳动量，α 是资本的产出弹性，β 是劳动的产出弹性，且 $0 \leq \alpha \leq 1, 0 \leq \beta \leq 1$。当规模报酬不变时，参数满足 $\alpha + \beta = 1$。

后来，学者们将其应用到保险公司效率的研究领域，用如下形式的对数线性 C‑D 成本函数从成本的角度研究保险公司的成本效率：

$$\ln C_{st} = \beta_0 + \sum_{i=1}^{N} \alpha_{p_i} \ln(p_{sit}) + \sum_{j=1}^{M} \beta_{y_j} \ln(y_{sjt}) + \varepsilon_{st} \tag{2.1}$$

上式中，s, i, j 分别代表企业投入和产出，且 $s = 1,2,\cdots,S$，$i = 1,2,\cdots,N$，$j = 1,2,\cdots,M$；C_{st} 为 s 企业在 t 年观察到的总成本，等于 $\sum p_{sit} x_{sit}$；y_{sjt} 为 s 企业在 t 年第 j 项产出的数量；p_{sit} 和 x_{sit} 分别为 s 企业在 t 年第 i 项投入的价格和数量；ε_{st} 为复合误差项，即 $\varepsilon_{st} = U_{st} + V_{st}$，其中 U_{st} 为技术非效率项，服从半正态分布或其他分布，V_{st} 为随机误差项。

当考虑保险公司的技术进步等时间趋势时，上述函数演化为：

$$\ln C_{st} = \beta_0 + \sum_{i=1}^{N} \alpha_{p_i} \ln(p_{sit}) + \sum_{j=1}^{M} \beta_{y_j} \ln(y_{sjt}) + \gamma t + \varepsilon_{st} \tag{2.2}$$

上式中，$t = 1,2,\cdots,T$，T 为观测期，γ 为待估计的参数，用来衡量技术随时间进步的速度。

如果研究保险公司的利润效率时，式（2.1）、式（2.2）变形为：

$$\ln \pi_{st} = \beta_0 + \sum_{i=1}^{N} \alpha_{p_i} \ln(p_{sit}) + \sum_{j=1}^{M} \beta_{y_j} \ln(y_{sjt}) + \varepsilon_{st} \qquad (2.3)$$

$$\ln \pi_{st} = \beta_0 + \sum_{i=1}^{N} \alpha_{p_i} \ln(p_{sit}) + \sum_{j=1}^{M} \beta_{y_j} \ln(y_{sjt}) + \gamma t + \varepsilon_{st} \qquad (2.4)$$

上式中，π_{st} 为 s 企业在 t 年的利润，$\varepsilon_{st} = U_{st} - V_{st}$。

（2）超越对数（Translog）成本函数

Christensen, Jorgenson & Lau（1973）和 Fuss et al.（1978）等认为在既定的技术条件下厂商的生产成本与产量之间的数量关系可以用超越对数成本函数表示。该函数可以由生产函数导出，且生产函数的形式以及投入要素的价格会决定厂商的成本函数。即厂商在给定产出水平 $Y = f(X_1, X_2, \cdots, X_n)$ 下，其总成本 C（即各投入要素的价格 $P_1, P_2, \cdots, P_n$ 与数量 $X_1, X_2, \cdots, X_n$ 的乘积之和）要达到最小。此时的生产问题可以描述为：

$$\underset{X_1, X_2, \cdots, X_n}{Min}\ C = \sum_{i=1}^{n} P_i X_i \qquad (2.5)$$
$$s.t.\ Y = f(X_1, X_2, \cdots, X_n)$$

这是一个在生产水平既定的条件下求最小成本的问题，其均衡条件为 $\dfrac{\partial Y}{\partial X_i} = \dfrac{P_i}{P}$，其中 P 代表厂商生产的产品价格。从而得出总成本函数形式：

$$C = f(P_1, P_2, \cdots, P_n, Y) \qquad (2.6)$$

上式中，厂商的投入要素价格向量分别用 $P_1, P_2, \cdots, P_n$ 表示，厂商的产出向量用 Y 表示。在式（2.6）右边加上随机误差项的对数形式，则可以得出：$C = f(P, Y)\exp(v+u)$，该式两边取自然对数得到：$\ln C = \ln f(P, Y) + v + u$。格林（Greene，2000）论证了在规模报酬不变的条件下，$C^m = Yc(p)$，$c(p)$ 是单位或者平均成本函数。在 $\ln p = 0$ 点附近将 $\ln c(p)$ 进行二阶泰勒展开，即可得出超越对数成本函数：

$$\ln C_{st} = \beta_0 + \sum_{i=1}^{N} \alpha_{p_i} \ln p_{sti} + \sum_{j=1}^{M} \beta_{y_j} \ln y_{sjt} + \sum_{j=1}^{M} \sum_{i=1}^{N} \eta_{yp_i} \ln p_{sit} \ln y_{sjt}$$
$$+ \frac{1}{2} \sum_{j=1}^{M} \sum_{k=1}^{M} \theta_{yjk} \ln y_{sjt} \ln y_{skt} + \frac{1}{2} \sum_{i=1}^{N} \sum_{f=1}^{N} \gamma_{p_{if}} \ln p_{sit} \ln p_{sft} + \varepsilon_{st} \qquad (2.7)$$

上式中，$\theta_{yjk} = \theta_{ykj}$，$\gamma_{pif} = \gamma_{pfi}$。这里的成本函数 $C(y, p, t)$ 对投入价格是线性齐次的，当且仅当下面 $n+3$ 对参数的线性约束成立，超越对数成本函数才会满足这个性质：$\sum_{i=1}^{N} \alpha_{p_i} = 1$，$\sum_{i=1}^{N} \sum_{f=1}^{N} \gamma_{p_{if}} = 0$，$\sum_{j=1}^{M} \sum_{i=1}^{N} \eta_{yp_i} = 0$。

式（2.7）中，s, i, j 分别代表企业，投入和产出，且 $s = 1, 2, \cdots, S$，$i = 1$，

$2,\cdots,N, j=1,2,\cdots,M$;$C_{st}$ 为 s 企业在 t 年观察到的总成本，等于 $\sum p_{sit}x_{sit}$；y_{sjt} 和 y_{skt} 为 s 企业在 t 年第 j 项和第 k 项产出的数量，；p_{sit} 和 p_{sft} 分别为 s 企业在 t 年第 i 项和第 f 项投入的价格；x_{sit} 为 s 企业在 t 年第 i 项投入的数量和；ε_{st} 为复合误差项，即 $\varepsilon_{st}=U_{st}+V_{st}$，其中 U_{st} 为技术非效率项，服从半正态分布或其他分布，V_{st} 为随机误差项。

如果加入技术变化对保险公司效率的影响，式（2.7）变为：

$$\ln C_{st} = \beta_0 + \sum_{i=1}^{N}\alpha_{p_i}\ln p_{sti} + \sum_{j=1}^{M}\beta_{y_j}\ln y_{sjt} + \sum_{j=1}^{M}\sum_{i=1}^{N}\eta_{y_jp_i}\ln p_{sit}\ln y_{sjt}$$
$$+ \frac{1}{2}\sum_{j=1}^{M}\sum_{k=1}^{M}\theta_{y_{jk}}\ln y_{sjt}\ln y_{skt} + \frac{1}{2}\sum_{i=1}^{N}\sum_{f=1}^{N}\gamma_{p_{if}}\ln p_{sit}\ln p_{sft} + \varphi t^2 + \varepsilon_{st}$$

(2.8)

与 C-D 成本函数类似，对保险公司利润效率进行研究时，式（2.7）和式（2.8）则可以变为：

$$\ln \pi_{st} = \beta_0 + \sum_{i=1}^{N}\alpha_{p_i}\ln p_{sti} + \sum_{j=1}^{M}\beta_{y_j}\ln y_{sjt} + \sum_{j=1}^{M}\sum_{i=1}^{N}\eta_{y_jp_i}\ln p_{sit}\ln y_{sjt}$$
$$+ \frac{1}{2}\sum_{j=1}^{M}\sum_{k=1}^{M}\theta_{y_{jk}}\ln y_{sjt}\ln y_{skt} + \frac{1}{2}\sum_{i=1}^{N}\sum_{f=1}^{N}\gamma_{p_{if}}\ln p_{sit}\ln p_{sft} + \varepsilon_{st}$$

(2.9)

$$\ln \pi_{st} = \beta_0 + \sum_{i=1}^{N}\alpha_{p_i}\ln p_{sti} + \sum_{j=1}^{M}\beta_{y_j}\ln y_{sjt} + \sum_{j=1}^{M}\sum_{i=1}^{N}\eta_{y_jp_i}\ln p_{sit}\ln y_{sjt}$$
$$+ \frac{1}{2}\sum_{j=1}^{M}\sum_{k=1}^{M}\theta_{y_{jk}}\ln y_{sjt}\ln y_{skt} + \frac{1}{2}\sum_{i=1}^{N}\sum_{f=1}^{N}\gamma_{p_{if}}\ln p_{sit}\ln p_{sft} + \varphi t^2 + \varepsilon_{st}$$

(2.10)

上式中，π_{st} 为 s 企业在 t 年的利润，$\varepsilon_{st}=U_{st}-V_{st}$。

2.3 寿险公司股权结构及其有效性

寿险公司一般指依法设立、登记并从事人寿保险业务经营的公司制企业。目前，世界各国寿险公司的组织形式主要有国有寿险公司、股份制寿险公司和相互制寿险公司三种。其中，国有寿险公司是由国家投资设立，经营商业人寿保险的营利性寿险公司；股份制寿险公司（也称寿险股份有限公司）是由一定数量的股东依法设立，全部资本分成等额股份，股东以其所持股份对公司承担责任，公司则以其全部资产为限对公司债务承担责任的企业法人；相互制寿险公司则是由参加人寿保险业务的人为自己办理保险而合作成立的法人组织，公司没有资本金，以社员缴纳的保险费形成公司的责任准备金以承担保险责任，同时也依据各社员缴纳的保费参与公司的盈余分配或承担经营损失。这三种组织形式中，相互制寿险公司因募集资金困难导致其资本量不够充足从而很难在国际竞争中处于有利地位，而股份制寿险公司的管理制度严密而健全，并且可以通过各种灵活的方式不断融资以满足金融服务的综合化和多样化趋势，因此成为目前各国寿险公司的主要组织形式。在我国，无论是国有、民营还是合资寿险公司都采取了股份制的形式，而相互制保险公司则仅有2005年成立的阳光农业相互保险公司这一家。因此，结合我国实际情况，本书所讨论的寿险公司仅限于股份制寿险公司，不包括相互制寿险公司。

2.3.1 对寿险公司股权结构的界定

寿险股份公司是由不同股东持有不同比例的股份组合而成的现代企业组织。股权结构存在着质和量两方面的规定性。在质的方面，考察持股主体（股东）类型及其构成与持股比例；在量的方面，考察公司股份分布的集中或者分散状况。因此，可以定义寿险公司股权结构（Ownership Structure）是由不同性质的股东及其持股比例构成的寿险公司股权的分布状态。具体地，可以从以下三方面来界定：

2.3.1.1 股权集中度

股权集中度（Concentration Ratio of Shares）常被用于衡量公司的股权分布状态，可以将寿险公司股权分布的状态用其全部股东的不同持股比例来表示。一般可以用具体的持股比例数值判断寿险公司的股权是集中的还是分散的。它可以分为高度集中的股权结构、相对集中的股权结构和股权高度分散型股权结构三类。如果寿险公司拥有一个持股比例超过50%的股东，则表明该股东拥有公司的绝对控制权。这种高度集中的股权结构将会导致寿险公司的绝对控股股东拥有不匹配的剩余控制权和索取权，易发生控股股东与管理层合谋侵占小股东利益的情况，从而影响寿险公司效率。如果寿险公司拥有几个持股比例在20%~50%的大股东，各大股东基本处于相对控股的地位且相互制衡，则表明该公司的股权结构处于相对集中的状态，这种股东之间的适当制衡有助于实施管理层监督，有利于提高寿险公司的经营效率。如果寿险公司拥有众多持股比例很低的小股东，并且其第一大股东仅持有公司不到20%的股份，表明该公司的股权是高度分散的，公司没有控股股东。小股东们之间的"搭便车"行为难以对寿险公司的管理层形成有力的激励作用，公司的内部人控制现象严重,将出现寿险公司经营效率降低的状况。

2.3.1.2 股权制衡

当寿险公司的股权仅由为数不多的几个大股东控制,且他们中的任何一个都不能单独控制寿险公司的股权而只能共同分享公司的控制权,这种寿险公司的决策不能由其任何一个大股东单独决定且各大股东之间能够互相监督并有效抑制内部人控制的股权结构安排就属于股权制衡的状况。根据20世纪90年代出现的股权制衡理论,共同享有寿险公司控制权的几个大股东之间的股权相对集中和相互制衡在限制大股东掠夺中小股东继而保护中小股东利益的同时,还能够有效监督寿险公司的管理层和改善寿险公司的治理水平,最终使公司效率得以提高。

2.3.1.3 股权性质

根据股东的身份,寿险公司的股权性质包括国有股、法人股和社会公众股三种。性质不同的股东有不同的利益目标并以不同的程度影响寿险公司的经营效率。首先,代表国家的投资部门或机构用国有资产投资寿险公司而形成的股份被认为是国有股。在这一过程中,国有股权的行使主要依靠复杂的委托—代理关系由国家选取寿险公司的代理人,导致其国有股东不是真正意义上的股东。这种较长的委托—代理链造成国家难以对其选定的代理人实施有力的监督,无形之中使得代理成本不断地增加。其次,法人股则是企业法人或有法人资格的事业单位以及社会团体以其依法可以经营的资产向寿险公司进行投资所形成的股份,它拥有明确的法人持股主体。寿险公司的法人股有国有和非国有之分。其中,有法人资格的国有公司、事业单位或者社会团体用自己依法占有的法人财产投资于与自己公司相独立的寿险公司所形成的股份属于国有法人股。最后,寿险公司的社会公众股主要是社会公众用自己个人的合法财产投入寿险公司而形成的股份。

2.3.2 寿险公司股权结构有效性分析:股权结构与寿险公司效率的关系

寿险公司股权结构与公司效率的关系可以从量和质两个方面分析。量的方面表现为各类股东所持股份占公司总股份的比重及相互之间的关系(即股权集中度与股权制衡度)与公司效率的关系;质的方面表现为寿险公司的股东特性(即公司股份由哪些股东所持有)与公司效率的关系。

2.3.2.1 股权集中度和股权制衡度与寿险公司效率的关系

在存在控股股东的情况下,寿险公司的股权集中度和制衡度可能通过利益协同效应和利益侵占效应影响公司的效率。在不同的股权集中度和制衡度的情况下,这两种效应会同时发生作用,它们对公司效率的影响将取决于两种效应力量的对比。

利益协同效应(Alignment Effect)认为股权集中度的增加意味着大股东持股比例的增加,这样大股东的利益和公司利益会更加趋于一致,这时大股东有足够的激励收集信息和监督经营者,避免"搭便车"问题(即利用其他股东监督经营者),因此股权集中度的增加有利于提高公司的效率。这与施莱佛和维什尼(Shleifer & Vishny, 1986)提出的结论一致。在他们看来,公司的控股股东以及中小股东的利益将会通过股价上涨使其财富增加而趋于一致,在很大程度上能够激励他们收集信息并有效监督经营者,从而避免了股权高度分散情况下的"搭便车"问题,并且大股东通过直接参与经营管理可以有效解决外部股东和内部经营者之间的在投资机会、业绩表现上的"信息不对称"问题[1]。因此,从公司的盈利能力和市场业绩来看,股权集中型比股权分散型有更好的表现。

利益侵占效应(Entrenchment Effect)认为公司大股东与外部中小股东之间不一致的利益可能会导致二者之间发生严重的冲突。如果寿险公司缺乏对大股东的外部控制或者还没有形成多元化的可以相互制衡的股权结构,其大股东可能会为了追求自身的利益而损害中小股东及保单持有人等其他利益相关者的利益,通过追求自身的目标而不是公司价值目标以实现自身福利的最大化,因此股权集中度的增加会降低寿险公司的效率,从而降低公司价值。德姆塞茨和莱恩(Demsetz & Lehn, 1985)[2]以及拉波特、洛佩斯德斯勒和施莱佛(La Porta, Lopez - de - Silanes & Shleifer, 1999)[3]也都持这种观点。他们认为控股股东可能会以其他股东的利益为代价,以追求自身福利最大化,股权分散型公司的效率和市场价值要比股权集中型公司高。大股东控制下的公司股权结构缺乏必要的制衡机制,有可能利用其绝对控制地位,损害其他利益相关者的利益,因此这种股权结构可能是低效率的,对公司价值产生负面影响。

股权制衡度主要反映公司前几大股东之间的制衡关系,通过由少数几个大股东分享控制权,形成内部牵制,公司的决策无法由其中任何一个大股东单独

---

[1] Shleifer, A., R. Vishny, Large Shareholders and Corporate Control. Journal of Political Economics, Vol. 94, 1986, pp. 461 - 488.

[2] Demsetz, H., K. Lehn, The Structure of Corporate Ownership: Causes and Consequences. The Journal of Political Economy, Vol. 93, 1985, pp. 1155 - 1177.

[3] La Porta, R., F. Lopez - de - Silanes, A. Shleifer, Corporate Ownership Around the World. Journal of Finance, Vol. 54, No. 2, 1999, pp. 471 - 517.

控制，从而实现几大股东之间相互监督并能有效抑制大股东掠夺。因此，要保护寿险公司中小股东及其他利益相关者的利益还有赖于建立多个控制性大股东的有效股权制衡机制。波尔顿和撒迪恩（Bolton & Thadden，1998）[①]，帕加诺和罗尔（Pagano & Roell，1998）[②]都认为股权制衡既可能导致"有利"的经济后果，也可能导致"不利"的经济后果，而对公司效率的影响则取决于"有利"和"不利"两方面的比较。如果仅从代理成本控制的角度，提高股权制衡度或非控股股东持股比例将有利于控制代理成本提高公司效率，但同时也会带来"大股东控制"等问题，引发大股东对中小股东的"剥削"和"掠夺"使公司效率降低。

寿险公司对大股东的资质、能力和股权取得方式的要求相对于一般企业更为严格。例如，规定寿险公司大股东必须具备良好的财务能力以及持续的出资能力以便满足寿险公司对偿付能力进行改善的要求，其股权收购要受到监管机构的审查，以避免该收购对寿险公司保单持有人利益产生不利影响。此外，现实中的各国监管部门大多都对单个股东在寿险公司中的持股比例、持股者的资格作了种种条件限制。如非金融性企业、非保险金融机构、外资金融机构对保险公司的持股比率和参股资格限制等。例如，2010年5月我国颁布的《保险公司股权管理办法》不允许保险公司的单个股东（包括关联方）出资或持股比例超过保险公司注册资本的20%。这类限制使得寿险公司的股东无法取得绝对或相对控股权，客观上阻碍了寿险公司股权的集中，寿险公司大股东之间的股份数额相近或相等的结果使股东失去了行使股东权利的积极性，也限制了大股东作为监督者在寿险公司内部治理中的作用。

2.3.2.2 股权性质与寿险公司效率的关系

根据股权性质（即持股主体的身份），寿险公司存在国有股、法人股、社会公众股等较复杂的股权结构，不同性质的股权具有不同的特点。国家股东存在多重的委托代理关系以及目标函数的多维性，效率作用复杂；法人股东具有较大独立性且持股主体明确，比较关注长期利益和公司的稳定发展；社会公众这类流通股比较注重二级市场差价且投机比较强。可见，不同股权性质的股东追求的利益目标不同，从而影响上市公司的程度也不相同。

[①] Bolton, P., E. Thadden, Blocks, Liquidity, and Corporate Control. Journal of Finance, Vol. 53, 1998, pp. 1–25.

[②] Marco Pagano and Ailsa Roell, The Choice of Stock Ownership Structure: Agency Costs, Monitoring, and the Decision to Go Public, Oxford Journals Economics Social Sciences Quarterly Journal of Economics Volume113, Issue 1 pp. 187–225.

国有股权（即国家所有权）实际上是通过政府进行与产权相关的决策和执行。国有股对公司效率的影响有两种理论假设："攫取之手"（Grabbing Hand）和"帮助之手"（Helping Hand）。"攫取之手"作为当代西方经济学的主流观点，认为在企业业绩的层面上，国家所有权是无效的。与私人所有的企业相比，政府所有的企业存在复杂的委托—代理关系，容易引致上市公司形成内部人控制，从而降低企业效率。施莱佛和维什尼（Shleifer & Vishny, 1994）提出作为国有股东的政府既要考虑经济目标，又要考虑政治目标，使得国有股权带来严重的政府行政干预，最终歪曲了资源利用的最优配置[①]。维克和亚罗（Vickers & Yarrow, 1988）指出政府的效用目标函数是社会利益最大化，既包括经济诉求，也包括政治诉求，因此政府不仅希望获得较高的股利分红，而且要求其控制的公司重视职工福利、承担社会义务，使公司行为偏离了利润最大化的轨道，降低公司的效率[②]。另外，政府拥有"裁判"和"运动员"双重身份，因为它不仅要制定和维护市场规则，而且以股东的身份参与市场交易，这样就很容易发生滥用权力和破坏市场规则的行为，对公司效率起负面作用，减损企业财富，是一只"攫取之手"。例如，我国的国有独资寿险公司采用股东会下设董事会和监事会这种二元制公司治理模式。政府作为国有资产出资人，对寿险公司的人事安排干预过多，不仅委派董事会成员，甚至于寿险公司的总经理和部门经理都需政府主管部门委派和任命，各级政府部门出现利益矛盾又不能行使国家所有者权利，最终导致我国国有独资寿险公司所有者缺位现象非常严重。我国国有寿险公司的监事会成员是由国资委任命，并不是寿险公司股东的代表，性质上是国有资本的代理人，对寿险公司的经营状况和政策方针缺乏了解，难以真正有效地监督寿险公司的经营活动以及其股东利益的实施情况。"帮助之手"则认为国有股权可以帮助企业发展，具有积极作用，如引入国有股东能够保护公司免遭政府的恶意侵害；提高国有股比例将会使公司获得政府保护以及更有可能享受税收优惠等。李（Li, 1997）还提出政府作为税收征集者，在混合所有制公司中可以发挥大股东的作用，监督公司经营者，防止内部人控制现象的观点。[③]

[①] Shleifer, A., R. Vishny, Politican and Firms. Quarterly Journal of Economics, Vol. 109, No. 4, 1994, pp. 995 – 1025.

[②] Vickers, J., G. Yarrow, Regulation of Privatized Firms in Britain. European Economic Review, Vol. 32, 1988, pp. 465.

[③] Li, W., The Impact of Economic Reform on the Performance of Chinese Enterprises: 1980 – 1989. Journal of Political Economy, Vol. 105, No. 5, October 1997, pp. 1080 – 1106.

法人股东的公司治理能力较强，有助于促进公司的效率，对公司的持续发展有一定的稳定作用。法人进行股权投资的动机主要是为了获得投资收益、跨行业经营和实现规模经济等，倾向于长期投资而不是投机，再加上法人股东有能力监督和控制公司的经营者，使它们更倾向于以股东大会投票、在董事会中占有一席之地的方式直接参与公司决策。因此，持有法人股的比例越高，法人股股东与公司的利益越趋于一致，股东则越有动力监督经营者，从而愿意付出较高的监督和激励成本，有效提高公司整体效率。不过，法人股东对公司的效率也会存在某些负面效应。例如，法人股东持股比例过大，可能造成股东大会"一言堂"的局面；股东大会上各股东间的正常争论有可能被法人股东相互持股所形成的合作关系所取代；法人股东也可能凭借其优越地位谋取私利牺牲小股东的利益，等等。我国寿险公司的有些国有股东利用关联股东或通过其附属公司的关联交易实现了对公司的控制权，并且其持有股份早已超过保监会对股东出资持股不能超过保险公司注册资本20%的规定，这种少数股东独揽寿险公司控制权的局面不利于公司中小股东及保单持有人的利益。

　　寿险公司效率如何受到流通股股权的影响可以从对上市公司经营者的监督和对外部监管市场的有效性两方面来分析。从监督股东的角度看，流通股股东可以通过参加股东大会投票选举及更换董事会成员，实施对公司经营者的监督，有助于公司效率的提高。不过，当流通股的股东主要由个人股东组成，机构投资者较少，且分布较为分散时，流通股股东的监督约束作用是微弱的。例如，我国有些寿险公司的股权结构比较分散使得其股东数量众多且股东背景复杂，不同性质的股东追求的投资利益不同，很多股东没有充分认识到寿险公司的经营特点，只追求其短期利益而忽视寿险公司的长期经营，这些问题的出现很难保证股东利益的最大化，最终会影响寿险公司的治理效率。

　　在直接监管公司经营者或内部人方面，流通股股东普遍存在"搭便车"动机，从而对公司效率有负面影响。从外部监管市场的有效性看，流通股的股东除了可以通过"用脚投票"的方式对经营者或大股东施加间接影响之外，还可以通过在资本市场上拒绝购买上市公司的股票对上市公司的内部人施加影响。总之，流通股比例增加对公司的效率既有正面影响，体现在"用脚投票"上；也有负面影响，体现在对非流通股股东监督积极性的下降上。两种影响有多大，取决于两种作用力量的对比。因此，流通股比例与上市公司效率存在相关性，但相关性是否显著，则取决于两种按相反方向影响上市公司效率的力量对比。

2.4 寿险公司经理激励及其有效性

2.4.1 本书对寿险公司经理的界定

"经理"一词最早出现于19世纪中期,是西方国家公司企业制度变革的产物。工业革命以前,由于企业规模较小,企业的所有者与经营者往往是同一人,没有必要聘请专门人员进行管理,企业的所有者就是企业的经营者。工业革命以后,随着企业规模、社会分工以及技术管理和生产过程的发展企业经营管理开始向专业化发展。股份制企业的发展促使企业的资本所有者与经营者逐渐分离,迫切需要职业化经理出现,从而导致了经理革命应运而生。在经理革命浪潮的冲击下,大批的业主制企业,出于追求经济效益和实现利润最大化的需要,交出财产的直接支配权,完全脱离对企业的直接管理,成为只收红利的出资人,将终极意义上的所有权转化成按一定的股份比例分享企业利润的收益权。企业财产的组织管理则由那些具有专业技术知识和管理技能并受过系统训练的专业经营者负责。这样,专门以经营企业为职业的经理阶层开始独立拥有和行使财产经营权,逐渐脱离了法律意义上终极所有者的直接制约,从而实现了经理阶层对企业的自主经营和全面控制。

顾名思义,经理就是经营料理的意思,这是从经理职责的角度来描述经理的含义,即经理是对他人的财产进行经营料理,并以资产增值及利润增加来获取自身的报酬。在实际生活中,经理的含义十分广泛,它既可以是某个被称为"经理"的岗位或职位,也可以是被冠以"经理"称呼的某个人。但我们这里所说的经理,不是指某个具体的人,而是把经理作为公司机构设置的一部分,从公司法的角度来探讨经理的含义。在现代公司制度下,公司的组织机构一般由股东大会、董事会、监事会和经理组成。其中,股东大会、董事会和监事会分别是公司的权力机构、决策机构和监督机构,而经理则是董事会下的决策执行机构。因此,在法律上,经理是指由董事会聘任的,主持公司的日常经营管理工作,根据法律、法规及公司章程的规定,在董事会授权的范围内,代表公司从事业务活动的高级管理人员。

国内的学术界对这里所说的高级管理人员(简称高管)尚有不同的观点。一种观点认为应根据会计准则将高管定义为董事长、董事、总经理、总会计师、财务总监以及主管各项事务的副总经理,但不包括监事。另一种观点则认为作为股东权益的全权代表，董事会成员一般不实施经营活动，其薪酬和研究变量不对应，不应将其纳入公司高管薪酬的研究对象，应将高管仅界定为总经理。第三种观点则认为我国大部分企业中很多董事会成员与经营层重叠，我国国有独资及国有控股公司的董事长与总经理一样也是经营者，董事长和总经理的行为对公司业绩均产生举足轻重的影响，因此应将高管人员界定为董事长和总经理。

笔者认为第三种观点比较符合我国的实际情况，并且从理论和数据可得性的角度出发，本书将研究对象——寿险公司经理（即高管），界定为寿险公司的董事会成员、总经理、副总经理、监事等对公司发展和未来命运起至关重要作用的人员。

2.4.2 寿险公司经理激励理论概述

现代寿险公司所有权与经营权分离造成所有者与经理人员的利益目标相冲突，由于各自追求的利益目标不同，并且经理人员拥有实际的企业控制权，经理人员则有可能利用其经营权侵犯所有者利益。为了维护所有者利益最大化，使高层经理在追求自身利益的同时也能够最大限度地追求所有者利益，所有者应该采取什么样的激励措施，如何实现所有者与经营者之间的"激励相容"，这些对高层经理的激励问题已逐渐成为人们关注的焦点。在这一背景下，寿险公司的股东和董事会必须考虑如何设计合理的激励机制，使具有专门经营与管理知识的经理的行为符合股东的利益，其目标与股东目标相一致，从而能够追求公司效率最大化或公司价值最大化。这里的激励机制主要指内部激励机制，即寿险公司内部实施的措施以及经理本身需要产生的内动力。这种激励来自于寿险公司内部报酬和经理自身追求的动力，如报酬激励、控制权和声誉激励。单一的激励模式不能充分发挥我国寿险公司经理的积极性。复杂人假设表明，在寿险公司参与经济活动的过程中，为调动寿险公司经理的积极性，应考虑多种激励措施。要提高寿险公司经理激励的有效性，不仅应该强调物质激励（如报酬）的作用，还应该采用高层次的精神激励（如控制权、持久声誉）去挖掘寿险公司经理努力工作的潜力，把物质和精神激励结合起来，最大限度地激发经理的工作热情，促使寿险公司经理的行为服务于公司最终目标的实现。

2.4.2.1 寿险公司经理报酬激励理论

人类社会实践表明，作为最基本的方式，物质激励的作用最大。因此，经理报酬激励可以被看成是寿险公司经理激励的核心。根据各国公司实践，经理报酬激励主要采用高弹性模式（多采用风险收入形式）、高稳定模式（多用工资而少用资金）以及折中模式（稳定的收入和业绩挂钩的奖励）这三种基本模式。具体的物质报酬包括货币报酬、股权以及职位津贴三个主要部分。一般而言，寿险公司经理的报酬主要包括固定工资、奖金、福利（如退休金计划）、股票以及股票期权几个部分。其中，固定工资、奖金和福利属于短期激励手段，股票和股票期权属于长期激励手段。在短期激励措施中，固定工资具有基本保障的作用，激励作用很小，而奖金通常与寿险公司经理的经营业绩挂钩，有一定的激励作用，但是经理追求个人利益最大化的动机容易导致寿险公司经理做出损害股东和保单持有人的利益来实现自己短期利益的行为。作为长期激励措施的股票和股票期权通过股票价值把寿险公司经理和股东的利益结合起来，使经理享有寿险公司的剩余索取权，有助于克服经理的短期行为，其目的在于激励寿险公司经理的长期化行为，激励作用比较大，不过由于股票和股票期权的价格波动很大，因而这些长期激励措施也存在很大风险。另外，对于年龄较高的经理而言，退休金计划则更具有吸引力，能有效克服其离任前的腐败行为。设计经理报酬激励机制时，应该考虑寿险公司的情况、行业特点甚至文化传统，将不同的收入形式进行最优组合。

然而，选择合适的报酬模式很不容易。所有者与经理之间的信息是不对称的，若寿险公司经理只获得固定收入，而干多干少都一样，则会诱发经理的"偷懒"动机。激励与风险分担的最优替代是确定寿险公司经理报酬合理结构的理论基础。由于存在非对称信息，只有设计让代理人承担部分不确定的风险并能获得相应的风险补偿的契约，才能激励代理人自动选择有利于委托人的行动，即经理的合适报酬中应该有风险收入。剩余分享制的报酬设计通过把经理的收入与公司的剩余挂钩，让寿险公司经理承担一定的风险以激励其努力工作。这种报酬设计的核心在于将高层管理人员的个人收益和公司的收益挂钩，高层经理成为公司剩余资产的部分享有者，以使高层经理和股东的目标充分接近。相对业绩评价方式把其他企业的利润指标引入本企业的经理报酬设计中，由于排除了诸多不确定的外部因素，经理报酬与其个人经营业绩的关系更为紧密，对寿险公司经理的激励作用更大。但是经理个人的经营业绩并不能反映寿险公司未来的盈利能力，为了有效解决寿险公司经理为此而出现的短期化行为，可以采取股票或股票期权计划，用股票增值的利益以及经理必须承担的长期激励风险迫使经理不能贪图眼前的最大利润，只能选择那些能促进公司长期稳定和成长的政策和项目。

因此，只有将多种不同形式的报酬进行最优组合才能设计出最有效的经理报酬激励机制，它既要反映寿险公司的当期业绩又要体现公司的长期业绩。公司或者独立部门当期的利润增长率、投资回报率或者市场份额等会计指标是主要的当期业绩的激励性报酬。雇佣合同中一般都会规定明确的任期目标,达标者按规定比例提成。延期支付的资金、分成、购股权和送股等是主要的长期业绩激励报酬形式,一般按照公司3~6年的平均效益支付,以避免经理短期行为,还可以分散经理当期决策风险,鼓励高层经理积极进取和创新,有利于企业的长期发展。

2.4.2.2 寿险公司经理控制权激励理论

根据产权理论,寿险公司的契约性控制权可以分为特定控制权和剩余控制权。特定控制权是那种可以在事前通过契约进行明确确定的控制权权力,即在契约中明确规定的契约方在何种情况下具体如何使用的权力;剩余控制权则是那种事前未在契约中明确规定如何使用的权力,是一种如何在最终契约规定的特殊用途以外使用资产的决定权。寿险公司经理拥有的对公司的经营控制权就属于特定控制权,它包括日常的经营、销售及雇佣等权力。剩余控制权则由寿险公司的董事会拥有,包括任命和解雇总经理、重大项目投资、合并和拍卖等战略性的决策权。现实中,一般根据经理和所有者能力来分配寿险公司经理控制权的大小。由于所有者拥有选择经理的权力,他们放权的基础是对经理能力的认可,寿险公司经理最终能获得多少实际权力,需要经历一个经营认可的过程。因此,除了获得一些日常的经营权之外,寿险公司经理的权力分配在不同的寿险公司是不同的。

将控制权作为激励和约束寿险公司经理的因素,就是把是否授予寿险公司控制权以及授予之后寿险公司控制权的制约程度作为对寿险公司经理的努力程度和贡献大小的相应回报。"授予控制权"将寿险公司经理"努力工作"的回报确定为"继续工作权"或"更大的继续工作权"。这种"授予控制权"可以作为一种激励机制的主要原因在于公司控制权被理解为在市场上竞价出售的"企业家精神和才能"的机会权,从而给寿险公司经理提供了一种利益驱动激励。这种利益驱动激励能够满足寿险公司经理的多种需要。具体表现为三个方面:一是在一定程度上满足了经理施展才能和实现自我价值的需要;二是满足经理控制权、优越感及责任感的需要;三是满足寿险公司经理正规报酬激励以外的物质利益,使经理能够享受类似"在职消费"的职位特权。

因此,经理控制权提供给经理的这些满足程度影响着寿险公司经理控制权的激励效果。从权利的得失来看,寿险公司经理的贡献及其所获得的控制权之间的对称性将影响控制权激励是否有效,即贡献越大的经理,授予他的控制权就越多;反之,则他得到的控制权就越少,从而控制权的激励作用就越强。总之，寿险公司经理控制权激励是一种决定是否授予特定控制权以及如何选择公司治理结构激励和约束经理行为的制度安排，它表现为股东大会、董事会、监事会和经理人员之间的权力分配和相互制衡关系。

2.4.2.3 寿险公司经理声誉激励理论

声誉对于寿险公司来说，是公司信誉、产品质量、服务态度，是公司形象的综合；对于个人来说，就是个人的名声、荣誉、是个人信用的基础。寿险公司经理的声誉不仅是经理长期成功经营公司的结果，而且是经理拥有的开拓、创新以及经营管理能力的一种重要体现。追求良好的声誉是寿险公司经理个人事业成就感的需要，是实现自我价值的需要，是人们追求"名利"的需要。虽然高报酬能够有力地激发寿险公司经理努力工作的动机，但人的需要是多方面的，高报酬的物质激励不能完全取代声誉为经理人员所带来的自我实现需要的满足。可见，声誉激励同样符合人性的需要，具有很大的激励作用。

代理人市场—声誉模型是霍姆斯特姆（Holmstrom，1982）[①]以法玛（Fama，1980）[②]的思想为基础建立起来的，用来考察经理对声誉的关心对其经营行为有何影响，其结论为参与市场竞争的经理的市场价值主要凭借经理过去的经营业绩来确定。因此，寿险公司经理被迫对自己的长期经营行为负完全责任。可见，即使不存在显性激励合同，但为了改进自己在经理市场上的声誉以及提高未来的收入，经理也会积极地努力工作。可见，声誉有一定的激励作用，能够使寿险公司经理努力工作。由于市场行为具有累积的记忆功能，经理的道德风险迟早会通过经理的价值信号反映出来以使其遭受市场的惩罚。因此，理性的寿险公司经理通常不会以偷懒、欺骗得益于一时，而是会选择长期与市场"合作"，为经理市场提供真实的行为绩效。寿险公司经理的市场信号可能使其由买方市场转入卖方市场的地位，使所有者不得不对其展开竞争，最终使寿险公司经理获得"超额利润"。因此，寿险公司经理愿意把声誉作为其追求的目标，并使声誉成为其努力工作的持久动力。经理现期的努力通过对产出的影响能够改进市场对寿险公司经理能力的判断的原理使声誉激励机制的作用得以体现，因此任何弱化声誉效应的因素都会弱化激励机制。可见，正确认识经理声誉在寿险公司经营活动中的重要性，将有利于发挥经理声誉激励的作用和提高寿险公司的经营效率。

[①] Holmstrom, B., 1982, "Managerial Incentive Problem – A Dynamic Perspective", in Essays in Economics and Management in Honor of Lars Wahlbeck, Helsinki: Swedish School of Economics.

[②] Fama, E., 1980, "Agency Problem and the Theory of the Firm", Journal of Political Economy, 88, p288 – 307.

2.4.3 寿险公司经理激励有效性分析：经理激励与寿险公司效率的关系

如前所述，报酬、控制权和声誉激励构成寿险公司的多元化经理激励机制。因此，可以分别从这三个方面分析寿险公司经理激励与公司效率之间的关系。

2.4.3.1 报酬激励与寿险公司效率

根据委托—代理理论，在避险者、风险中性者和冒险者之间分担风险时，由冒险者或风险中性者承担全部风险，避险者获取一份固定收入的安排是一种帕累托最优。通常，只赚取经营收益的代理人具有较小的风险承受能力，而收入来源丰富的委托人（即所有者）则具有较强的风险承受能力。因此人们倾向于把经理看成避险者，而把所有者看成冒险者或风险中性者。根据上述理论，寿险公司中的所有者承担全部经营风险，经理取得一份固定报酬的安排是符合帕累托最优准则的。不过，由于委托—代理理论中隐藏的条件与寿险公司的现实情况有差别，因此只有寿险公司经理付出的辛苦努力能够被公司的所有者进行有效地计量和监督，这个结论才可以成立。但现实中，寿险公司所有者很难计量和监督作为私人信息的经理的努力，或者为了计量和监督经理努力要花费高昂的成本。寿险公司经理的目标是追求个人效用最大化，经理休闲和经济收益是其效用函数中的两个重要变量，当寿险公司所有者对经理付出的努力不能够进行有效的监督时，为寿险公司经理支付丰厚的基本工资却不一定能激励其更加"勤劳"，反而会因为较高的报酬使货币的边际效用下降，从而经理偷懒享受闲暇的动机越来越强。

经理报酬设计一般以公司整体经营绩效为基础，而寿险公司实现的业绩是经理和职工的人力资本投入、股东的物质资本投入及保单持有人的资金使用权转让的共同结果。倘若经理的报酬增长过快，而股东、保单持有人和职工在分享企业经营活动成果中的合理权利受到忽视，就会产生公司经营剩余分配中的不公平问题，违背了通过报酬激励促使经理行为符合公司所有者利益的初衷。因此，对于寿险公司的高层管理人员来说，基本工资和年度奖金不是有效的经理报酬激励机制，它不能激励高层管理人员面向未来，对寿险公司效率水平提高所产生的影响不大。例如，我国大多是由政府来任命国有控股寿险公司的高层管理人员，其待遇与政府官员相当，他们的级别、工资、奖金和福利与其经营业绩的好坏无关，从而大大抑制了经理管理的积极性。

股票期权计划等长期激励机制的出现,将寿险公司高层管理人员的薪酬与公司业绩及发展较为紧密地联系起来,能使寿险公司对管理者的激励动态化、长期化,并能强化管理层的稳定性,激励高层管理人员妥善配置资源,最大限度地提升公司的价值,从而提高公司的经营效率。股票期权的激励作用可以从委托—代理理论得到解释。委托—代理理论认为,股东与高层经理之间存在委托关系,经理作为经济人,其行为目标常常与所有者的利益目标不一致,因而有必要设计一种能够有效结合寿险公司经理个人利益与股东利益的激励制度。股权激励实际上是将经理的报酬与寿险公司的长期发展结合起来的一种次优选择,通过寿险公司高层管理人员持股,将其与股东利益紧紧联系在一起。寿险公司管理层的主动持股和增加持股将向外界传递一种良好的信号,即管理层对寿险公司的未来具有长远信心,同时也将给外部利益相关群体传递正面信息,即投资者愿意向一个生机勃勃的公司投资,投保人也愿意购买一个内部团结的寿险公司的保单,外部人才也希望为这样的能够实现自我价值的公司服务。美国上市公司的实践也表明,股票期权制相对有效地解决了企业内部信息不对称问题,使经理的长期报酬与股东的长期利益尽量保持一致,避免经理的"短期行为"和"道德风险",提高了公司的经营效率。

上述寿险公司经理报酬激励与公司效率关系的理论分析,也可以从经济学家们使用不同时期上市公司数据进行的实证分析中得到论证。由于统计上存在的技术误差以及经济运行本身存在的不确定性,关于经理报酬激励与公司效率的关系有不同的争论,但经济学家普遍认同两个基本事实:①股票期权等长期激励机制比基本工资和年度奖金等传统薪酬机制的效果好;②股票期权等长期激励机制使用规模的扩大促使整体薪酬的业绩弹性增大及激励效果增强,导致经理报酬与公司效率的相关性显著增加。

2.4.3.2 控制权激励与寿险公司效率

控制权作为寿险公司的重要决策,谁拥有了控制权也就获得了对寿险公司资产的支配权。控制权在行使过程中会给行使者带来超常的收益,这种寿险公司经理通过占有和使用公司特定控制权和剩余控制权而谋取的收益称为控制权收益。控制权激励可以通过比较寿险公司经理行为产生的控制权收益与经理行为产生的成本进行分析。通过签订寿险公司的经营合同可以使寿险公司经理获得对公司的控制权,这种经营合同中规定寿险公司经理的控制权有固定和可变之分。

如果寿险公司经理签订固定控制权合同,则会事先约定好经理的控制权和控制权预期且固定不变,经理努力的成本大于偷懒的成本,一个理性的经理只会选择偷懒,而不会选择努力,因此这种控制权合同不能产生经营者的经营激励，从而不会提高寿险公司的经营效率。

如果寿险公司经理签订可变控制权合同，仅将公司经营者的部分控制权明确列于经营合同中，公司的其他控制权则取决于寿险公司的经营情况。例如，明确列出一次性授予与寿险公司经理正常经营活动有关最基本的权力，并规定其他诸如附加控制权和晋升等非从事经营活动的基本权力授予与否取决于寿险公司的经营效率。若公司的经营效率高则授予这些基本权力之间的其他控制权；反之，则不授予。可见，寿险公司经理拥有的这些控制权会随着公司经营效率的提高越来越多。但如果是有限控制权，即控制权增加到一定程度不能再增加，随着寿险公司经理经营效率的提高，单位经营效率所增加的控制权将会递减，从而使经理因控制权而产生的激励递减，最终导致公司经营效率的降低；如果这种控制权是无限的，随着寿险公司经理经营效率的提高，单位经营效率所增加的控制权不变，甚至增加，这将使得经理有一个更大的激励空间，从而会进一步提高寿险公司的经营效率。

实践中，晋升和在职消费是寿险公司经理控制权激励中两种典型的激励方式。对于以实现自我价值和权力地位为目标的寿险公司经理，扩大这些经理的控制权，可以在不增加寿险公司支付成本的前提下使公司效率得以提高，此时的控制权具有正向的积极的激励作用；而对于那些以在职消费为目标的寿险公司经理，扩大这些经理的控制权将会带来严重的问题。一方面，如果寿险公司的经理由欠缺经营管理能力的"关系户"担任，他们只会利用这些控制权通过各种途径和方式不停地索取控制权收益来补偿自己的"寻租"行为成本，而不会以提高寿险公司的经营效率作为工作目标，此时的控制权则只具有负面的激励作用。另一方面，寿险公司经理的在职消费，从寿险公司看，它属于公司的成本，会影响寿险公司的利润；但从经理自身看，他不需要为其付出，即成本为零，因为经理不用努力经营就可以获得这种享受。因此，寿险公司经理有强烈的动机无限度地追求驾豪车、住名店、吃美食等效用巨大的在职消费。如果寿险公司缺乏对高管在职消费的有效监督和约束，这种控制权激励反而会极度扩大寿险公司经理在职消费的需求，从而有损于寿险公司的利益，使公司经营效率降低。

2.4.3.3 声誉激励与寿险公司效率

声誉激励是一种非显性的激励方式，是从精神上对个人行为进行的激励。一直以来，寿险公司的每一位经理都很愿意追求自己良好的个人声誉，可见声誉激励有助于激励公司经理尽最大能力去努力工作，并且促使其行为具有长期性，能有效抑制各种机会主义行为。因此，声誉激励的核心问题在于寿险公司所有者如何有效利用经理对声誉的追求以促进公司效率的最大化。良好的个人声誉是一种稀缺的资源，寿险公司的经理应该是拥有良好声誉和信誉的人，无论在本公司还是同行业都有着较高的威信，他们可以凭借这种声誉的强有力支持在工作和与客户的交往中获得巨大的成功。

管理学认为追求声誉属于尊重和自我实现的需要，这是马斯洛需要层次论里的最高需要，是一种精神上的需要。它具体表现为寿险公司经理在希望得到他人承认和尊重的强烈动机下愿意付出巨大的努力并充分展示自己的个人能力从而获得心理上的满足感。寿险公司经理对个人声誉的追求能在很大程度上激发其个人潜力，有助于促进公司效率的提高。对声誉的追求更多的是满足一种心理需求，是一种物质激励所不能满足的较高级别的需求，良好的声誉对寿险公司经理能起到物质报酬所无法比拟的最大程度的激励作用。

经济学运用交易成本理论分析声誉，认为它建立在交易主体之间很多次的重复交易以及合作的基础上，是在各个交易主体之间形成的一种能够节约监督和实施成本的信用关系。可见，声誉可以节约交易成本。寿险公司经理的个人声誉体现在经营能力方面的声誉和道德品质方面的声誉。在经营能力上，表现为社会对寿险公司经理经营能力的认可程度，拥有优异经营能力声誉的寿险公司经理将会面临更多的就业选择机会以及获得更加丰厚的薪酬待遇；在道德品质上，表现在寿险公司经理自身的个人诚信状况，拥有良好诚信声誉的寿险公司经理将会受到更多雇主的赏识。寿险公司经理市场提供经理声誉信号，良好的声誉可以保证经理获得长期利益，在没有显性契约约束的条件下，经理为了改善自己在经理市场的声誉也会努力工作，以提高未来的收入。寿险公司经理声誉的重要性主要体现在良好的职业声誉提升其市场价值，从而使寿险公司经理更加积极努力地工作。

2.5　本章小结

本章是对寿险公司产权结构有效性理论的一般分析：一方面以本书对寿险公司产权结构有效性的界定为基础，通过分析寿险公司股权结构有效性和经理激励有效性来反映寿险公司名义和实际产权的两层次激励机制，从而构建了寿险公司产权结构有效性的分析框架；另一方面本章界定了本书所研究的寿险公司效率的内涵，介绍了寿险公司效率的研究方法以及测度函数的选择，为本书后续的实证分析打好理论基础。

3 中国寿险公司产权结构状况分析

3.1 中国寿险公司产权结构的演变

3.1.1 中国寿险公司产权结构的历史演进

自1980年国务院、中国人民银行批准恢复办理国内保险业务以来，中国的保险业取得了辉煌的成就。中国保险业的增长速度不仅远远超出同期世界保险业的平均增长速度，而且创造了保险业发展史上的奇迹。与此同时，中国寿险公司的产权结构也在不断地进行调整和改革，为中国保险业的快速发展作出了巨大的贡献。中国寿险公司的产权结构可以说是伴随着中国寿险公司股份制改革的不断深入而发生了根本性的转变，它主要表现为股权结构的变革，其总体趋势大体可以概括为：股份性质从单纯的国有股份向国有、外资和民营股份多元化的产权结构转变，股东数量从国有独资的一元结构向国有控股下的多元结构转变。因此，以中国寿险公司股份制改革的发展时期为依据，本书将中国寿险公司的产权结构改革划分为四个阶段：

第一阶段，1980—1988年，是中国寿险公司的国有独资时期。这个时期是我国保险业务的恢复时期，在全国范围内只有中国人民保险公司一家经营人身保险业务。1982年12月17日在国务院批准的《中国人民保险公司章程》中规定中国人民保险公司是中华人民共和国的国营企业，即明确了其产权性质是国有独资保险公司，产权结构比较单一。

第二阶段，1988—1995年，是中国寿险公司股份制改革的摸索时期。这个时期以我国批准成立了中国平安、中国太平洋两家股份制保险公司为标志。

平安保险公司是中国第一家股份制保险公司，成立于1988年3月21日。成立之初，它只是一个地方性股份制保险公司，只有招商局蛇口工业区有限公司和中国工商银行深圳市分行两家股东，之后经过多次参股，逐渐成为一家全国性的综合性保险股份公司。1989年9月中国远洋运输（集团）总公司和1991年8月深圳市财政局分别参股平安。1992年平安以工会的名义成立"平安职工合股基金"，让广大员工参股平安，分享企业的成功。1992年6月4日，中国人民银行正式批准平安保险公司冠以"中国"两字，平安成为一家真正的全国性的综合性保险公司。1993年12月美国摩根投资银行和高盛有限合伙集团公司两大世界财团分别通过摩氏实业发展（深圳）有限公司和广东国际信托投资公司参股平安，使平安又成为中国第一家引进外资入股的保险公司。中国太平洋保险公司是1991年4月26日在上海正式开业的，其股份形式最初是由交通银行全额投资。1994年年末，公司首次在全国范围内定向募集资本金，直接吸收了100多家社会股东，实收资本金增长到10亿元。1995年5月至8月，公司又完成了新增10亿元资本金的定向募股工作，吸收了包括吉化集团、辽河油田等国有大中型企业在内的129家新股东，资本金扩大到20亿元。另外，1992年9月，美国国际集团（AIG）获准在上海以美国友邦保险有限公司上海分公司的名义经营寿险业务，这是首家进入中国大陆营业的外国保险公司。这个阶段的特点表现在中国寿险公司的股权结构初步实现了从单一国有资本到国有资本、私人资本、外国资本在内的多元化结构，但这时寿险公司的股权结构仍然以国有资本为主，国有资本以外的其他资本在总资本中的比例非常小，还没有形成足以影响寿险公司股权结构的规模。由于这一阶段在意识形态等方面的限制，股份制在相关法律政策、理论研究和实践操作上都处于探索阶段，股份制保险公司不仅没有对应的名称，在公司的治理结构上也没有形成一套成熟的模式，因此该阶段是中国寿险公司的股份制改革摸索阶段。

第三阶段，1996—2002年，是中国寿险公司股份制改革的初步发展时期，寿险公司的股权结构开始有多元化的发展趋势。随着思想解放和理论突破以及我国相关法律政策的逐步配套完善，我国股份制寿险公司得到迅速发展。这个时期先后有泰康人寿、新华人寿、太平人寿、中宏人寿、太平洋安泰人寿、中德安联人寿、金盛人寿、天安人寿、中保康联人寿、信诚人寿、联泰大都会人寿、海尔纽约人寿、中意人寿、光大永明人寿、首创安泰人寿等3家国有股份有限公司和12家中外合资股份有限公司批准成立。在这些中国寿险公司里，国有股份有限公司主要由一些国有企业或者企业集团、其他国有投资主体出资设立，股权结构以国有资本为主；而中外合资股份有限公司则主要由国有企业和国外企业共同出资，其股权结构绝大多数是各自参半。在此期间，中国太平洋保险公司与交通银行脱钩，并实行了股份制改造和多次增资扩股；平安保险实现了股份扩张并核准更名为平安保险股份有限公司。这一阶段，国有资本的组织形式发生了重要变化，国家股的比重有所下降，而以企业法人股形式存在的国有股却显著增长，在不触动国有股权绝对控股地位的情况下，中国寿险公司实现了股权结构的多元化。但是，中国寿险公司中的国有资本仍然占据绝对主体地位，因此这个时期仍然属于中国寿险公司股份制改革的初步发展时期。

第四阶段，2003年至今，是中国寿险公司股份制改革的深入发展时期，寿险公司的股权结构多元化也进入全面发展时期。2003年开始，我国把现代产权制度改革提高到了前所未有的高度，完善了国有企业产权制度改革的法律法规体系，逐步加快了大中型国有企业的产权改革速度。在这种政策和制度背景下，中国寿险公司产权结构的变革也进入了一个全新的阶段。主要体现在以下几个方面：

（1）三大国有独资保险公司按照现代企业制度进行全面改组，分别成立了不同的寿险公司。中国人民保险集团公司于2004年11月18日成立了国内首家专业健康保险公司——中国人民健康保险股份有限公司，又于2005年11月18日设立了一家全国性合资寿险公司，即中国人保寿险有限公司，成立之初的股东是中国人保控股公司、日本住友生命保险公司、亚洲金融集团（控股）有限公司以及泰国盘谷银行，该公司于2007年6月26日更名为中国人民人寿保险公司。中国人寿保险公司经过重组，分为中国人寿保险（集团）和中国人寿保险公司，并于2003年8月28日在北京正式挂牌。2003年8月中国再保险公司重组为中国再保险集团公司，并于2003年12月2日成立中国人寿再保险股份有限公司，有7家股东，中国再保险（集团）公司作为主发起人，持股比例为45.1%。该公司是中国再保险集团股份有限公司绝对控股的核心层主营业务子公司，也是境内唯一一家专门经营人寿再保险业务的公司。

（2）我国保险公司的股权监管逐步实现法规化。从2006年开始，中国保监会陆续出台了与保险公司股权有关的法规政策。2006年9月出台的《关于保险机构投资商业银行股权的通知》允许保险机构投资境内的国有、股份制以及城市商业银行等未上市银行的股权。为了加强保险公司治理结构监管，2008年12月发布的《关于保险公司高级管理人员2008年薪酬发放等有关事宜的通知》中明确规定了要暂时停止实施股权激励和员工持股计划。2009年11月26日中国银监会发布的《商业银行投资保险公司股权试点管理办法》中规定：每家参与试点的银行只能投资一家保险公司以防止银行与保险公司之间关联交易风险的发生、银保合作带来的银行信誉风险外溢以及并表管理不健全可能产生的资本重复计算等问题，并试图构建严密的防火墙隔离关联风险。2010年6月10日正式实施的《保险公司股权管理办法》有利于稳定保险公司的经营业绩，能够使寿险公司的投资人和被保险人的合法权益得到有效维护，并促使寿险公司实行强有力的股权监管。该办法对我国保险公司股东的股东资格、股权变更以及股东责任等内容都做了详细和严格的限定，为加强我国保险公司的股权管理提供了法律依据，规范了保险公司股权管理工作。

（3）各家寿险公司积极吸引外资、民营等各类资本，增资扩股，实现投资主体多元化。例如，中国人民人寿保险股份有限公司在2009年12月完成第三次增资后，公司注册资本金增加至88.02亿元人民币。中国太平洋人寿保险公司分别于2005年、2007年和2008年进行了不同程度的增资扩股，使其注册资本到2008年12月增加至51亿元人民币。信泰人寿从2009—2010年的两年内5次增资，使其注册资本金增至11.67亿元。其他成立较早的寿险公司，如平安人寿、新华人寿、泰康人寿、信诚人寿、光大永明人寿等也都进行了不同程度的增资扩股，增强了公司的资本实力。

（4）为了调整和优化产权结构，各寿险公司频繁变更股权结构。据保监会报告显示，2006—2010年间，各寿险公司中，民生人寿股权变更最频繁，发生过5次股权变更。在这期间，新华人寿、生命人寿、嘉禾人寿、合众人寿的股权变动达到三次；长城人寿、阳光人寿、信泰人寿股权变动两次；太保人寿、恒安标准人寿、泰康人寿、中美大都会人寿、和谐健康、中保康联、长江养老、长生人寿、天安人寿、太平人寿、百年人寿、英大泰和人寿、光大永明人寿、首创安泰人寿、正德人寿、瑞泰人寿、华夏人寿等17家寿险公司股权变更1次。

（5）吸引战略投资者成为近年来寿险公司增资扩股和扩大经营规模的新趋势。2006年长城人寿引入北京江河幕墙装饰工程有限公司和北京金昊房地产开发有限公司两家新的战略投资者，将公司资本金由3亿元人民币增加至4.8亿元人民币，也是我国较早通过引进战略投资者进行增资扩股的寿险公司。从2007年开始，中国人寿分别与云南省人民政府、广东发展银行、中国国家开发银行、浙江、海南、河南省人民政府等签署战略合作协议。与此同时，正德人寿于2007年分别与上海浦东发展银行、民生银行和中国邮政集团邮政储汇局签署了战略合作协议；华夏人寿于2007年7月和9月先后与中国农业银行、中国建设银行签署《全面业务合作协议》；中意人寿于2007年8月与工商银行和深圳发展银行签订了全面合作协议。2009年，中国人寿先后与吉林省政府和中冶、农行、港中旅等中央企业签署了战略合作协议；新华人寿和国际SOS正式签署全面的战略合作协议；英大泰和人寿引进境外战略投资者美国万通人寿保险公司；信诚人寿与国际认证财务顾问师协会启动战略合作协议等，众多寿险公司纷纷进行探索和推进战略合作事宜，扩大公司经营规模。

3.1.2 寿险公司的产权结构改革：以中国人寿为例

作为中国最大的专业化商业人寿保险公司，2010年中国人寿保险股份有限公司先后入选《福布斯》"全球上市公司2000强"，位列第90位；入选《金融时报》"全球500强企业"，位列第41位，位居中国的上榜企业第7位；入选《亚洲金融》"亚洲利润最高100名企业"，位居上榜保险公司第1位；以中国人寿保险股份公司为核心成员的中国人寿保险（集团）公司入选《财富》"世界500强"，位列第118位；2011年世界品牌实验室发布的（第八届）《中国500最具价值品牌》排行榜，中国人寿蝉联中国500最具价值品牌第5位，其品牌价值超过千亿元，合计人民币1 035.51亿元。截至2010年12月31日，中国人寿及其子公司总资产达人民币14 105.79亿元，位居国内寿险行业榜首，其综合实力和品牌价值得到持续提升[①]。中国人寿无论从规模还是知名度都可以作为中国寿险公司的代表，通过分析它的产权结构改革可以达到从个体窥览全局的研究目的。

3.1.2.1 中国人寿保险股份有限公司产权改革的历程

笔者认为可以将中国人寿保险股份有限公司的产权结构改革以其2003年的股份制改造作为转折点，经历了国有独资、股份制改造、成功上市以及引进战略投资者四个阶段。

中国人寿保险股份有限公司的前身是成立于1949年10月20日的中国人民保险公司。1996年，根据国务院的要求，中国人民保险公司由总公司改成集团公司，并且包括中保财产、中保人寿、中保再（中保再保险公司的简称）三个专业子公司。其中的中保人寿保险公司成为我国第一家全国性寿险公司，开始走上了专业化的经营道路。1999年，中保人寿保险公司更改名为中国人寿保险公司，属于国有独资寿险公司，公司实行一级法人体制，是由国务院直接领导的金融性商业寿险公司。这种产权结构一直持续到2003年股份制改造之前，这个时期中国人寿保险公司的产权全部归国家所有，国家是其唯一的

---

① 中国人寿公司介绍 [EB/OL]. 中国人寿保险股份有限公司官方网站，http://www.e-chinalife.com/about-us/introduce.html.

股东。

2003年6月30日，中国人寿保险公司成功地进行了股份制改造，并正式重组为中国人寿保险（集团）和中国人寿保险股份公司。中国人寿保险股份公司在2003年8月28日正式揭牌，并于同年12月，分别在美国纽约和香港上市，共发行股票74.4亿股，其中内资股占已发行股本的72.2%，公众股东占已发行股本的27.8%，筹集了34.8亿美元资金，成为第一家同时在纽约和香港上市的国内金融企业；第一家在海外上市的国内寿险公司；2003年全球资本市场IPO（首次公开发行）最大规模的公司①。这标志着中国人寿保险股份有限公司的产权结构已经成功地由国有独资的一元化产权结构转变为以国有控股为主体的多元化产权结构。

2006年12月，中国人寿保险股份公司又实现A股股票的首次公开发行，并于2007年1月9日在上海证券交易所成功上市，成为中国在纽约、香港、上海三地上市的第一家金融保险企业。中国人寿保险（集团）公司、香港中央结算（代理人）有限公司（HKSCC Nominees Limited）、富博投资有限公司（Richbo Investment Limited）、宝钢集团有限公司、国家开发投资公司、中船重工财务有限责任公司、五矿投资发展有限责任公司、中国粮油食品（集团）有限公司、中国经济技术投资担保有限公司以及中国广东核电集团有限公司等多家公司都持有中国人寿的股权。可见，中国人寿保险股份有限公司已成为拥有国家股、外资股以及其他内资股在内的多元化产权结构的现代股份公司。公司的实际控制人是中华人民共和国财政部，法人控股股东是中国人寿保险（集团）。中国人寿保险公司和其实际控制人之间的产权及控制关系如图3-1所示。

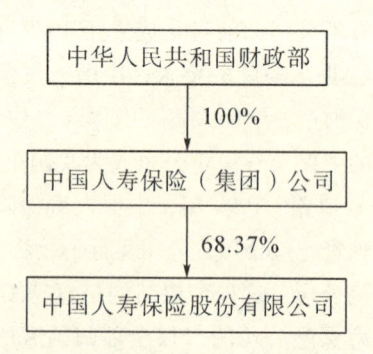

图3-1 中国人寿与实际控制人之间的产权及控制关系方框图

① 中国保险年鉴编辑部. 中国保险年鉴2004 [M]. 北京：中国保险协会出版，2004：202.

为了完善股权结构，中国人寿保险股份有限公司还大力引入战略合作伙伴，如：2007年，与云南省人民政府、广东发展银行、国家开发银行签署战略合作协议；2008年，与浙江、海南及河南省人民政府签订战略合作协议；2009年，与吉林省政府和中冶、农行、港中旅等中央企业签署了战略合作协议，与澳大利亚安保集团签署了战略合作谅解备忘录和补充协议，并成为2011年西安世界园艺博览会全球唯一保险战略合作伙伴。战略投资者从最初的银行、省政府，逐渐扩展到国有大型机构，显示出中国人寿保险股份有限公司的股权改革已进入有效推进的时期。

3.1.2.2　中国人寿保险股份有限公司股权情况分析

（1）2006—2010年中国人寿股权构成情况分析

本书根据中国人寿保险股份有限公司2006—2010年的年度报告，统计整理得到2006—2010年中国人寿保险公司的股权构成情况如表3-1所示。

表3-1　2006—2010年中国人寿保险有限公司股权结构比较　　　单位：%

股份类别		2006	2007	2008	2009	2010
有限售条件股份	国有及国有法人持股	72.20	68.37	68.37	68.37	68.37
	其他内资持股	—	3.18	2.12	2.12	—
	合计	72.20	71.55	70.49	70.49	68.37
无限售条件股份	人民币普通股	—	2.12	3.18	3.18	5.31
	境外上市的外资股	27.80	26.33	26.33	26.33	26.33
	合计	27.80	28.45	29.51	29.51	31.63
股份总数		100	100	100	100	100

资料来源：根据2006—2010年中国人寿保险股份有限公司各年度年报数据整理。

由表3-1可以看出，作为国有控股保险公司的中国人寿，国有及国有法人持股所占比例很大，最高的2006年达到72.20%；其他内资持股占比很小，最低时只有2.12%，且2006年和2010年没有其他内资持股；与国有及国有法人持股相比，无限售条件股份比例较小且过于分散，其中人民币普通股所占的比重更少，最高也只达到2010年的5.31%。可见，虽然中国人寿成功地进行了股份制改造，但其单一大股东（中国人寿保险集团公司）一股独大的股权结构仍然没有改变。这可能会阻碍中国人寿保险股份有限公司有效发挥公司治理机制的作用。

(2) 2006—2010年中国人寿的前十大股东持股情况分析

本书根据中国人寿保险股份有限公司2006—2010年的年度报告,统计整理得到2006—2010年中国人寿保险公司前十大股东持股情况如表3-2所示。

表3-2 2006—2010年中国人寿保险有限公司前十大股东持股情况比较

序号	股东名称	股东① 性质	2006年	2007年	2008年	2009年	2010年
1	中国人寿保险(集团)公司	国有	68.37	68.37	68.37	68.37	68.37
2	HKSCC Nominees Limited	外资	24.3	24.35	25.76	25.73	25.66
3	国家开发投资公司	其他	0.18	0.18	0.18	0.18	0.18
4	中国投资担保有限公司	其他		0.14	0.14	0.1	0.1
5	中国核工业集团公司	其他			0.07	0.07	0.07
6	Richbo Investment Limited	外资	1.52	1.52			
7	宝钢集团有限公司	其他	0.18	0.18			
8	五矿投资发展有限责任公司	其他	0.14	0.14			
9	中国粮油食品(集团)有限公司	其他	0.14	0.14			
10	中国广东核电集团有限公司	其他	0.14	0.14			
11	中船重工财务有限责任公司	其他	0.14				
12	中国经济技术投资担保有限公司	其他	0.14				
13	中国海洋石油总公司	其他		0.14			
14	中国工商银行—诺安股票证券投资基金	其他			0.11	0.07	
15	中国工商银行—博时第三产业成长股票证券投资基金	其他			0.09	0.1	
16	中国海运(集团)总公司	其他			0.07		
17	中国工商银行—上证50交易型开放式指数证券投资基金	其他			0.08		
18	中国建设银行—博时价值增长贰号证券投资基金	其他			0.07		
19	中国光大银行股份有限公司—光大保德信量化核心证券投资	其他			0.1		

① 注:这里的股东性质与中国人寿保险股份有限公司2006—2010年报中前十名股东持股情况中列明的股东性质一致。

表 3-2（续）

序号	股东名称	股东性质	每年前十大股东持股比例（%）				
			2006年	2007年	2008年	2009年	2010年
20	中国国际电视总公司	其他			0.07		
21	国际金融—渣打—CITIGROUP GLOBAL MARKETS LIMITED	其他				0.09	
22	DEUTSCHE BANK AKTIENGE-SELLSCHAFT	境外法人				0.07	
23	中国太平洋人寿保险股份有限公司—传统—普通保险产品	其他				0.09	0.07
24	中国农业银行—中邮核心成长股票型证券投资基金	其他					0.09
25	UBSAG	境外法人					0.09
26	国泰君安—建行—香港上海汇丰银行有限公司	其他					0.07
27	国际金融—渣打—GOVERNMENT OF SINGAPORE INVESTMENT CORPORATION PTE LTD	其他					0.07

资料来源：根据2006—2010年中国人寿保险股份有限公司各年度年报数据整理。

注：表中2008年列出了12位大股东，其中排在2008年持股比例最后的中国海运（集团）总公司、中国国际电视总公司和中国核工业集团公司三家公司的持股比例都是0.07%。

由表3-2可以看出，自中国人寿保险公司A股股票上市以来，其前十大股东每年都在发生变化，2006—2010年间，成为中国人寿前十大股东的公司一共有27家。其中，中国人寿保险（集团）公司、香港中央结算（代理人）有限公司（HKSCC Nominees Limited）、国家开发投资公司一直持有中国人寿保险股份有限公司的股份，且这三家股东这五年持股比例的平均值为93.71%，而剩余的6.29%的平均持股权则每年都有不同的变化。从表3-2还可以看出中国人寿前十大股东的变化的趋势，2006和2007年其前十大股东基本都是实体企业集团，且外资股东只有一家，但从2008年开始，其前十大股东中有一半的公司都是银行、保险等金融集团公司，而且除原有的一家外资股东之外，2009年和2010年中国人寿的前十大股东中各有一家境外公司成为其大股东。可见，中国人寿为了进一步推进公司股权多元化，已经开始引进国际著名金融保险集团参股作为战略投资者，并且也开始与国内银行和保险公司进行股权合作,其目的在于以一定比例或者换股的方式形成法人间的相互持股,建立大股东间的相互监督与制衡机制,从而有助于解决其国有股"一股独大"带来的公司治理问题。

3.2 中国寿险公司股权结构的特点

2003年开始,我国寿险公司的股份制改革逐渐深入,中国寿险公司产权结构的特点主要以股权结构的特点表现出来。

3.2.1 股权结构呈现出三种典型的控股模式

中国寿险公司的股权结构已经由单一的国有独资转变成国有股份制和多种经济成分混合的股份制,并且呈现出三种典型的控股模式,即绝对控股模式、相对控股模式以及股权分散模式。一般地,如果第一大股东持股比例(CR_1)大于50%为绝对控股模式,CR_1介于20%~50%之间为相对控股模式,CR_1小于20%为股权分散模式。例如,中国人寿保险股份有限公司的控股股东是中国人寿保险集团,实际控制人是中华人民共和国财政部。中国人寿保险集团也是其第一大股东,持有其68.37%的股份,大于50%,因此中国人寿保险股份有限公司的股权结构属于绝对控股模式。正德人寿保险股份有限公司是由浙江凌达实业有限公司、美好控股集团有限公司、福州天策实业有限公司、福州开发区泰孚实业有限公司和新冠投资集团有限公司五家企业共同持有相同的股份,没有控股股东,不存在实际控制人,第一大股东持股比例为20%,属于相对控股的股权结构,股权相对分散,相互制衡。中国平安人寿保险股份有限公司是中国平安保险(集团)股份有限公司旗下的重要成员,其股权结构与中国平安保险(集团)股份有限公司一致。根据平安集团2011年半年报提供的信息,其第一大股东和第二大股东分别是汇丰控股有限公司的两家全资附属子公司,即汇丰保险控股有限公司和香港上海汇丰银行有限公司。截至2011年6月30日,两家公司合计持有其15.57%的股份,可见公司股权结构比较分散,不存在控股股东,也不存在实际控制人。其他寿险公司股权情况如表3-3所示。

表 3-3　　　　　中国各寿险公司股权情况一览表　　　　单位：%

序号	保险公司	第一大股东持股比例	第一大股东	股权性质①	控股模式②
1	人保寿险	51.00	中国人民保险集团公司	国有	绝对
2	人保健康	86.56	中国人民保险集团公司	国有	绝对
3	国寿股份	68.37	中国人寿保险（集团）公司	国有	绝对
4	国寿养老	87.40	中国人寿保险股份有限公司	国有	绝对
5	太平人寿	50.05	中国太平保险控股有限公司	国有	绝对
6	太平养老	96.00	中国太平保险控股有限公司	国有	绝对
7	民生人寿	20.00	中国万向控股有限公司	民营	分散
8	阳光人寿	98.26	阳光保险集团	国有	绝对
9	太保寿险	97.83	中国太平洋保险（集团）股份有限公司	国有	绝对
10	平安人寿	99.51	中国平安保险(集团)股份有限公司	民营	绝对
11	平安养老	79.91	中国平安保险(集团)股份有限公司	民营	绝对
12	平安健康	76.00	中国平安保险(集团)股份有限公司	民营	绝对
13	华泰人寿	79.25	华泰保险控股股份有限公司	民营	绝对
14	新华人寿	38.82	中央汇金投资有限责任公司	国有	相对
15	泰康人寿	14.98	中国嘉德国际拍卖有限公司	民营	分散
16	泰康养老	90.00	泰康人寿保险股份有限公司	民营	绝对
17	天安人寿	20.00	天安保险股份有限公司	民营	分散
18	生命人寿	20.00	深圳市国利投资发展有限公司	民营	分散
19	安邦人寿	99.87	安邦财产股份有限公司	民营	绝对
20	利安人寿	20	江苏雨润食品产业集团	民营	分散

① 这里股权性质的判别依据是本书对股权性质的划分。本书把我国寿险公司的股权性质分为国有、民营和合资三种类型。书中的国有寿险公司主要指以国有独资公司作为其最大的控股股东的寿险公司；民营寿险公司主要指非国有控股民营寿险公司；合资寿险公司指在寿险公司的注册资本中，外国合营者的投资比例不低于25%的寿险公司。另外，由于搜集我国寿险公司的股东资料非常困难，为了便于分析，本书仅根据拥有寿险公司直接股权的第一大股东的性质来判断寿险公司的股权性质，不涉及追溯寿险公司终极产权所有者的问题。

② 这里控股模式根据第一大股东持股比例（CR_1）进行划分，即：$CR_1 > 50\%$ 为绝对控股，$20\% < CR_1 \leq 50\%$，为相对控股，$CR_1 \leq 20\%$ 为分散持股。这种划分主要以苏武康（2003）的划分方法为依据，不过本书又根据我国寿险公司第一大股东持股比例的特点以及张天阳（2008）对控股股东控制方式的界定，对苏武康（2003）划分方法中各控股模式的临界值进行了适当调整，旨在更加符合我国寿险公司的实际情况。

3　中国寿险公司产权结构状况分析

表3-3（续）

序号	保险公司	第一大股东持股比例	第一大股东	股权性质	控股模式
21	合众人寿	20.00	中发实业（集团）公司	民营	分散
22	长城人寿	18.13	北京华融综合投资公司和北京金融街投资（集团）	民营	分散
23	嘉禾人寿	20.00	上海安尚实业有限公司	民营	分散
24	昆仑健康	16.67	上海中科合臣化学有限责任公司、上海欣成投资（集团）等各持16.67	民营	分散
25	和谐健康	99.70	安邦财产保险股份有限公司	民营	绝对
26	正德人寿	20.00	浙江凌达实业有限公司、浙江美好控股集团有限公司等各20	民营	分散
27	华夏人寿	20.00	天津港（集团）有限公司、北京世纪力宏计算机软件科技有限公司各20	民营	分散
28	长江养老	42.17	中国太平洋人寿保险股份有限公司	国有	相对
29	信泰人寿	19.38	巨化控股有限公司和浙江永利实业集团有限公司各9.38	民营	分散
30	英大人寿	20.00	英大国际控股集团有限公司	民营	分散
31	国华人寿	20.00	天茂实业集团股份有限公司	民营	分散
32	幸福人寿	18.81	信达投资有限公司	民营	分散
33	百年人寿	9.01	中国东方资产管理公司、国电电力发展股份有限公司等各9.01	民营	分散
34	中邮人寿	20.00	中国邮政集团公司50%	国有	分散
35	中融人寿	20.00	吉林省信托有限责任公司、联合铜箔（惠州）有限公司、中润合创投资有限公司各20%	民营	分散
36	中宏人寿	51.00	宏利人寿保险（国际）有限公司	民营	绝对
37	建信人寿	51.00	中国建设银行股份有限公司	国有	绝对
38	中德安联	51.00	德国安联保险集团	合资	绝对
39	金盛人寿	51.00	安盛中国公司	合资	绝对
40	交银康联	62.50	交通银行股份有限公司	国有	绝对
41	信诚人寿	50.00	中信集团公司和英国保诚集团各占50%	合资	相对

表3-3(续)

序号	保险公司	第一大股东持股比例	第一大股东	股权性质	控股模式
42	中意人寿	50.00	意大利忠利保险有限公司和中国石油天然气集团公司各50%	合资	相对
43	光大永明	50.00	中国光大集团	国有	相对
44	中荷人寿	50.00	ING集团和北京银行股份公司各50%	合资	相对
45	海尔人寿	75.00	青岛海尔投资发展有限公司	民营	绝对
46	中英人寿	50.00	中国粮油食品(集团)有限公司和英杰华保险有限公司各50%	合资	相对
47	海康人寿	50.00	中海石油总公司和荷兰全球人寿保险集团各50%	合资	相对
48	招商信诺	50.00	美国信诺北美人寿保险公司与深圳市鼎尊投资咨询有限公司各50%	合资	相对
49	长生人寿	50.00	中国长城资产管理公司和日本生命保险相互会社各50%	合资	相对
50	恒安标准	50.00	英国标准人寿保险公司和天津泰达国际控股(集团)有限公司各50%	合资	相对
51	瑞泰人寿	50.00	瑞典斯堪的亚公共保险有限公司和国电资本控股有限公司各50%	合资	相对
52	中美联泰大都会	50.00	上海联合投资有限公司和美国大都会人寿保险公司各50%	合资	相对
53	国泰人寿	50.00	中国东方航空集团公司和台湾国泰人寿保险股份有限公司各50%	合资	相对
54	中航三星	50.00	韩国三星生命保险株式会社和中国航空集团公司各50%	合资	相对
55	中法人寿	50.00	中国邮政集团公司与法国国家人寿保险公司各50%	合资	相对
56	中新大东方	50.00	新加坡大东方人寿保险有限公司和重庆市地产集团各50%	合资	相对
57	君龙人寿	50.00	厦门建发股份有限公司和台湾人寿保险股份有限公司各50%	合资	相对
58	汇丰人寿	50.00	国民信托有限公司和汇丰保险(亚洲)有限公司各50%	合资	相对
59	新光海航	50.00	海航集团有限公司和新光人寿保险股份有限公司各50%	合资	相对

表3-3（续）

序号	保险公司	第一大股东持股比例	第一大股东	股权性质	控股模式
60	友邦中国	100	友邦保险控股有限公司	外资	分散 ①

资料来源：根据中国各家寿险公司网站公布的相关数据整理（截至2011年12月31日）。

由表3-3可以看出，中国寿险公司在进行国有保险公司股份制改革和吸引外资、民营资本以及引进战略投资者之后，已经逐步实现了投资主体的多元化。在60家中国寿险公司中，除友邦中国这家外资公司的分公司之外，第一大持股比例最高的是绝对持股模式的民营寿险公司安邦人寿，达到99.87%；而最低的是分散持股模式的民营寿险公司百年人寿，只有9.01%。这些寿险公司中，绝对持股的有21家，分散持股的有18家，相对持股的有20家，各家寿险公司相继实现了股权结构的多元化。但是在各家寿险公司中仍然出现经理人、控制性股东为谋取控制权私人收益而损害其他股东和保单持有人利益的情况，寿险公司大股东的治理效能并不明显。因此，中国寿险公司目前的股权主体多元化仅仅是其形成有效的股权结构的基础，还应该真正形成大股东之间的竞争性制衡关系，不仅给予大股东平等、实质性的话语权，而且应发挥多元主体的股权结构对个别控制性股东绝对控制权的监督、制衡作用。

3.2.2 境外资本陆续入股并相对控股部分寿险公司

近年来，通过入股我国保险企业成为境外金融机构进入我国保险市场的一大捷径。境外资本开始陆续入股并相对控股我国部分寿险公司，这为中国寿险业带来机遇的同时也带来一些风险。境外资本主要通过两种途径参股寿险公司。一种途径是境外资本与国内企业共同出资设立合资寿险公司。例如：1996年11月成立的中宏人寿保险有限公司是由加拿大宏利人寿保险（国际）有限公司（持有股份51%）与中国对外经济贸易信托投资公司（中化集团核心成员，持有股份49%）组建的合资企业。太平洋安泰人寿、光大永明人寿、海尔纽约人寿、招商信诺人寿、海康人寿、中航三星人寿等大部分合资寿险公司

---

① 注：这里的分散与本书提到的以我国为基础的分散式股权结构有些区别。这里是指友邦保险控股有限公司（统称友邦保险）作为全球上市的全资外资公司，其股东众多出现股权结构分散，但是友邦中国仅指友邦保险在中国区的各分支机构，它属于友邦保险在中国拥有全资的分支机构，相对于我国来讲它是全资的外资公司。由于友邦中国的分支机构众多，相关数据不易统计，因此本书进行我国寿险公司股权结构的实证分析时未将其列入研究范围。

都是由境外企业与国内企业各出资50%合资组建而成。另一种途径是境外资本不断增加其在中国寿险公司的持股比例甚至达到控股的地步。例如：2010年，英大泰和人寿的第二大股东是美国万通人寿保险公司（Massachusetts Mutual Life Insurance Company），合众人寿的第二大股东是意大利欧利盛人寿股份有限公司（Eurizon Vita S. p. A），他们在公司中的持股比例都达到19.9%。境外资本对中国寿险业的渗透比较严重，它的控股在为国内寿险业带来机遇的同时也带来一些潜在风险，比如在中国股市圈钱损害中国股民的利益，或者境外资本自身存在的问题或关联交易行为可能会影响其控股国内寿险公司的偿付能力，从而侵害广大被保险人的利益。因此，中国寿险公司也开始警惕境外资本控股国内寿险公司。以泰康人寿为例，根据泰康人寿2008年年度报告可知，瑞士丰泰人寿保险公司持有其15.61%的股份，已位居当年泰康人寿股东的第一大股东，即泰康人寿当年已经被境外资本控股。但是到2010年，泰康人寿的股权结构有很大的变动，第一大股东由原来的境外资本变成境内资本，即中国嘉德国际拍卖有限公司，其持有股份为14.9799%。泰康人寿这种股权结构的变更反映出中国寿险公司已经开始关注境外资本相对控股寿险公司带来的问题的风险。

3.2.3 民营资本积极参股中国寿险公司

民营资本开始积极参股中国寿险公司，但由于民营企业对寿险业盈利周期的估计不足，出现寿险公司股权变更的浪潮。2011年9月16日，福州开发区泰孚实业公司将其持有的正德人寿的2亿股股份转让给福建伟杰投资公司，受让后福建伟杰投资公司持有正德人寿20%的股权；2011年3月11日，法国安盛人寿将其持有的泰康人寿1.33亿股股份转让给中国嘉德、新政泰达和高盛集团；2011年3月14日东方人寿被保监会批准股权转让，北京新奥特集团和湖南中烟工业公司分别持有其6.25%和11.25%的股份，内蒙古达林哈尔和江苏兴澄则彻底退出东方人寿，等等，这些都显示出中国寿险公司近年来股权变更非常频繁。根据对保监会网站上公布的关于股权变更的行政许可结果统计，从2006年1月至2011年9月，有30家中国寿险公司涉及共55次股权变更（见表3-4）。转轨时期，民营资本对中国寿险公司的投资参股热情高涨，如正德人寿、国华人寿、幸福人寿、百年人寿以及中邮人寿等中国寿险公司都是由不同的民营资本入股投资兴办的。民营资本的进入使中国寿险市场的竞争活跃起来，为寿险市场带来活力，有利于中国寿险业在较为激烈的竞争中更好地发展。但是，由于寿险公司一般需要 7~8 年才能够盈利，有些民营企业家不能如愿在短期内获取预期的利益，导致寿险公司的股东频繁变更，不利于寿险公司经营的稳定性和发展战略的连续性。

表 3-4　　2006—2011 年中国各寿险公司股权变更次数统计表

序号	公司名称	股权变更次数	股权变更时间	序号	公司名称	股权变更次数	股权变更时间
1	新华人寿	6	2011.6.9；2011.6.8；2009.11.30；2007.12.27；2007.12.14；2007.5.24；	16	君龙人寿	1	2011.1.5
2	民生人寿	6	2010.11.15；2010.2.5；2009.3.14；2008.5.27；2007.6.5；2006.4.25	17	海尔人寿	1	2010.12.31
3	合众人寿	4	2009.2.25；2008.7.6；2007.11.16；2006.10.30	18	昆仑健康	1	2010.12.27
4	长江养老保险	3	2011.8.10；2010.11.27；2009.10.22	19	百年人寿	1	2010.10.13
5	生命人寿	3	2010.2.11；2008.12.25；2007.6.5	20	英大泰和人寿	1	2010.9.29
6	阳光人寿	3	2011.4.7；2010.3.15；2009.5.7	21	首创安泰	1	2010.4.28
7	正德人寿	2	2011.9.16；2010.4.1	22	瑞泰人寿	1	2010.2.23
8	嘉禾人寿	2	2010.9.6；2010.3.30	23	中美大都会	1	2010.1.20
9	信泰人寿	2	2010.9.1；2008.12.31	24	和谐健康	1	2009.12.31

表3-4(续)

序号	公司名称	股权变更次数	股权变更时间	序号	公司名称	股权变更次数	股权变更时间
10	泰康人寿	2	2011.3.3；2008.5.27	25	交银康联	1	2009.12.25
11	华夏人寿	2	2011.2.20；2010.2.5	26	长生人寿	1	2009.9.17
12	长城人寿	2	2009.5.23；2007.6.22	27	天安人寿	1	2009.9.1
13	太平洋安泰人寿	1	2011.3.31	28	恒安标准人寿	1	2008.12.17
14	太平养老	1	2011.3.22	29	中法人寿	1	2008.8.1
15	东方人寿	1	2011.3.8	30	中国太平洋人寿	1	2007.4.16

资料来源：根据中国保监会网站http://www.circ.gov.cn/web/site0/颁布的2006—2011年的行政许可结果整理得出。

3.2.4 银行相继参股中国寿险公司

2009年11月26日银监会发布的《商业银行投资保险公司股权试点管理办法》打开了银行投资保险公司的大门，银行可以利用自身的客户资源和网络优势为保险公司提供基础服务。银行相继参股中国寿险公司，促进了银行业和保险业资源共享和优势互补，但却引起了一些潜在的风险。目前，我国银行参股寿险业的主要模式是大银行参股小寿险公司，具体参股情况如表3-5所示。由于这些中小寿险公司的业务规模和盈利能力都很有限，因此银行必须整合好其本身和寿险公司两者之间的资源，充分考虑寿险行业的特殊性。

不过，银行入股寿险公司也将增大金融风险内部传递的可能性，产生不规范的关联交易行为，增加公司治理的整合难度，影响寿险公司的效率，并可能对寿险公司的发展战略产生错误的影响，因此在银行参股寿险公司以后，需要建立有效的防火墙，以预防关联交易风险、银行信誉风险、保险产品风险以及监管风险的发生。

表3-5 2009—2011年我国商业银行参股中国寿险公司情况一览表

参股银行	保险公司	进展	银行参股保险公司具体情况
中国银行	中银保险	2009年9月中国保监会同意中国银行收购中银保险有限公司股权	中国银行收购其香港子公司中银集团保险有限公司所持中银保险有限公司全部股权，并对中银保险有限公司增资。中国银行通过中银保险有限公司投资参股恒安标准人寿保险有限公司，并按有关规定向中国保监会提出行政许可申请
交通银行	中宝康联（交银康联）	2009年12月25日中国保监会同意交通银行收购中保康联人寿保险有限公司股权	交通银行收购中国人寿保险（集团）公司持有的中保康联人寿保险有限公司51%股权
北京银行	首创安泰（中荷人寿）	2010年4月28日中国保监会批准北京银行股份有限公司收购北京首都创业集团有限公司持有的首创安泰公司50%的股权	股权变更完成后，北京银行股份有限公司持有首创安泰公司50%的股权，荷兰保险有限公司持有首创安泰公司50%的股权
建设银行	太平洋安泰	2011年1月25日中国保监会批准中国建设银行投资入股太平洋安泰人寿保险有限公司	建设银行受让荷兰国际集团持有的太平洋安泰人寿保险有限公司50%的股权和中国太平洋保险（集团）股份有限公司持有的太平洋安泰人寿保险有限公司1%的股权
工商银行	金盛人寿	2010年10月28日，中国工商银行与AXA安盛、中国五矿集团公司与金盛人寿达成股权买卖交易协议。交易的最终完成仍然需要等待相关监管机构的审批	工商银行将持有60%金盛人寿股权，成为控股股东，AXA安盛和中国五矿将各持有27.5%和12.5%的股权
农业银行	嘉禾人寿	2011年2月11日，嘉禾人寿签署协议向农业银行定向增发10.367亿股股份，股票的价格为每股2.5元，总共增资25.9亿元人民币，仍待监管部门的批准	本次交易完成后，农业银行将持有嘉禾人寿51%的股份

资料来源：根据中国保监会网站http://www.circ.gov.cn/web/site0/颁布的2006—2011年的行政许可结果及各寿险公司网页公布的公司新闻整理得出。

3.3 中国寿险公司经理激励机制的状况分析

3.3.1 中国寿险公司经理激励机制发展历程

我国寿险公司的经理激励主要采取经济性激励机制和非经济性激励机制。其中,经济性激励是最主要的激励方式,即寿险公司经理的报酬由固定工资、奖金、股票和股票期权构成,侧重于人的物质利益方面的需要。非经济性激励则侧重于人的精神方面的需要,通过目标激励、职位激励、政治激励和荣誉激励等满足寿险公司经理在职位、社会荣誉及地位等方面的需要。随着我国改革的不断深化,我国寿险公司的经理激励机制,特别是经济性激励机制得到不断改进,为提高寿险公司的经营效率作出了很大的贡献。结合我国寿险公司的股改情况,本书将我国寿险公司的经理激励机制的发展历程划分为三个阶段:

第一阶段,2006 年我国保险公司全面股改结束之前,寿险公司经理的薪酬水平仍受限于政府统一的工资政策。20 世纪 80 年代至 90 年代中期,国有寿险公司属于国家事业单位编制,工资发放按照国家事业单位工资制度执行,与公司经营成效毫不相干。20 世纪 90 年代末,国有寿险公司从国家事业单位编制中脱离,开始对工资制度进行改革。采取职工工资与公司经济效益挂钩,职工工资总额随公司效益的变化而浮动的政策。由于受到传统计划经济体制的影响,我国的寿险公司一直维持着这种一贯的工资政策,缺乏个性化的薪酬体系创新。目前,我国的国有寿险公司基本都是国有控股企业,其总经理通常还带有行政级别,使得国有寿险公司不得不继续套用行政机关职务和级别的工资薪酬模式。但是在市场经济大潮中,这种模式已不能很好地维持商业保险公司可持续发展的强劲动力。

第二阶段,2006 年国务院发布《国务院关于保险业改革发展的若干意见》,2007 年平安集团 CEO 马明哲独揽 6 616.1 万元的年薪,股权、期权等激励机制在寿险公司中的实施以及各家寿险公司的人才争夺战将寿险公司的薪酬不断推高。2006 年 1 月中国证监会发布的《上市公司股权激励管理办法(试行)》和《国有控股上市(境外)股权激励管理办法》为顺利推行股权激励提供了制度保障,并明确规定了我国企业股权激励的形式主要有限制性股票(Restricted Stock Option,简称 RSO)、股票期权(Stock Option,简称 SO)、股票增值权(Stock Appreciation Rights,简称 SARS)、业绩股票及员工持股计划等。

2006年国务院发布的《国务院关于保险业改革发展的若干意见》提到要探索规范的股权、期权等激励机制为我国寿险公司经理激励机制的改革提供了政策依据，各家寿险公司纷纷响应实行股权激励计划，间接把员工和公司的利益捆挷在一起，不仅有针对高管以及公司所需特殊人才的股票增值权激励计划，而且还有涉及公司外勤人员的员工持股计划。以中国平安为例，以马明哲为首的平安高管层的高薪，主要缘于平安的薪酬制度及长期激励计划。该公司在2007年首次支付其长期激励计划，结果超过400名的中国平安员工分享了4.93亿元的奖金，这也使得马明哲的税前奖金部分达到天价。2007年是2004年平安第一批长期激励计划兑现的首年，执行日附近H股均价为52.74港元，昔日授予价为10.33港元，使得平安4 192万股虚拟期权中首期1 397.33万股的兑现金额为5.93亿港元，实际发放的金额为4.93亿元。① 这一项奖金成为平安高管2007年薪酬暴涨的中坚力量。另外，随着中国保险业迎来新的一轮扩容大潮，友邦、中英人寿、信诚、大都会等外资寿险公司的进入，寿险公司数量的急剧增多造成了对高层管理人员的旺盛需求。保险业高管一夜之间炙手可热，薪酬节节攀高，高管人员特别是副总一职成了各家寿险公司争夺的重点对象，保险公司集团总部的高管收入达到百万元以上的比比皆是。各家寿险公司在互挖墙脚的过程中，竞相提高待遇，导致高管人员的薪酬远远超出了应得的水平，脱离了我国的现实国情，使各家寿险公司背负了沉重的包袱。

第三阶段，2007年保监会发布《国有保险公司负责人薪酬管理暂行办法》至今，寿险公司经理激励机制还在不断完善，并逐渐走上法制化道路，相关的监管机构已针对我国保险公司的高管薪酬问题多次出台颁布法规条例进行规范和约束。2007年8月，保监会发布的《国有保险公司负责人薪酬管理暂行办法》规定保险公司应该完善其薪酬制度，并能够科学合理地确定高管人员的绩效考核指标和薪酬标准。2008年12月，保监会向其直接管辖的5家国有保险公司下达了《关于保险公司高级管理人员2008年薪酬发放等有关事宜的通知》，提出严格禁止违规发放薪酬；坚决防止脱离国情、行业发展阶段以及公司的实际发放过高的薪酬；切实规范公司高管人员的职务消费；暂时停止实施股权激励及员工持股计划；加强监督和检查各公司的薪酬发放工作。此次通知暂停实施股权激励后，国有保险公司高管人员的薪酬将由基本薪金、绩效薪金

---

① 第一财经. 金融"高薪门"戏剧性转折 马明哲"零年薪"[EB/OL]. 中国保险学会网，http://www.iic.org.cn/D_newsDT/newsDT_read.php? id = 2604.

以及福利三部分构成。其中，基本薪金由各寿险公司的经营规模、管理难度、所承担责任以及所在地区保险行业和其他公司的薪酬水平等诸多因素综合确定。绩效薪金以基本薪金为基数，再根据寿险公司年度经营业绩的完成情况确定，并且最高不能超过年度经营业绩的2.5倍。总体而言，寿险公司高管人员的年度薪酬增长率应该低于公司平均薪酬增长率。面临西方国家纷纷发出"限薪令"的国际环境，2009年2月10日财政部下发了《金融类国有及国有控股企业负责人薪酬管理办法（征求意见稿）》，将国有金融企业负责人的最高年薪限定为280万元人民币。2009年保监会也表示，下一步将制定保险公司董事和高管薪酬指引制度，完善公司薪酬考核机制。近年来我国监管机构频繁下发"限薪令"，其主要目的在于引导保险公司规范发放高管薪酬，避免高管人员在经营中出现短期功利行为。不过，大多数"限薪令"仅局限于原则性和指导性，缺乏具体实施和操作的程序。这种短期的临时性的"限薪令"并不能从根本上解决我国寿险公司高管薪酬机制存在的问题，因此亟须尽快建立起与我国寿险公司实际情况相适应的高管薪酬激励与约束的长效机制。

3.3.2 中国上市寿险公司经理报酬激励机制对比

目前我国在国内A股上市的保险公司有中国人寿保险股份有限公司、中国平安保险（集团）股份有限公司和中国太平洋保险（集团）股份有限公司，其中，中国人寿是主营子公司上市，中国平安和中国太保是集团整体上市。三家保险公司都已建立了以岗位为基础、业绩为导向、市场为参考的市场化薪酬绩效管理机制。然而，基于各家公司的运营特点、发展阶段和市场薪酬水平的不同，三家保险公司的经理激励机制也各有特点。

中国人寿保险股份有限公司全面实行高级管理人员的任期制和任期目标责任制，高管人员的薪酬由基本薪金、绩效薪金、福利和中长期激励组成。为了建立健全激励与约束机制，吸引并保留公司高级管理人员与优秀人才，从2006年至今，中国人寿一共授予三批股票增值权。首批股票增值权授予方案于2006年1月5日批准，首批授予对象是2005年7月1日在职的董事长、执行董事、非执行董事（独立非执行董事除外）、监事长、内部监事、公司总裁、副总裁、董事会秘书、总部精算责任人、法律责任人、总部部门主要负责人以及省级分公司（含计划单列市分公司）总经理或者主持工作的副总经理，首次授予的股票增值权总数大约为400万股，股票增值权的授予价格是2005

年7月1日之前5个交易日公司股票在香港证券市场的平均收市价。第二批股票增值权授予方案于2006年1月5日批准，股票增值权的授予价为2006年1月1日之前5个交易日公司股票在香港证券市场的平均收盘价，授予对象为已确定符合条件的首次授予人员、总公司部门的副总经理、部门总经理助理、处级经理和部分符合条件的处级副经理，以及省级和计划单列市分公司的副总经理（含相当职级的高级管理人员）、总经理助理、副省级城市分公司的主要负责人、业绩突出的地市级分公司的主要负责人和优秀的保险营销员等，股票增值权共授予约5 300万股，大概相当于当时已发行股本的0.2%。2006年12月29日中国人寿公司第二届董事会第五次会议原则通过了2007年股票增值权授予方案，该批股票增值权的授予价为2007年1月1日之前5个交易日公司股票在香港证券市场的平均收盘价。第三批股票增值权授予方案于2007年6月12日通过，授予人员范围除了2006年6月30日至2007年1月1日期间总公司和省级公司（包括计划单列市分公司）新任职的符合条件的人员外，还包括所有地市级分公司总经理（已授予股票增值权的人员除外）、副总经理（含相当职级的高级管理人员）、2006年业绩突出的县支公司经理、副经理、优秀保险营销员和劳动模范等人员，这些人员合计约2 600人，授予股数约5 100万股，约相当于当时已发行股本的0.19%。截至2007年12月31日，这批股票增值权的授予尚未执行。股票增值权的授予不涉及任何新股的发行，而且对公司股东亦无摊薄的影响。2008年以后，中国人寿根据国家相关政策要求没有进行新的股票增值权的授予和行权。

中国平安保险（集团）股份有限公司整体薪酬体系贯彻"导向清晰、体现差异、激励绩效、反映市场、成本优化"的理念，聘请人力资源专业咨询公司，以合理的市场水平确定和调整董事、监事、高级管理人员以及总精算师的薪酬，并报送董事会和股东大会通过后执行。全体董事的薪酬待遇则由董事会薪酬委员会考虑及建议并由股东大会审议及批准。其中，执行董事因担任公司的职务根据公司的薪酬政策确定其薪酬；独立非执行董事来自境内和境外，并根据内地和香港的市场水平不同分别支付董事袍金；股东提名的非执行董事不享有董事袍金。对于公司的高级管理人员，公司根据业务规划对其设定明确的三年滚动计划与年度问责目标，依据目标达成情况，每年进行两次严格的问责考核，并结合三百六十度反馈，对其进行综合评价。问责结果同长短期奖酬和干部任免紧密挂钩，综合评价则作为干部发展的重要参考依据。中国平安也建立了虚拟股票增值权形式的长期奖励计划制度，经2004年公司第一次临时股东大会批准，对绩效优秀的高级管理人员以及一些主要员工实施长期奖励计划。平安公司不根据此计划发行股份，而是将这个权利以单位方式授予，每个单位代表1股本公司H股。这个计划自2004—2008年每年根据员工的绩效和贡献，经评比并报公司董事会薪酬委员会批准后确定人选与授予份数，此长期奖励分五次授予，2004年首次授予时根据公司H股上市时发行价（港币10.33元）作为授予价，授出4 192万份，在2007年、2008年、2009年分别行使1 397.33万份。2005—2008年每年授予虚拟期权，在授予日的第三周年日行权。2005年授出1 572万份，授予价为港币12.47元；2006年授出1 572万份，授予价为港币21.5元。平安公司在上述期权行权时向在职参与者支付现金，但规定当年该计划参与者的累计收益不超过当年预估计净利润（国际财务报告准则）的4%。根据国家相关政策要求，平安集团在2008年以后没有新授予的虚拟期权形式的长期奖励计划，对于已到期的虚拟期权形式的长期奖励计划也一直没有行使。

中国太平洋保险（集团）股份有限公司对其高级管理人员实行严格的任期考评与年度考评相结合的绩效管理制度。中国太保高级管理人员的绩效管理工作主要由绩效考评方案订立、过程跟踪、绩效评价、结果运用四个环节组成。年度绩效考评方案由董事会根据公司中长期发展战略规划和年度经营计划确定；公司定期对各项考核指标的完成情况进行跟踪；年度结束后，董事会根据全年经营管理目标完成情况确定绩效考评结果；考评结果与高级管理人员的年度绩效奖金等挂钩。中国太保没有虚拟股权计划，而是专门针对公司的高级管理人员建立了递延奖金制度，以实现长效激励约束。递延奖金于每年年度考核结束后，根据公司和高级管理人员个人绩效考核结果授予，授予后并不立即支付，而是在以后年度以现金形式递延支付给高级管理人员，如果兑现前一个会计年度的公司或个人绩效考核情况未达到要求，还将相应扣减高级管理人员实际兑现金额，这种措施加强了中国太保的高管薪酬与其长期经营效率的关联度，对公司高管人员产生最大限度的激励作用，从而提高公司的经营效率以及有利于公司高管薪酬的付薪效率达到最大。

综上所述，笔者总结出三家中国上市寿险公司经理报酬激励机制各自的特点如下（见表3-6）：

表3-6　　　　　中国上市寿险公司经理报酬激励机制对比

保险公司	经理薪酬的主要构成要素	长期激励措施
中国人寿	由基本工资、绩效薪金、各项福利和中长期激励组成	授予股票增值权，2006—2007年一共授予三批，但2007年6月批准的第三批授予权一直没有执行，而且此后再也没有授予新的股票增值权
中国平安	执行董事根据公司的薪酬政策确定其薪酬，独立非执行董事支付董事袍金，高级管理人员采用三年滚动计划与年度问责目标，问责结果与长短期奖酬、干部任免紧密挂钩，综合评价作为干部发展的重要参考依据	虚拟股票增值权，计划从2004—2008年分五次授予，但2008年以后没有新授予的虚拟期权形式的长期奖励计划，对于已到期的虚拟期权形式的长期奖励计划也一直没有行使
中国太保	任期考评与年度考评相结合，考评结果与高级管理人员的年度绩效奖金等挂钩	递延奖金制度，递延奖金在以后年度以现金形式递延支付给高级管理人员，若绩效考核情况未达到要求，将相应扣减高级管理人员实际兑现金额

资料来源：根据中国人寿2006—2011年报、中国平安2004—2011年报以及中国太保2007—2011年报整理。

3.3.3　中国寿险公司经理激励机制存在的问题

虽然我国寿险公司经理激励机制已有一定改善，但仍然存在制度安排失当的问题，突出地表现在以下三个方面：

3.3.3.1　我国寿险公司对公司的高管人员仍然重非经济激励而轻经济激励

从体制上看，寿险公司的高管人员拥有对资产的使用权和在政策范围内的奖励权，而没有或很少有对股份的处理权。这样他们只能在政策划定的条条框框内对其雇员进行奖励，即使高管人员作出了杰出的贡献，保险公司对其的褒奖也只能以非经济激励为主。虽然平安保险公司从2004年开始实施虚拟股权激励计划，但由于该计划在2007年的执行导致金融业"高薪门"事件的发生，严重脱离我国的基本国情，保监局于2008年及时出台相关政策停止各家保险公司的股票、期权激励计划。这使得我国大部分寿险公司又回到以基本薪酬为主的经理激励机制。当经济性激励措施很难发挥作用的情况下，寿险公司经理就会以过度透支的非经济激励如过度的公款吃喝、公费旅游等来对得不到的相应的经济激励进行补偿，不利于我国寿险公司提高经营效率。

3.3.3.2 我国寿险公司的经理报酬激励措施结构单一，未引入经营风险

目前，我国寿险公司的薪酬结构比较单一，工资加奖金的薪酬模式不仅无法为公司高级管理人员提供长期激励，反而更容易导致他们的短期行为。在支付高管薪酬时，我国寿险公司较少甚至不考虑公司账面利润的真实可靠性和公司运营的安全稳定性，只关注当前的盈利水平和公司股价，没有将经营决策的风险引入薪酬机制中。高管薪酬没有遵循风险和收益相匹配的原则，也使许多寿险公司的高管更多关注短期利益。

3.3.3.3 我国保险公司经理报酬激励机制不稳定，缺乏严密的薪酬监管体系

近年来，我国保险公司的高管动辄数百万甚至千万元的年薪让人唏嘘不已。全球金融海啸使很多保险公司陷入经营危机，但是部分公司的高管却仍然可以领到与公司业绩不相称的"天价"薪酬，保险公司高管的"高薪门"事件被推到了舆论的风口浪尖上。"金融海啸"影响的不断蔓延和深入使美国及欧盟开始涌起一股高管减薪和限薪的潮流。为此，我国的相关机构也出台一些关于限制保险公司高管薪酬的指导性文件，众多保险公司的高管纷纷主动或被动要求调整薪酬，甚至出现一元年薪和零年薪的现象。但是从长远看，一时的减薪并不能解决寿险公司高管收入偏高、高管与普通员工收入差距过大等弊病，也不会使寿险公司建立起有效的薪酬激励机制，而且这种不稳定的经理报酬激励机制会导致高管人员过分追求短期利益，而忽视公司的长期发展，有时甚至以牺牲公司的长期发展为代价换取其短期利益的实现。另外，寿险公司内监事会成员的利益关联等因素也会造成监事会很难发挥作用，而只能单方面实现薪酬的激励作用，难以形成对高管人员的约束，不利于构建严密的薪酬监管体系。

3.4 本章小结

本章着重分析了中国寿险公司的产权结构状况。一方面，概括了中国寿险公司产权结构的历史演进过程，并以中国人寿为例分析了我国寿险公司产权结构改革，同时归纳出现阶段我国寿险公司股权结构的特点；另一方面，概述了中国寿险公司经理激励机制的发展历程，并以中国人寿、中国平安和中国太保三家上市保险公司为例对我国寿险公司经理报酬激励机制进行对比，最终阐述了中国寿险公司经理激励机制存在的问题。

4 寿险公司产权结构的国际比较及其启示

4.1 美国寿险公司产权结构状况分析

4.1.1 美国寿险公司产权结构的变迁

美国是世界上最大的保险市场,其公司和业务数量以及业务种类,在全世界都是首屈一指的。虽然美国的保险业比较发达,但其发展历史,特别是寿险业的发展历史却十分短暂。美国早期的人寿保险是由单个承保人按照短期、高费率来发行的。美国第一家永久人寿保险组织是1759年经特许成立的贫困长老会牧师及其赡养人救济公司,1761年签发第一张保险单[①]。这个公司属于集资互助性质,只对有限的人数提供保障。1794年,北美保险公司成为美国第一家承保人寿保险的商业公司。美国最为古老的有限责任公司是于1842年成立的纽约相互人寿保险公司,这家公司至今仍在经营人寿保险[②]。通常美国的寿险公司可以按照出资人的产权性质分为私人保险公司和联邦政府保险公司。

美国私人寿险公司通常根据其所有权的情况分为股份保险公司(Stock Insurance Company)和相互保险公司(Mutual Insurance Company)。股份寿险公司一般为有限责任公司,其所有权体现在所占股份上,出资购买股份者均为公司的股东,但股东对公司承担的责任仅以其出资额为限。美国各州保险法都对建立股份寿险公司有最低资本额(Minimum Amount of Capital)和盈余(Sur-

---

① 盛亚峰,等. 世界各国保险制度[M]. 北京:中国大百科全书出版社,1995:59.
② 特瑞斯·普雷切特,等. 风险管理与保险[M]. 孙祁祥,等,译. 北京:中国社会科学出版社,1998:461.

plus）的规定，以作为支付被保险人经济损失的准备和投保人预付保险费的保障。如在纽约州，保险法规定股份人寿保险公司必须具备最低 200 万美元的资本金和至少等于 400 万美元的期初实收公积金①。股份寿险公司以为股东赚取利润为经营目的，采用固定保费制，投保人在缴纳保费后，寿险公司的股东自己承担公司的经营责任。相互保险公司是一种非盈利性公司，公司属于其保单的投保人（或持有人），且投保人具有公司所有人和公司客户的双重身份。相互保险公司不存在股东和股份持有人，其保单所有人可以分享（一般采用减少续保保费的方式）盈利所得的利润。这些盈利也可以作为公司以后的发展资金加以保留。为解决公司的损失或费用超支产生的资金缺乏问题，处于初期阶段的相互保险公司通常签发估价保单（Assessable Policy）以便保单投保人补缴保费以弥补公司的损失。不过当相互保险公司达到一定规模后，绝大部分相互保险公司不允许增收保费。

在美国寿险市场发展早期，相互公司发展迅速，如纽约人寿、大都会人寿等一些著名的相互公司，一百多年来一直保持领先地位。股份公司每个季度都需要达到预期的利润指标，否则股票价格就会大跌。他们必须裁员、增加近期销售、减少研究开支、尽一切可能去使利润有所改观，而相互公司因为不发行股票而没有来自股市的压力，从而可以坦然遵循长期战略。在美国的人寿保险领域，最大的保险公司是相互保险公司。1950 年，相互保险公司在美国大约占有 2/3 的寿险业务。截至 20 世纪 90 年代末，美国 110 家相互保险公司占了寿险业务总量的 40%以上，并且管理着整个保险业中人寿健康部分约 39%的资产②。但另一方面，相互公司没有机会利用股市来融资，从而对公司兼并造成困难。股份公司可以发行股票来集资购买另一个公司，而不会影响公司的财务实力；相互公司则必须用自己的盈余来购买另一家公司，这可能会遭到保户的反对。因此自 21 世纪初以来，缺乏股市融资的灵活性成为美国相互公司非相互化改组趋势的一个原因。一些相互公司为加速增长而改组为股份公司。例如：恒康（John Hancock）人寿在 2000 年 1 月改组为一个股份公司，成为控股公司——恒康金融服务公司的一个分支③；利宝互助集团（Liberty Mutual）在 2000 年改组为一个相互控股公司（Mutual Holding Company），目的在于可以为

---

① New York State Consolidated Laws, Section 216.
② 特瑞斯·普雷切特，等. 风险管理与保险 [M]. 孙祁祥，等，译. 北京：中国社会科学出版社，1998：466.
③ 英勇. 胡桃壳里的保险帝国 [M]. 北京：北京大学出版社，2003：132.

公司提供更灵活的管理体系和借助资本市场融资的机会[①];大都会人寿（MetLife）于 2000 年 4 月 5 日通过发行股票成为了股份公司,这次原始股发行为公司筹集了 44 亿美元资金,是美国历史上第七大的原始股发行[②],使其通过获得更多的兼并帮助公司未来的发展;普天寿金融集团（Prudential Financial）在 2001 年 12 月通过原始股发行改组为一个股份公司,这次股票发行为公司筹集了 40 亿美元的资金,这次非相互化促使集团于 2002 年以 12 亿美元购买拥有大规模的变额年金经营的美洲斯勘的亚（American Skandia）,从而使其在年金领域的排名从第 14 位上升到第 4 位。[③] 但是考虑到相互公司没有股票持有人与保险顾客之间的利益冲突,能够更好地帮助保险顾客去满足他们长期的财务需要,德法保险集团（State Farm Insurance Companies）、纽约人寿（New York Life）和另外一些相互公司则决定继续保持相互保险公司的形式。

美国的联邦政府保险公司一般是由联邦政府和州政府开办的,有的也由地方政府机构举办,其资本属于政府所有,业务经营具有垄断性,经营的业务均有专门的法律政策规范。政府保险公司在绝大多数情况下是自负盈亏的,但个别情况也可以由政府直接补贴,其经营的目的在于承担许多私人保险组织由于不能盈利等原因而放弃承保,但社会公众又急于投保的风险。涉及寿险业,美国联邦政府开办的业务主要在医疗和健康保险方面,如蓝十字和蓝盾及独立计划。蓝十字和蓝盾保险是根据各州专门法律组成的非盈利性组织,对其会员提供住院和医疗费用,这两种组织可以不受保险法的管辖,免缴很多税,但仍在州保险监督部门的监督之下。参加者每年需交付会员费,可获得范围广泛的保健服务。提供服务的医院或医生,从该组织而不是从病人那里领取报酬。蓝十字及蓝盾服务合同向被保险人提供的是医疗服务,并不向被保险人提供货币补偿。独立计划不同于一般保险公司,与蓝十字及蓝盾组织也没有直接关系。早期独立计划大多是由雇主或工会组织的待业性保障计划,参加者只限于企业雇员或工会人员,只有少数独立计划是由医疗机构组织的。

4.1.2 美国部分寿险公司股权结构分析

近年来,维朋公司（Wellpoint Inc）、尤那姆集团公司（Unum Group Inc）、联合健康集团公司（UnitedHealth Group Inc）和保德信金融集团（Prudential

---

① 英勇. 胡桃壳里的保险帝国 [M]. 北京：北京大学出版社, 2003：134.
② 英勇. 胡桃壳里的保险帝国 [M]. 北京：北京大学出版社, 2003：137.
③ Prudential 2002 Annual Report, p. 8.

Financial Inc）这四家公司无论从世界银行的排名还是从净保费收入来看，均位于美国寿险公司的前列。因此，本书以这几家寿险公司的股权结构（见表4－1）作为研究对象进行分析，以反映美国寿险公司近年来股权结构的特点。截至2010年12月31日，这四家寿险公司的股东数量分别为：维朋公司121个，尤那姆集团公司97个，联合健康集团公司113个，保德信金融集团93个。[①]

表4－1　　　　　　　美国部分寿险公司股权结构

股东类型	持股比例（%）			
	维朋公司	尤那姆集团	联合健康集团公司	保德信金融集团
保险公司	15.84	7.58	8.43	10.08
银行	20.42	23.73	26.19	18.77
工业公司	4.93	0.38	0.24	0.75
互助养老信托基金	15.44	18.53	13.59	7.35
金融公司	17.89	34.65	26.64	13.4
基础研究机构	1.22	1.31	0.44	0.86
私人股本公司	2.08	1.85	1.67	0.12
公共机关/州/政府	3.38	4.05	3.43	3.94
通过公司基金自己持有	—	—	—	0.11
合计	81.2	92.08	80.63	55.38

注：1. 各寿险公司股东持股比例的数据截至2010年12月31日。
2. 数据来源：根据ISIS—全球保险公司财务分析库，https://www.isis.bvdep.com/ip 整理得出。

由表4－1可以看出，这四家寿险公司的绝大部分股份都是由其股东持有，其中尤那姆集团公司的全部股东持股比例最高达到92.08%，即使是全部股东持股比例最低的保德信金融集团，这个比例也超过50%以上，这说明美国寿险公司的股权主要是由众多的机构投资者和私人投资者共同持有。从各家公司股东的持股比例来看，每个股东对其寿险公司的持股比例最高都不超过10%，四家寿险公司中尤那姆集团的股东FMR LLC via its基金公司是股东中持股比例

[①] Wellpoint Inc, Unum Group Inc, UnitedHealth Group Inc and Prudential Financial Inc No. of recorded shareholders [EB/OL]. ISIS—全球保险公司财务分析库，https://www.isis.bvdep.com/ip.

最高的，也只有9.02%[1]，说明美国寿险公司的股权结构比较分散，股东对单一公司的持股比例相对较低，具有较高的流动性。另外，从这四家寿险公司的股权结构情况还可以发现，美国寿险公司的股东中，银行、金融公司、保险公司以及互助养老基金所占的比例较大，即金融机构在寿险公司的股权中占有较高的比重。这种机构投资者同质性较高且利益趋于一致的情况有助于机构投资者之间的相互制衡，避免单一大股东"过度干预"而使其他利益相关者受到损害。

4.1.3 美国部分寿险公司经理激励机制分析

目前，净保费收入比较高且世界银行排名比较靠前的美国寿险公司主要有维朋公司（Wellpoint Inc）、尤那姆集团公司（Unum Group Inc）、联合健康集团公司（UnitedHealth Group Inc）以及保德信金融集团（Prudential Financial Inc），这些寿险公司的快速发展与其良好的经理激励机制有很大的关系。因此，分析研究这四家寿险公司的经理激励机制可以找到近年来美国寿险公司经理激励机制的主要特点。这些寿险公司的经理激励机制各有特点。

尤那姆集团专门规定了公司首席执行官（CEO）的激励机制。每年人力资本委员会将审查和批准与CEO薪酬有关的公司目标，设定目标或机会，根据这些宗旨和目标，评估CEO的业绩，并根据评价结果以基本工资，年度激励和长期激励为基础设置CEO的薪酬组成部分。在确定CEO薪酬的长期激励组成部分时，除其他因素外，该委员会还会考虑该公司的业绩、CEO在评估期间的个人表现、CEO的持股地位和目标、其他可比公司的CEO的类似奖励的价值、在过去几年的CEO颁奖以及委员会认为适当的其他事项。

维朋公司在要求由年度评估结果确定CEO薪酬之外，还专门规定了非雇员董事的薪酬和管理层的持股及控股要求。公司的治理委员会提出非雇员董事的薪酬应该以普通股的形式，并且每个非雇员董事有责任从2007年5月3日或董事加入董事会日期的第五周年开始拥有40万美元的公司普通股（包括递延股份及虚拟股票，而不是期权）[2]。为促使公司管理层与股东的利益保持一致，公司董事会认为管理层应该拥有一个有意义的本公司普通股的金额，从而

---

[1] Unum Group Inc shareholders table [EB/OL]. ISIS—全球保险公司财务分析库, https://www.isis.bvdep.com/ip.

[2] WELLPOINT, INC. CORPORATE GOVERNANCE GUIDELINES, As Amended February 3, 2011, p3.

要求公司 CEO 从 2007 年 5 月 3 日或其成为 CEO 的第十五周年开始，必须持有其基本工资五倍的股权。其他管理人员也有类似的要求，按照他们在公司的职位，持有股份为其基本工资的 1.5～3 倍不等。这些规定于 2010 年 1 月 1 日起生效，董事会要求 CEO 和其他成员先持有 50% 的来自于股票期权和限制性股票归属的利润股份，直至达到规定的持股要求①。

保德信金融集团较为注重长期经理激励，拥有比较全面的综合奖励计划和退休福利安排。2003 年 3 月通过的保德信金融公司综合激励计划（后来修订为"综合计划"）规定其股票奖励有股票期权、股票增值权、限制性股票、限制性股票单位、业绩的股份奖励以及业绩股。其中，每份股票期权授予有一个行使价不超过授出日期公司普通股的公平市场价值，并有 10 年的最长期限，一般前三年的每一年授予期权的 1/3，其参与者是雇员和非雇员（如执行本公司的服务和参与子公司的法定代理）；限制性股票份额是在指定的时间内授予给受某些转让限制和没收规定的雇员和非雇员参与者的普通股；限制性股票单位是一个在指定的时间内结束，无资金无担保权且受到没收和转让限制的普通股。通常限制性股票和限制性股票单位的限制都会在授出日期的第三年失效。限制性股票限售股的转让限制和没收的规定在其到期前均被看成非归属股份并且没有体现为流通股。绩效股份和业绩单位是以普通股计值的奖励，其数量取决于履行的期限或也可能根据某些业绩目标的满意度而被调整。业绩的股份奖励以普通股支付，业绩股的奖励以现金支付。2009—2011 年每年的 12 月 31 日，保德信金融集团加权平均授出日期当天授予的员工股票期权的公允价值分别为 9.83 元、18.00 元和 20.21 元；其公布的员工限制性股票、限制单位、业绩份额和单位奖励的公平市场价值分别为 3 400 万美元、5 600 万美元和 7 500 万美元。截至 2011 年 12 月 31 日，该集团综合计划下的 22 119 775 股的授予权仍然可用，其中包括之前根据购股权计划授权但未发行的股份②。另外，保德信金融集团还有几乎覆盖所有员工的资助及非资助非缴费的福利退休金计划。一些员工的福利以其最终的平均收入和服务年限为基础，而另一些员工的福利则以需要考虑到年龄、服务和收入的账户余额为基础。该集团还为其退休职工和受益人及其家属提供某些医疗保健和人寿保险福利，其中的医疗保健计划是缴费的，而人寿保险是非缴费的。实际上，绝大部分公司的美国员工在 55 岁

---

① WELLPOINT, INC. CORPORATE GOVERNANCE GUIDELINES, As Amended February 3, 2011, p6－7.

② Prudential Financial Inc Annual Report 2011, p209－211.

退休后再服务十几年或者在 50 岁退休后连续服务至少二十年，都有可能获得其他退休福利，保德信金融集团已经为其他退休福利分摊了超过 20 年的过渡义务，可见其退休福利安排考虑得非常周到。

联合健康集团公司的经理激励机制则主要建立在股票激励计划和递延补偿计划上。2011 年 5 月，联合健康集团公司的股东大会批准《2011 年股票激励计划》以吸引和留住其雇员和非雇员董事，为他们对公司的成功而付出的最大努力提供激励，并给予他们获得公司专有权益的机会。该计划包含本公司已经通过的《1998 年基础广泛的股权激励计划和非雇员董事的股票期权计划》、《1991 年股票激励计划》以及《2002 年股票激励计划》，允许公司向合格的雇员和非雇员董事授予股票期权、股票增值权、限制性股票、限制性股票单位、业绩奖励或其他股份奖励，并规定所有根据事先计划发行的且尚未行使的股票期权、限制性股票以及其他奖项将仍然维持原来的条款和条件。该公司以股份为基础的杰出奖项主要包括非限定的股票期权、股票增值权和限售股。截至 2011 年 12 月 31 日，根据联合健康集团公司以股份为基础的补偿计划，公司有 50 亿股可用于未来的以股份为基础的奖励补助，其中包括但不限于非限定的奖励、股票期权、股票增值和限制性股票的奖励 23 万美元。[①] 此外，联合健康集团公司还设有非限定无资金的递延补偿计划，受到计划的限制，允许某些高级管理人员推迟他们的部分工资或奖金并接受这样递延的某些公司的资金。递延记录在长期投资里，约等于在合并资产负债表的其他负债金额。总递延金额按终止雇佣的时间或其他时期进行分派。2010 年 12 月 31 日和 2011 年 12 月 31 日该公司的递延计划分别设置了 2.58 亿美元和 2.81 亿美元的递延资金。[②]

可见，美国寿险公司的经理激励机制以经济性激励为主，其经理人员的薪酬一般由基本工资、年度奖金、长期激励计划和福利计划组成。由于美国寿险公司股权结构比较分散，经理市场和资本市场很活跃，经理更迭非常频繁且不时发生恶意收购，因此，为防止寿险公司的高层经理人员过于重视短期利益，长期激励在美国寿险公司经理激励中占有很大比重。从上述四家寿险公司的综合奖励计划、股票激励计划和递延补偿计划等也可以看出长期激励机制在美国寿险公司经理激励机制中的重要地位。

---

① United Health UNH—2011‑Form 10‑K，p79.
② United Health UNH—2011‑Form 10‑K，p81.

4.2 英国寿险公司产权结构状况分析

4.2.1 英国寿险公司产权结构的变迁

英国是世界保险大国,也是保险历史最为悠久的国家。现存的世界上最早的寿险保单是 1583 年 6 月 18 日在伦敦签发的。被保险人名叫威廉·吉本斯,保单期限为一年,保额 382.68 英镑,保险责任由 16 名承保人分担,保费费率 8%[1]。此项保险曾在保险商会注册。英国最早的寿险组织是 1706 年英国人约翰·哈特莱经皇家特许与他人合伙在伦敦成立的协和保险社(Amicable Society for a Peretual Assurance Office)[2]。保险社将收取的保费进行投资,并根据保单的规定将所得红利或者用以减少保费,或者用以增加死亡给付金额。协和保险社于 1807 年获得经营人寿保险的特许状,1866 年与诺里奇联盟人寿保险社(Norwich Life Society)合并[3],它的成立对英国早期人寿保险事业作出了重要贡献。英国互助形式的寿险公司是在 1756 年辛普森和道森创立的人寿及贵族公平保险社(简称老公平,或公平保险社,Equitable or Society for Equitable Assurance on Life and Survivorships)的基础上效仿形成的,如 1806 年成立的伦敦寿命和节俭保险社(London Life and Provident)和 1815 年成立的苏格兰寡妇基金寿险社(The Scottish Widow's Fund and Life Assurance Society)都是以互助的形式开办保险业务。至今,英国仍然有 1/3 的寿险业务由互助形式的保险公司办理。2008 年,由英国金融服务监管局授权经营寿险业务的公司有 237 家,其中包括 44 家也被授权经营一般保险的寿险公司[4]。在英国大的跨国公司包括:荷兰全球人寿保险集团(AEGON)、法国安盛(AXA)、法国巴黎银行在英国的佳迪福银行保险集团[BNP Paribas(via Cardif Pinnacle)]、法国安盟甘集团(Groupama)、ING 集团和苏黎世金融服务集团(Zurich Financial Services)。由于管理基金和养老基金在许多其他国家的寿险公司中已不再经营,而英国寿险公司仍然提供长期储蓄产品,特别是养老金产品,使得英国寿险市

---

[1] 王友. 世界保险市场概况 [M]. 北京:中国文史出版社,1994:216.
[2] H. A. L. 科克雷尔,埃德温·格林. 英国保险史 1547—1970 [M]. 邵秋芬,颜鹏飞,译. 武汉:武汉大学出版社,1988:70.
[3] 王友. 世界保险市场概况 [M]. 北京:中国文史出版社,1994:216.
[4] United Kingdom Insurance Report 2010. P29.

场规模比较大，2008年英国成为仅次于美国的世界第二大寿险市场[①]。

英国的寿险公司主要采取股份有限公司和互助公司两种法定的组织形式，以互助性寿险公司居多（见表4-2）。

表4-2　　2010年英国部分寿险公司（含综合集团公司）概况

公司名称	实体类型	公司组织形式	股东数量	世界银行排名	净保费收入（美元）	净保费收入排序
AVIVA Plc（英杰华集团）	综合公司	股份公司	131	12	56 786 907	1
Prudential Plc（保诚人寿）	寿险	股份公司	144	23	38 461 177	2
Legal & General Group Plc（法通保险集团）	寿险	股份公司	124	15	8 372 288	3
Old Mutual Plc（英国耆卫保险集团）	综合公司	股份公司	72	36	5 607 617	4
Standard Life Plc（标准人寿）	寿险	股份公司	75	43	5 078 478	5
Friends Provident Life Office（友诚人寿）	寿险	互助公司	无	245	4 761 265	6
Liverpool Victoria Friendly Society Ltd	综合公司	互助公司	无	600	3 041 764	7
Resolution Limited	寿险	股份公司	70	55	2 016 363	8
NFU Mutual Insurance Society Limited	综合公司	互助公司	无	485	1 764 317	9
Royal London Mutual Insurance Society Ltd	寿险	互助公司	无	226	1 654 732	10
Wesleyan Assurance Society	寿险	互助公司	无	923	330 477	11
Homeowners Friendly Society Limited	寿险	互助公司	无	2 251	289 753	12
Royal Liver Assurance Limited	寿险	互助公司	无	1 178	249 896	13
Police Mutual Assurance Society Limited	寿险	互助公司	无	2 106	171 590	14
Tunbridge Wells Equitable Friendly Society Limited	寿险	互助公司	无	2 498	86 700	15
Exeter Friendly Society Limited	综合公司	互助公司	无	4 408	86 253	16

---

① United Kingdom Insurance Report 2010. P28.

表4-2(续)

公司名称	实体类型	公司组织形式	股东数量	世界银行排名	净保费收入（美元）	净保费收入排序
Teachers Provident Society Limited	综合公司	互助公司	无	2 474	86 144	17
Reliance Mutual Insurance Society Limited	寿险	互助公司	无	1 562	81 780	18
Society of Lloyd's	综合公司	互助公司	无	1 144	2 290	19

注：1. 股东数量和净保费收入的数据截至2010年12月31日。
2. 数据来源：根据ISIS—全球保险公司财务分析库，https://www.isis.bvdep.com/ip 整理得出。

从表4-2中可以看出，按净保费收入排序的英国前19家的寿险公司（含综合集团公司）中，互助形式的寿险公司居多，占68.42%，但互助公司的经营规模和业绩并不显著。2010年净保费收入排名前5位的英国寿险公司没有一家是互助公司，全部都是股份公司，且股东数量很多，股权很分散。表4-2中净保费收入排名前5位的寿险公司在世界银行的排名也位居前列，可见英国寿险股份公司的经营状况比较好。这主要是因为近年来英国寿险公司充分利用股市融资的灵活性，对公司进行了多次股权转让和公司并购，扩大了公司的经营规模。例如：1696年成立的英杰华集团（AVIVA Plc）在2006年美国《财富》杂志公布的全球500强企业中排名第28位，是英国最大、世界第五大保险集团[1]。现在的英杰华集团是经过1998年商业联合保险公司（Commercial Union Plc）和保众保险公司（General Accident Plc）的合并，2000年商联保险集团（CGU）和诺威治联合公司（Norwich Union Plc）的合并以及2005年对英国皇家飞行俱乐部（RAC）的收购的基础上发展而来的[2]。它主要经营长期储蓄、基金管理和其他普通保险，是欧洲提供寿险和养老险产品的领先者之一。1848年成立的英国保诚人寿提供全世界的人寿保险，在1997年9月完成了对苏格兰友好的收购并如期将其常惠顾客增加了大约140万人。之后在1999年4月，公司购买了MG集团（M&G Group Plc）的全部股份，同年的11月公司还获得了中国台湾Chinfon人寿保险公司（Chinfon Life Insurance Compa-

---

[1] 英杰华集团简介 [EB/OL]. http://baike.baidu.com/view/1068858.htm.
[2] AVIVA Plc Company History [EB/OL]. ISIS—全球保险公司财务分析库，https://www.isis.bvdep.com/ip.

ny of Taiwan）的主要控制权①。英国耆卫保险集团（Old Mutual Plc）在1999年5月进行了股份化改造，并于2000年1月出价购买了杰拉德集团（Gerrard Group Plc）的全部股份。2002年9月，公司又完成了对美国巴尔的摩的忠诚与保证人寿保险公司（F&G Life, a Baltimore-Based Insurance Company）的购买②。友诚寿险公司（Friends Provident Life Office）也经历了一系列的股份化过程，使公司成为经营规模较大的上市公司。1998年2月友诚寿险公司获得了象牙及森那美投资管理公司（Ivory & Sime Plc）的控股权益，公司所属的资产管理附属机构与Ivory & Sime合并形成了友诚象牙及森那美公司（Friends Ivory & Sime Plc），拥有友诚集团子公司63%的股权。1998年9月11日，友诚寿险公司又获得伦敦和曼彻斯特集团公司（London and Manchester Group Plc）的全部股份。1999年2月12日，友诚象牙及森那美公司购买了伦敦和曼彻斯特投资组合管理有限公司 [London and Manchester（Portfolio Management）Limited] 与伦敦和曼彻斯特财产资产管理有限公司（London and Manchester Property Asset Management Limited）的全部股份。1999年5月4日，友诚宣布将寻求批准它的成员公司股份化并成为一家拥有在伦敦股票交易所上市的股东的公司。最终友诚寿险公司于2001年7月9日成功股份化并在伦敦股票交易所上市③。

4.2.2 英国部分寿险公司股权结构分析

英国的标准人寿（Standard Life Plc）、保诚人寿（Prudential Plc）以及法通保险集团（Legal & General Group Plc）是英国寿险公司中主要的三家股份制寿险公司，因此这三家寿险公司的股权情况（见表4-3）基本能够反映出英国寿险公司股权结构的特点。

---

① Prudential Plc Company History ［EB/OL］. ISIS—全球保险公司财务分析库, https://www.isis.bvdep.com/ip
② Old Mutual Plc Company History ［EB/OL］. ISIS—全球保险公司财务分析库, https://www.isis.bvdep.com/ip
③ Friends Provident Life Office Company History ［EB/OL］. ISIS—全球保险公司财务分析库, https://www.isis.bvdep.com/ip

表4-3　　　　　　　　英国部分寿险公司股权结构

股东类型	标准人寿 持股比例(%)	标准人寿 股东数量	英国保诚集团 持股比例(%)	英国保诚集团 股东数量	英国法通保险公司 持股比例(%)	英国法通保险公司 股东数量	备注
保险公司	2.18	7	12.94	16	17.98	16	
银行	8.66	22	24.47	43	21.28	33	保诚集团有2个股东，没有股东持有的该项比例数据
工业公司	0.89	3	3.41	9	1.83	6	
互助养老信托基金	6.27	11	13.71	22	9.59	25	标准人寿有3个股东，保诚集团有7个股东，英国法通有5个股东，没有股东持有的该项比例数据
金融公司	9.87	5	11.65	11	13.46	8	
通过公司基金自己持有			0.52	1	1.98	1	
以家庭的个人命名的一个或多个股东		17		29		27	三家寿险公司都没有股东持有的该项比例数据
基础研究机构	0.36	1	0.13	1	0.56	1	
私人股本公司			3.27	3			保诚集团有1个股东，没有股东持有的该项比例数据
公共机关/州/政府	2.63	8	6.67	9	2.59	7	
合计	30.86	74	76.77	144	69.27	124	

注：1. 各寿险公司股东持股比例的数据截至2010年12月31日。
　　2. 数据来源：根据ISIS—全球保险公司财务分析库，https://www.isis.bvdep.com/ip整理。

由表4-3可以看出，英国寿险公司股东持有全部股份的比例没有美国寿险公司高，三家公司中最高比例的是英国保诚集团为76.77%，比例最低的是标准人寿，只有30.86%。标准人寿的总持股比例较低的主要原因在于全球保险公司财务分析库中没有提供一些通过公司基金自己持有股份和由家庭的个人命名的一个或多个股东持有股份的数据资料，缺少统计资料造成的。如果仅从股东数量上来看，英国寿险公司的股权和美国一样，都是由众多的机构投资者和私人投资者共同持有的，其股东数量很多，股权也比较分散，几家寿险公司的所有股东中，持股比例最大的也只有美国资本投资集团公司（CAPITAL GROUP COMPANIES, INC.）通过它自己的基金投资英国保诚集团的10.17%。在英国，银行、金融公司、保险公司以及互助养老基金这几家机构投资者所持寿险公司股份的比例也较大，表4-3显示出这几家机构投资者的持有英国保诚集团和法通集团股份的总比例都超过了50%。另外，除了与美国寿险公司相同的股权构成之外，英国寿险公司的股权结构中还有通过公司基金自己持有股份和由家庭的个人命名的一个或多个股东持有股份，可见英国寿险公司的私人股东非常多，股权分散程度比美国更大。

4.2.3 英国寿险公司经理激励机制分析：以标准人寿和法通保险集团为例

英国寿险公司的经理激励机制主要由基本工资、福利、养老保险、年度奖金、长期奖励计划以及股权准则构成。表4-4列出了英国法通保险集团执行董事薪酬的主要特点总结，它也可以在一定程度上反映出英国寿险公司经理激励机制的主要特点。

表4-4　英国法通集团执行董事薪酬的主要特点总结

薪酬福利要素	作用	主要政策	主要运作要点
基本工资	帮助招募和留住关键员工；反映公司的个人经验和作用	根据特定的个人技能和经验制定；新的任命可设定低于中等市场水平的工资并在2~3年内达到中等市场水平；根据其他组织的工资预算给执行董事加薪等	按月以现金支付；委员会审查的时段固定为每年1月1日开始的12个月；高级管理人员的工资增加包括汽车津贴和医疗保险的普通福利；2011年开始，董事加薪均需符合董事会以下一般管理人员薪酬审议的预算设置并且薪金的递增政策面向中等市场水平
年度奖金	激励高管实现预定目标；持续对核心价值的管理和贡献进行奖励；为递延奖金和授予股份保留资金	参照市场设置最高奖金（目前基本工资的125%）；设置所有执行董事的基本工资75%的目标奖金（最高奖金的60%）；设置递延奖金的百分比以及授予的股份	奖金在年底由委员会依据个人的业绩决定；通常奖金的62.5%以现金支付，37.5%以持有三年的递延股份支付；如果发现支付奖金的绩效不正确的，递延部分可能被没收；2010年授予了基本工资的91.4%~112.4%的奖金

表4-4(续)

薪酬福利要素	作用	主要政策	主要运作要点
绩效股份计划	激励高管实现对股东的高回报；通过建立股份制使管理人员与股东的利益一致；为主要的管理人员保留一个为期三年的履行期限	每年有条件股份的奖金取决于其后三年测定的相关股东总回报(TSR)；执行董事通常获得每年200%的工资补助；2011年执行董事的奖金已定为工资的200%	一半奖金取决于集团TSR相对于富时100指数的排名，另一半奖金取决于TSR相对于FTSEuro前300以及不在FTSEuro前300的任何的富时350寿险公司保险成员的排名，且这两个条件是独立的；本集团TSR的排名，若在20%或以上，则全部获奖金，若在中间，只能得到奖金的四分之一，若靠后，则得不到奖金；薪酬委员会也会评估转出的TSR是否是相关财务业绩的反映并可能会减少奖金的赋予，且只可酌情减少奖金的水平而不会增加
养老金	持续的贡献的奖金	提供有竞争力的退休福利；没有对公众的补偿	参加一组退休金计划；根据服务到退休的年限累计福利；2009年开始，福利退休金计划里的养恤金已被限制在每年2.5%的最高增幅；为加强保护，终身津贴执行董事选择现金；新执行董事基本工资的15%进入定额供款退休金计划(他们自己贡献5%)
股权准则	保证执行董事和股东的利益一致	集团行政总裁需要建立和维持基本工资200%的股权和其他执行董事基本工资的100%	高管通过获得本集团股权激励计划的股份持股，也可考虑现有持股和股票收购市场；2011年起，扩大对董事会级别以下的高级管理人员持股要求并鼓励他们持有其工资50%的股份

资料来源：根据 LEGAL & GENERAL GROUP PLC ANNUAL REPORT AND ACCOUNTS 2010 整理。

英国标准人寿公司的经理激励机制在保持上述特点的基础上，对经理激励机制又进行了新的改进。2010年英国标准人寿推出了一个新的年度奖金计划。这个计划采用绩效记分卡，设置集团和个人本年度的成果。执行董事奖金的级别主要是依据交付给集团的记分卡。根据个人量身订制的个人记分卡列出全面的财务、战略、客户以及人才目标，具有健全的风险管理，对每一个基础性能都进行了测试。为了反映出标准人寿从人寿和养老金公司向领先的以客户为中心的长期储蓄和投资企业的转变，公司对个人记分卡这一新战略设置了一个重要的权重即36%。个人计分卡的财务要素也反映出国际财务报告准则中作为盈利核心指标的利润的变化。通过记分卡的测量使执行董事的年度业绩与奖金挂钩。标准人寿投资公司的最高层管理人员的年度奖金还受到两个级别的控制，即先由标准人寿投资公司的董事会审查标准人寿投资公司的财务业绩，在考虑到整体业绩和风险水平后提出支付奖金的水平，然后再将其交由薪酬委员会负责审查并最终确定应支付的金额。另外，标准人寿的薪酬委员会以国际财务报告准则计算的经营利润为基础，通过长期的成功测量，制定出统一的集团长期奖励计划（Group Long - Term Incentive Plan，LTIP），确保公司的战略与实现国际财务报告准则的可持续经营利润保持一致。目前，标准人寿的委员会以对集团的 LTIP 目标进行了改进，即衡量业绩收益从以内含价值为基础转变为以国际财务报告准则计算的经营利润为基础，确保激励计划同集团策略行为一致。具体操作上，其薪酬委员会批准以国际财务报告准则计算的经营利润为基础来衡量整个 2010 年和 2009 年奖励的三年履行期限（2010 年和 2011 年）的后两年的奖项，而 2009 年业绩奖励的第一年期间（2009 年）继续采用内含价值回报（Return on Embedded Value，RoEV）业绩[1]。这种变化以提升股东价值为首要目标，为公司长期股价业绩以及累进股息政策提供支持。委员会通过对基于风险的基础长期奖励计划颁奖的方式认识到健全的风险管理的重要性。与此同时，标准人寿现在的奖金计划和 LTIP 还加入了提供回补，即如果后来发现行为不当或者如果从奖金奖励或 LTIP 获得的日期开始，本公司的财务报表重列的时间达到两年，薪酬委员会就得寻求待偿还的奖励。从上述标准人寿公司经理激励机制的种种改革措施可以看出，英国寿险公司经理激励机制越来越注重对风险因素的考虑，即将风险管理有效融入经理激励机制已经成为英国寿险公司经理激励改革的趋势。

4.3 日本寿险公司产权结构状况分析

4.3.1 日本寿险公司产权结构的变迁

日本在世界保险市场上占据举足轻重的地位。日本在明治维新（1868 年）以前没有什么系统的保险业，只是断断续续地产生过类似的保险制度。其最早的寿险公司是明治 14 年（1881 年），由阿部泰藏氏发起成立的"明治生命"。后来，明治 21 年（1888 年）设立"帝国生命"（"朝日生命"的前身），明治 22 年（1889 年）"日本生命"开业，从此开始使用日本人藤泽利嘉太郎创造的生命表计算费率（在这以前是用英国的生命表）。从 19 世纪末起，曾经出

---

[1] Standard Life Plc Annual Report and Accounts 2010, p72.

现过大大小小的寿险公司，一度达300多家。但是长期以来经济起伏，加上战乱与灾荒等因素，很多公司在混乱的竞争中自生自灭了。鉴于这种情况，日本政府于1900年制定了"保险业法"，加强了对保险业的监督和管理。根据这一法令，非营利的"第一生命"相互会社于1902年成立，"千代田生命"于1904年成立。这几家都是日本历史上著名的寿险公司，其市场占有率几乎达到50%①。日本寿险业虽然起步较晚，但目前已成为世界寿险业较为成熟的国家。

20世纪90年代，日本逐渐迈入老龄化社会，面对日本国民不断增加的寿险需求，日本寿险业曾经历过一段高速发展的时期，使其市场规模一直处于世界前列，人寿保险已经深入日本的国民生活，国内的寿险公司达到31家，即（简称）：第一、千代田、大正、富国、日本团体、协荣、日本、朝日、安田、明治、大同、东京、三井、日产、住友、第百、大和、平和、东邦、太阳、西武（SAISON）、索尼人寿（Sony Life）、依纳（INA）、日本信贩（NICOS）、保诚（Prudential）、欧锐科人寿（Oricolife）、奥瑞科斯（ORIX）、大都会人寿保险（ALICO）、日本（JAPAN）、美国家庭人寿（AFLAC）、国民人寿（National Life）②。但是20世纪90年代的日本泡沫经济崩溃对寿险业造成了较大的冲击，日本寿险公司的经营环境逐渐恶化，1997—2001年先后倒闭了七家寿险公司③，其中相互制寿险公司4家，即日产生命、东邦生命、第百生命和千代田生命，股份制寿险公司3家，即大正生命、协荣生命和东京生命。与此同时，由于股价暴跌和低利率的影响使日本七大寿险公司的投资收益受到影响并发生客户退保风潮，使其经营业绩越来越恶化，它们分别是日本生命、第一生命相互公司、住友生命、富士生命、朝日生命相互公司、三井生命以及安田生命。2008年10月10日，在日本寿险公司排行第33位、具有119年历史的大和生命保险股份有限公司（大和生命保险株式会社），也因无法忍受来自美国并横扫欧美的金融风暴，向媒体宣布其经营失败，进入了破产行列④。日本寿险业在其经济环境不断恶化以及全球金融危机的严重冲击下已经逐渐进入衰退时期。

日本寿险公司的产权结构随着其寿险的发展状况有所改变。日本的寿险公司从公司经营所有权的角度大体可以分为国家或其他公共团体经营的"公营保险"（如：邮政省司管的简易人身保险、厚生省司管的社会保险等）和私人

---

① 王友. 世界保险市场概况［M］. 北京：中国文史出版社，1994：19.
② 王友. 世界保险市场概况［M］. 北京：中国文史出版社，1994：24.
③ 郝玉山，张钢军. 日本寿险业的"三座大山"［N］. 中国保险报，2003-06-05.
④ 沙银华. 日本大和生命是如何倒闭的？［EB/OL］. 中保网·中国保险报，2008-10-16. http://www.sinoins.com/news/101422/30373.html.

经营的"民营保险"。其中，民营保险最有影响力，其最高领导为"主管大臣"，是由大藏大臣来担当的。民营保险分为由保险公司经营的保险和相互保险合作社等经营的保险，而保险公司又分为股份公司和相互公司。股份公司在提取法定公积金时，如果在每个决算期提取作为利润分配支出金额的 20% 以上，在每次分红时提取该分配额的 20% 存入法定保险金账户，直至累积提存额达到其资本额时，可以不再提取。在相互公司中，投保人就是公司的成员，向公司交纳保险费，从事相关的保险，且公司对此保险业务进行给付，出现盈余时，公司对成员进行分配。20 世纪 90 年代，在日本泡沫经济崩溃发生之前，相互保险公司是日本原八大寿险公司唯一的组织形式。1997 年日本的寿险公司总共有 44 家，其中相互公司 16 家，股份有限公司 28 家，并且这 16 家相互公司的总资产占全部日本寿险公司总资产的 91.7%，到 2003 年 3 月，这个比例仍然达到 85%。[①] 可见，这种保险形式在日本的寿险领域占有很重要的地位。

随着经济全球化以及大型金融控股集团的出现，相互保险公司却因公司形式的原因，不能成为控股公司无法展开自己的竞争机能。因此，将相互保险公司转向股份保险公司已逐渐成为寿险公司进一步发展的趋势。但是日本寿险公司是经过数家公司经营失败之后，才被动地将相互公司转制成股份制公司。到 21 世纪，为了能在激烈的竞争中得以生存和发展，2002—2004 年，千代田生命、大同生命、大和生命、太阳生命以及三井生命等日本寿险公司先后进行转制，实行了公司股份制。截至 2009 年，在 46 家日本寿险公司中，只有日本生命、第一生命、明治安田生命、住友生命、富国生命、朝日生命没有进行转制，不过这六家寿险公司的市场占有率占到整个日本寿险业的一半[②]。虽然从相互公司转制到股份公司需要开支巨额的转制费用，但 2010 年日本第二大寿险公司"第一生命保险相互公司"成功地转制为股份公司的事件表明日本相互保险的根基已经动摇。

4.3.2 日本部分寿险公司股权结构分析

近年来在日本寿险公司中保费收入排名比较靠前的寿险公司有：2004 年 4 月 1 日成立的 T&D 股份有限公司（T&D Holdings Inc）；1907 年 5 月 11 日创立

---

① 沙银华. 相互保险根基动摇 日本寿险转向股份制增多 [N]. 中国保险报，2009-06-09 (7).

② 沙银华. 相互保险根基动摇 日本寿险转向股份制增多 [N]. 中国保险报，2009-06-09 (7).

的住友生命保险公司（Sumitomo Life Insurance Company）；1889年7月4日创立的日本生命保险相互会社（Nippon Life Insurance Company）；2004年由明治保险相互会社和安田保险相互会社合并新成立的明治安田生命相互会社（Meiji Yasuda Life Insurance Company）；1902年9月15日创立、2010年4月1日改制为股份制公司的第一生命保险株式会社（Daiichi Life Insurance Company Limited）以及1996年成立的富国生命保险相互会社（Fukoku Mutual Life Insurance Company）。其中，T&D股份有限公司和第一生命保险株式会社是股份制寿险公司，其他公司是相互制寿险公司。由于相互制寿险公司没有股东，因此本书只列出两家股份制寿险公司的股权结构情况（见表4-5）。

表4-5　　　　　　日本部分股份制寿险公司股权结构

股东类型	T&D股份有限公司 持股比例(%)	T&D股份有限公司 股东数量	第一生命保险株式会社 持股比例(%)	第一生命保险株式会社 股东数量	备注
保险公司	0.31	2	2.4	4	T&D和第一生命各有1个股东，没有股东持有的该项比例数据
银行	7.85	14	2.99	16	T&D有3个股东，第一生命有5个股东，没有股东持有的该项比例数据
工业公司	1.72	3	2.61	4	T&D有1个股东，第一生命有2个股东，没有股东持有的该项比例数据
互助养老信托基金	1.3	9	2.6	5	T&D有5个股东，第一生命有1个股东，没有股东持有的该项比例数据
金融公司	1.65	3	0.94		
其他未命名股东合计		1			T&D有1个股东，没有股东持有的该项比例数据
公共机关/政府	2.28	3	1.67	3	
合计	15.11	35	13.21	32	

注：1. 各寿险公司股东持股比例的数据截至2010年12月31日。

2. 数据来源：根据ISIS—全球保险公司财务分析库，https://www.isis.bvdep.com/ip 整理得出。

在日本，家庭、工业企业联盟、银行和控股公司等构成日本寿险公司典型的内部人集团。由表4-5可以看出，两家寿险公司中银行、工业公司及互助养老信托基金这三种类型的股东持股比例比较大，显示出日本寿险公司的股权大部分都由内部人集团持有的基本特征。另外，T&D股份有限公司的银行持股比例高达到7.85%，则说明日本寿险公司的股权结构非常注重银行的参股。日本寿险公司之间及其与银行等非保险金融机构之间经常通过相互持有对方的股份，加强寿险公司与银行等金融机构的关联，使它们之间相互依存以及相互制约，形成日本寿险公司稳定的股权持有者，持股公司也非常注重长期利益及彼此的长期交易协作关系。

4.3.3　日本寿险公司的经理激励分析：以第一生命保险株式会社为例

日本寿险公司经理激励主要由基本年薪、奖金和福利组成。与美国相比，日本寿险公司经理有较高的非现金报酬，即雇主给经理交纳的社会保险和其他福利项目等，而且这些非现金报酬受到寿险公司经理职位的很大影响。日本寿险公司高层经理人员的薪酬水平明显比美国和英国等国家低，但其经理效率却毫不逊色，主要原因在于日本寿险公司的股权相对集中，股东和债权人有条件和积极性参与公司的管理和监督。通常，日本寿险公司的高层经理人员总是在与总裁委员会定期会面并达成一致的基础上才会做出决策，这种情况下其高层经理实际上受到了强有力的约束，这种约束就会导致因发生公司业绩不佳而使包括总经理在内的高层经理人员都被解雇的情况发生。因此，在日本寿险公司高层经理人员的薪酬结构中，一直以来只有很少或几乎没有长期激励，导致日本寿险公司高层人员缺乏长期激励收入。

然而，日本寿险公司在从相互制转向股份制的过程中，也开始逐渐注重长期激励机制的发展。日本第一生命株式会社近年实行的股票授予信托（J-ESOP）以及公司员工退休福利计划都显示出日本寿险公司经理机制的重大变革。从2011年3月31日的会计年度起，日本第一生命公司建立了股票授予信托。这是一项针对中级管理层的激励机制，对满足股票授予规定条件的人员授予股票，以激励他们提升企业价值，改善财务状况，提高股价。通常采用两种激励方式：一种是将他们的退休福利与公司的股价、财务状况挂钩；另一种是与股东分享经济利益。公司根据每一位管理层人员对公司的贡献授予积点，并根据其退休时的累计积点授予相应的股票。这些股票，包括将来用于授予的股票，通过J-ESOP信托中的资金购买。J-ESOP信托独立于公司管理。考虑到J-ESOP信托的经济实质，其资产（包括持有的公司股票）和负债计入公司截至2011年3月31日的合并资产负债表、合并利润表、合并综合收益表、合并净资产变动表和合并现金流量表。2011年3月31日，日本第一生命公司的股票授予信托持有45 000股公司普通股①。第一生命公司还对其经理建立并推行了一系列福利计划，如设定受益的公司养老金以及一次性退休补贴等。另外，第一生命公司的一个合并子公司第一生命信息系统有限公司（Daiichi Life Information System Co. Ltd）推行一项一次性退休补贴加免税养老金的退休福利计划，而其他子公司则仅推行了一次性退休补贴的退休福利计划。可见，伴随着日本寿险公司产权结构的变革，公司原有的只追求短期利益的高层经理激励机制已不适应现代股份制寿险公司的发展，在保持现有短期激励措施的基础上，完善长期激励机制应该是日本寿险公司的经理机制改革的方向。

4.4 中国台湾地区寿险公司产权结构状况分析

世界保险业的发展历史告诉我们，保险的消费习惯及与之相对应的市场营销模式同一个民族的文化背景息息相关。中国台湾和大陆的寿险业都经历了从一个封闭的市场走向一个开放的市场的过程。2010年，台湾地区的经济总量虽然只相当于大陆的7%，年保费收入却超过大陆1/3②，保费收入列全球第12位。台湾的保险深度达到18.4%居世界第一，人均保费居世界第17位（3 296美元），而大陆地区的人均保费尚不及台湾地区的5%③。台湾保险业的世界地位是依靠寿险而强大的，其寿险资产额为大陆的0.6倍，且资产额在24年间增长了110倍④。虽然台湾保险业的发展历史和环境与大陆有很大区别，但仍有一些共性的地方值得参考，总结和分析台湾地区寿险公司产权结构的变迁，对促进大陆寿险公司的发展有一定的参考意义。

---

① 日本生命株式会社2011年报，P60.
② 罗毅，洪锦屏，王宇航. 跨海趁春风，寿险可先行——借鉴台湾保险业的发展之路［EB/OL］. 招商证券行业研究专题报告，2012.2.1. http://www.newone.com.cn/researchcontroller/detail?id=0000000000030445.
③ 中国保险年鉴编辑部. 中国保险年鉴2011［M］. 北京：中国保险协会出版，2011：959-963.
④ 罗毅，洪锦屏，王宇航. 跨海趁春风，寿险可先行——借鉴台湾保险业的发展之路［EB/OL］. 招商证券行业研究专题报告，2012.2.1. http://www.newone.com.cn/researchcontroller/detail?id=0000000000030445.

4.4.1 中国台湾地区寿险公司产权结构的变迁

中国台湾地区寿险公司产权结构的变迁可以概括为三个时期。第一个时期是20世纪60年代之前，当时所有保险机构均为公营。1945年日本在台湾地区的保险公司开始由台湾省保险会社监理委员会接管。台湾最早的保险公司是1947年正式开业的台湾人寿和台湾产物保险公司。第二个时期是1960年后，台湾地区有限度地放开民营资本投资设立保险公司。1961年台湾放开设立民营保险公司，富邦产险（原名国泰产险）就是那个时期台湾的第一家民营保险公司。自1962年开始，先后成立了国泰人寿、南山人寿、新光人寿等。为了满足台湾地区经济腾飞时期贸易自由化和产业高速发展的需求以及日益富裕的居民的金融保险需求，台湾金融保险业开始了一系列的改革和大幅度的开放。1986年允许外商保险公司在台湾设立分公司；1993年允许私人申请设立保险公司；1994年宣布全面开放台湾的保险市场；1995年3月台湾开始实施全民健康保险制度。截至2000年，台湾的人寿保险公司为31家，其中，本地资本的17家，外商资本的14家[1]。第三个时期是2001年台湾出台"金融控股公司相关规定"，促进了台湾金融机构的调整和整合，台湾寿险公司进入全面发展时期。2000年以来，台湾寿险业增长略有放缓，而随着"金融机构合并规定"和"金融控股公司规定"的颁布，台湾银行保险业取得快速发展。2001—2002年，台湾一共成立了14家金融控股公司，其中的富邦金控、国泰金控等都是由从保险业起家发展而来的，从而走向多元化的经营道路[2]。

4.4.2 中国台湾地区主要寿险公司股权结构分析

自2001年中国台湾地区进入金融整合的时代以后，台湾的寿险公司得到了长足的发展。截至2010年，台湾保险业有本土人寿保险公司23家，外商人寿保险分公司8家[3]。2011年上半年，台湾寿险公司中经营业绩最好的两家公司是国泰人寿和富邦人寿，其保费收入占整个台湾寿险业总保费收入的比例分别为27%和22%，两家保费收入之和几乎占整个台湾寿险市场新契约保费收

---

[1] 贾林青. 保险法[M]. 北京：中国人民大学出版社，2006：61.
[2] 中国保险监督管理委员会赴台湾地区考察组. 考察台湾地区保险市场的若干思考[J]. 保险研究，2011（3）：122-127.
[3] 中国保险年鉴编辑部. 中国保险年鉴2011[M]. 北京：中国保险协会出版，2011：955.

入的50%①。

国泰人寿良好的业绩得益于其不断改善的股权结构。国泰人寿在1962年台湾当局开放民营人寿保险公司设立权时创立，创立时资本额为新台币2 000万元，由发起人等共同认股200万元外，并由经济部证券管理委员会核准公开募股，股款一次募足，并于1964年11月7日股票正式上市，成为台湾当时唯一财务公开，企业大众化的民营保险公司②。2001年成立国泰金融控股股份有限公司，国泰成为一个整合产险、寿险、银行以及证券等金融机构的金融控股公司，并连续11年获得《管理》杂志评选"理想品牌"第一名，台湾金融业唯一入选财富杂志全球500大企业③。

富邦人寿也经历了一系列的股权结构的变动。2001年富邦金融控股公司挂牌上市，成为台湾首家成立的金融控股公司。2003年富邦金控同阿拉伯银行集团签约，收购香港港基银行55%的股权，成为台湾首家并购香港银行的金融企业。2008年富邦金控宣布以6亿美元并购ING安泰人寿，合并后富邦人寿与ING安泰人寿合计总保费收入的市场占有率上升至台湾市场第二，初年度保费收入的市场占有率则维持台湾市场排名第二，合计总资产约达1兆元，市场排名也上升至第四。2009年6月1日，富邦人寿与安泰人寿正式合并，合并之后富邦人寿总保费和初年度保费收入名列台湾市场第二④。

中国台湾地区的大部分寿险公司都采取股份公司或控股公司的形式（见表4-6）。根据表4-6中台湾部分寿险公司股权分布的情况，我们发现，虽然台湾地区各寿险公司也拥有众多的股东，股权比较分散，但与美国和英国的寿险公司不同，台湾地区大部分寿险公司的个人持股和其他法人持股的比例很大，而金融机构的持股比例相对来讲是比较小的。表4-6的八个寿险公司中，只有国泰人寿是由金融机构持股100%，这主要因为国泰人寿是国泰金融控股股份有限公司100%持股的子公司，而其他寿险公司的金融机构持股比例都很小，比例最高的只有台湾人寿是3.58%。台湾地区寿险公司这种中小股东分散持股的股权结构，有利于避免单一股东权利过大的问题。在目前这种情况

---

① 陈世岳：台湾寿险市场业务概括 [EB/OL]．中国保险报，中国保险学会网．2011-09-20．http://www.iic.org.cn/D_newsDT/newsDT_read.php?id=72346.

② Taiwan Insurance Report Q4 2011. Published by: Business Monitor International. Copy deadline: October 2011. P43.

③ 国泰人寿公司简介：企业沿革 [EB/OL]．国泰人寿保险股份有限公司网页，https://www.cathaylife.com.tw/bc/B2CStatic/ext/pages/about/intro/history/abt_corp_1.html.

④ 关于富邦金控：大事记 [EB/OL]．富邦金融控股股份有限公司网页，http://www.fubon.com/financial/financial_about/000financial_about_12.htm.

表4-6　　中国台湾地区部分寿险公司股权分布情况一览表

序号	公司名称	主要股东股权分布情况	数据截止日期
1	国泰人寿（Cathay Life Insurance Co., Ltd.）	金融机构持股100%，为国泰金融控股股份有限公司100%持股子公司	2011年4月12日
2	富邦金融控股公司（Fubon Financial Holding Company Limited）	政府机构持股14.62%，金融机构持股1.79%，其他法人持股27.95%，个人持股24.05%，外国机构及外国人持股31.59%	2011年4月30日
3	新光金融控股公司（Shin Kong Financial Holding Co., Ltd.）	政府机构持股1.98%，金融机构持股1.62%，其他法人持股29.56%，个人持股42.87%，外国机构及外国人持股23.97%	2011年4月12日
4	台湾中国人寿（China Life Insurance Company Limited）	政府机构持股0.75%，金融机构持股1.98%，其他法人持股29.81%，外国机构及外国人持股47.29%，个人持股20.17%	2011年4月26日
5	台湾人寿（Taiwan Life Insurance Co., Ltd.）	政府机构持股20.77%，金融机构持股3.58%，其他法人持股42.43%，外国机构及外人持股2.39%，个人持股30.83%	2011年4月12日
6	南山人寿（Nan Shan Life Insurance Co., Ltd.）	法人持股0.000 13%，润成投资持股97.57%，天主教会持股0.05%，其他公司持股0.01%，个人持股0.180 25%	2011年10月7日
7	远雄人寿（Far Glory Life Insurance Co., Ltd.）	信宇投资90%，个人持股10%	2011年4月11日
8	宏泰人寿（Hontai Life Insurance Co., Ltd.）	法人持股7.22%，其他公司持股35.6%，个人持股3.53%，外国机构持股10.46%	2011年9月23日

注：1. 数据资料来源：根据中国台湾各寿险公司网站公布的2010年报数据整理得出。

2. 由于数据资料有限，宏泰人寿和南山人寿的持股比例为持有公司股份占前十名的股东持有股权的情况，非全部股东的持股情况。

下，这种股权结构对寿险公司的治理和发展有促进作用，但股权过于分散会使股东具有较高的流动性，股权结构不稳定，各投资者之间容易出现"搭便车"的问题，最终对寿险公司的长期治理将产生较大的影响。由于台湾地区寿险公司的规模比美国和英国寿险公司小，因此这种过于分散的中小股东持股状况对寿险公司目前的经营治理产生的影响还不大，但从英、美寿险公司股权结构经历的演变过程来看，由中小股东分散持有公司股份转型为由金融机构的投资者集中持有股份依然是寿险公司股权结构发展的必经阶段,这有利于促使机构投资者对寿险公司实施"积极的大股东治理"。

4.4.3 中国台湾地区主要寿险公司经理激励机制分析

中国台湾地区各家寿险公司的经理激励机制基本上是相同的,每家寿险公司都将公司的高级管理人员分成董事、监察人、总经理及副总经理这几个类别,并且根据高管人员所处的不同类别设置不同的经理激励构成方式,具体构成要素如表4-7所示。

表4-7 中国台湾地区寿险公司经理激励机制构成要素一览表

高管人员类别	经理激励构成要素
董事	报酬;退职退休金;盈余分配的酬劳;业务执行费用; 若董事兼任员工还要领取相关酬金,包括:薪资、奖金及特支费; 退职退休金;盈余分配员工红利;员工认股权凭证的认购股数
监察人	报酬;盈余分配的酬劳;业务执行费用
总经理及副总经理	薪资;退职退休金;奖金及特支费等;盈余分配的员工红利金额

资料来源:根据台湾人寿、国泰人寿、新光金控、台湾中国人寿及富邦金控2010年年报整理。

台湾各家寿险公司的经理激励机制除建立在上述构成要素上的基础上,各家公司对公司高级管理人员的薪酬给付政策、薪酬制定的标准和程序以及与公司经营绩效的相关性等方面则有不同的规定,具有各自的特点。特点比较突出的寿险公司是新光金融控股公司和台湾人寿。

新光金融控股公司在薪酬政策、标准和程序上按不同的人员类别和不同的薪酬设定项目制定了详细的规定,如表4-8所示。

台湾地区人寿保险公司在薪酬的设定方面也具有自己的特色。公司授权董事会依其对本公司营运参与的程度、贡献价值以及承担的责任,以不超过同业的水准合理议定全体月支报酬(不包含出席费及其他非按月给付的经常性给付)。其经理的酬金政策主要依据工作职业、经验、物价上涨及市场水准等因素设立反映工作绩效并合乎竞争性的报酬。台湾地区人寿保险公司经理激励机制最大的特点在于非常注意经营绩效与未来风险之间的关联性,并为此设置了各种有效的措施。台湾人寿经理人、董事以及监察人的酬金标准是根据增进股东权益、促进经济发展与社会繁荣的理念进行规划的,且兼顾竞争性与激励

表4-8　　新光金融控股有限公司酬金制定事宜一览表

项目 \ 人员类别	董事及监察人	经理人
给付酬金政策	根据对公司营运参与程度及贡献价值，并参考同业通常水平设定合理的酬金	根据经理人所负经营管理的责任，并参考市场行情，给予相对合理的酬金
标准与组合	1. 董事及监察人酬金项目及标准如下： (1) 报酬：董事、监察人的报酬由董事会设定。 (2) 盈余分配的报酬：公司决算盈余在纳税、弥补亏损、列出法定盈余公积金及特别盈余公积之后的盈余再提取万分之一以上、万分之五以下为员工红利，员工红利分配办法授权由董事会确定。剩余部分会同年初未分配盈余由董事会拟订盈余分配方案，提请股东会决议分配。 (3) 业务执行费用：依董事、监察人实际执行业务的需要，给予交通费等费用。 2. 独立董事：所得不超过本公司经理人核薪办法所定最高薪阶的标准，由董事会设定固定报酬，不参与本公司的盈余分配。	1. 每月固定薪资：依本公司薪资标准核定。 2. 绩效奖金：参考公司经营绩效及个人考核结果核算。 3. 员工红利：公司决算盈余在纳税、弥补亏损、列出法定盈余公积金及特别盈余公积之后的盈余提取万分之一以上、万分之五以下作为员工红利，员工红利分配办法授权由董事会确定。剩余部分会同年初未分配盈余由董事会拟订盈余分配方案，提请股东会决议分配。
订立酬金的程序	1. 董事、监察人的报酬授权董事根据对公司营运参与程度、贡献价值及同业通常水平设定。 2. 盈余分配于股东会决议后，授权董事会依法确定分配基准日。	每年参与外部机构顾问办理"市场薪资调查"取得市场薪资水平，以此作为本公司确定酬金的参考。
酬金与经营绩效及未来风险关联性	经营阶层的重要决策均考虑各种风险因素决定。各项重要决策亦会影响公司的未来获利的情况。除独立董事领取固定报酬外，其他董事、监察人的酬金均与公司绩效相关联。	根据公司的"员工绩效管理办法"，定期考评经理人的绩效表现（包含绩效指标及风险指标），年末时，以绩效表现得出绩效结果，以此与个人绩效奖金挂钩。

资料来源：《新光金融控股有限公司2010年报》，第25~26页。

性，其目的在于鼓励经营团队发挥战斗力、创造绩效。从整体而言，高管人员的薪酬是依据每年度公司整体营运绩效、税后盈余及其公司章程规定的比例配发。按公司的规定每年有决算盈余时，除先依法纳税外，应先弥补以往年度亏损，再提20%的法定盈余公积，及依股东会决议或主管机关命令提列特别盈余公积，并分派甲种特别股股息，若尚有余额，在派付普通股股息后的余额分配2%作为董事、监察人的酬金，2%作为员工红利，其余由董事会拟订分配方案提请股东会议决定。另外，台湾人寿还为其全体董事及监察人购买了责任保险，投保金额合计8000万美元，年保险费合计6.8万美元[①]。保险责任是董监事责任保险，减缓公司承担的未知风险，转嫁董监事及公司因执行职务可能发生的损害。

总体来讲，台湾地区寿险公司经理激励机制主要还是侧重短期激励机制的发展，各家寿险公司都有全面的基本薪资、奖金和福利政策。虽然各家寿险公司都将员工认股权凭证的认购股数作为兼任员工的董事长的薪酬组成部分，但是都没有设置类似股权激励这种长期激励计划。不过，台湾地区的部分寿险公司将风险因素和高管人员的酬金及经营绩效联系在一起的做法显示出风险管理在台湾寿险公司经营中的重要地位，这种做法也迎合了现代国际寿险公司经理激励机制的最新发展趋势。

4.5 发达国家和地区寿险公司产权结构对中国的启示

4.5.1 发达国家和地区寿险公司产权结构的特点

发达国家和地区寿险公司产权结构的特点可以归纳为以下几点：

4.5.1.1 早期的外国寿险公司大多是以相互性质的产权结构建立的

在美国，1950年相互保险公司大约占有2/3的寿险业务。直到20世纪90年代末，美国的110家相互保险公司仍占寿险业务总量的40%以上，且管理着整个保险业中人寿健康部分约39%的资产。纽约人寿、大都会人寿等一些美国著名的相互公司一直保持领先地位。日本的原八大寿险公司在20世纪90年代泡沫经济崩溃之前全部都是相互保险公司。1997年，日本的44家寿险公司中有16家是相互公司，并且其所拥有的总资产占全部寿险公司的91.7%，这个比例到2003年3月仍然达到85%。英国的寿险公司自成立以来也一直是互助形式的居多。

4.5.1.2 国外寿险公司的产权结构大都经历了由相互形式向股份制形式的转变，但转变过程有所不同

自21世纪初以来，美国相互寿险公司的非相互化改组逐渐成为一种趋势。

---

① 《台湾人寿保险股份有限公司2010年报》，第30页。

2000年恒康（John Hancock）人寿、利宝互助集团（Liberty Mutual）、大都会人寿（MetLife）以及2001年普天寿金融集团（Prudential Financial）这些相互公司为加速发展纷纷主动改组为股份公司。而日本在经历了数家寿险公司经营失败之后，一些寿险公司则被动地由原来的相互公司改造成股份有限公司从而实现了对寿险公司的重组。21世纪初，千代田生命、大同生命、大和生命以及太阳生命等相互保险公司成功地完成了股份制的转制，使公司有了新的发展空间。

4.5.1.3 发达国家和地区寿险股份公司的股权结构大多属于股权分散的控股模式

由于股权分散的公司股东数量多，经历过多次的股权变更，并且金融机构在寿险公司的股权中占有较高的比重。

英国的英杰华集团（AVIVA Plc）、保诚人寿（Prudential Plc）、耆卫保险集团（Old Mutual Plc）、友诚寿险公司（Friends Provident Life Office）、中国台湾地区的国泰人寿和富邦人寿等都经历了多次股权变更和转让，扩大了经营规模，提高了经营业绩。美国维朋公司、尤那姆集团公司、联合健康集团公司和保德信金融集团的股权结构都很分散，股东数量多且对单一公司的持股比例相对较低，银行、金融公司、保险公司以及互助养老信托基金类的股东持有的寿险公司的股权所占的比例较大。日本大多是相互制寿险公司，但是其股份制寿险公司的股权也高度集中于银行等金融机构手中。另外，中国台湾地区寿险公司是典型的中小股东分散式股权结构，不过其个人持股和其他法人持股所占的比例较大。

4.5.1.4 发达国家和地区寿险公司的经理激励机制基本上都是由短期激励机制和长期激励机制组成

发达国家和地区寿险公司的经理激励机制基本上都是由短期激励机制和长期激励机制组成，而且在发展长期激励机制的过程中考虑风险因素成为了一种新趋势。发达国家和地区寿险公司经理的短期激励机制构成基本上相差不多，大部分都是由基本薪资、年度奖金及福利组成，但是长期激励机制的发展情况则有所不同。美国和英国寿险公司的长期激励机制发展比较快，日本寿险公司在其产权结构改革的推动下也开始尝试设置适合自己情况的长期激励措施。各国和地区寿险公司长期激励措施的种类比较丰富，如美国维朋（Wellpoint）公司管理层的持股及控股要求、保德信金融集团的综合奖励计划、联合健康集团的股票激励计划和递延补偿计划、英国法通保险集团的绩效股份计划、标准人寿的长期奖励计划以及日本第一生命的股票授予信托（J-ESOP）等，这些长期激励措施都有非常全面的设计和安排，为激励高管实现对股东的高回报以及促使管理人员与股东的利益一致作出了很大的贡献。伴随着经理激励机制的不断发展，各国和地区的寿险公司开始注意到风险因素与长期激励机制的联系。英国标准人寿公司2010年推出具有健全风险管理的个人绩效记分卡使执行董事的年度业绩与奖金挂钩，并运用以风险为基础的巩固长期激励奖励都显示出该公司已经认识到健全的风险管理的重要性。虽然中国台湾地区寿险公司普遍缺乏长期激励机制，但它们却一直非常注意经营绩效与未来风险之间的关联性，各家公司都设置了相应的考虑了风险因素的激励措施。特别是，台湾人寿还为其全体董事及监察人购买了责任保险，保障董监事的责任，以减缓公司承担的未知风险，转嫁董监事及公司因执行职务可能发生的损害。

4.5.2 发达国家和地区寿险公司产权结构对中国的启示

通过分析发达国家和地区寿险公司的产权结构，对我国寿险公司产权结构的变革有一定的借鉴意义：

4.5.2.1 充分利用股份公司所提供的灵活的管理体系和借助在资本市场融资的机会，有助于我国寿险公司发展

由于相互公司没有机会利用股市融资，只能用自己的盈余购买另一家公司以求扩大公司规模，这可能会遭到保户的反对，从而对公司兼并造成困难，因此，缺乏股市融资灵活性的美国相互寿险公司自21世纪以来逐渐进行非相互化改组，纷纷成立股份公司或控股公司。日本在经历了多家相互寿险公司经营失败之后，寿险公司大多都进行了股份制的转制，使其经营状况有所改善。我国的寿险公司没有采取相互制的形式，除国有独资保险公司之外，其余的寿险公司一开始建立的时候就采用的是股份公司的形式。因此，应该吸取国际经验，充分利用股份制公司的融资优势，扩大我国寿险公司经营规模，实现规模经济，提高经营效率。

4.5.2.2 股权结构的不断改善且具有动态性有利于促使我国寿险公司的经营规模和业绩有较好的发展

近年来，英杰华集团（AVIVA Plc）、英国保诚人寿、英国耆卫保险集团（Old Mutual Plc）以及友诚等英国寿险公司充分利用股市融资的灵活性，对公司进行了多次股权转让和公司并购，扩大了公司的经营规模。中国台湾地区的国泰人寿、富邦人寿等保险公司近年来良好的业绩也得益于其不断改善的股权结构以及经历了一系列的股权结构的变动。近年来，我国内地一些寿险公司也

意识到股权结构应该不断改善，但受我国国情和公司实力的影响其改革的力度仍然有所欠缺，因此可以借鉴国际先进经验进一步加快我国寿险公司股权结构的变革步伐，提高寿险公司的经营效率。

4.5.2.3 寿险公司可以由以法人持股为主的股权结构向以银行、金融公司、保险公司以及互助养老信托基金类的金融机构投资者集中持股转型

英、美寿险公司的股权主要为银行、金融公司、保险公司以及互助养老信托基金类的金融机构投资者共同持有。这种股权结构使寿险公司的机构投资者同质性较高，各股东的利益基本趋于一致，使机构投资者的影响有助于监督董事会、约束经理人的自利行为，在一定程度上可以克服私人投资者消极治理的弊端。同时，保险公司之间及其与银行等非保险金融机构之间相互持股，一方面有利于股东结成相互依存、相互制约的"利益共同体"使寿险公司拥有稳定的股权持有者；另一方面机构投资者之间的这种相互制衡也能够解决我国寿险公司中一直存在的"一股独大"问题。我国的中国人寿保险股份有限公司从2008年开始，其前十大股东中有一半的公司都是银行、保险等金融集团公司，可见，我国寿险公司的股权结构已经开始有向金融机构投资者集中的趋势。

4.5.2.4 寿险公司经理激励机制在完善的短期激励机制基础上应着重发展各种适合公司发展情况的长期激励机制

寿险公司经理激励机制在完善的短期激励机制基础上应着重发展各种适合公司发展情况的长期激励机制，同时将风险管理纳入到寿险公司经理激励机制的发展中是国际寿险公司经理激励机制的发展趋势。寿险公司经理激励机制中的短期激励措施仅能解决公司高管人员的基本薪酬要求，要激励公司经理追求自身的利益尽可能地与公司股东的利益保持一致，最有效的办法还是要实行长期激励措施，把经理的收益与公司的长期绩效挂钩才能收到满意的效果。因此，完善的长期激励机制才能最大限度地激励寿险公司经理充分发挥个人的潜能，为公司绩效作出更大的贡献。另外，高收益高风险的原理也使各国寿险公司逐渐认识到风险管理在公司经理激励机制中的重要位置，发达国家已经开始采取必要的措施解决长期激励机制中存在的风险问题，这点很值得我国寿险公司加以学习和借鉴。

4.6 本章小结

本章对美国、英国、日本和中国台湾地区寿险公司的产权结构的变迁过程进行了归纳和比较,并结合这些发达国家和地区具体寿险公司的股权结构数据,分别对美国、英国、日本和中国台湾地区寿险公司的股权结构和经理激励进行了详细分析,总结了它们共有的特点,最后探讨了发达国家和地区产权结构对我国寿险公司产权结构改革的启示和借鉴意义。

5 中国寿险公司股权结构有效性分析：股权结构与寿险公司效率

处于效率前沿面的寿险公司是指在一定约束条件下，利润最大或成本最低的寿险公司，它是样本中表现最好的寿险公司，其效率是1。在利用随机前沿分析法进行分析时，因变量可选择利润或成本，则寿险公司效率相应地可以分为寿险公司利润效率和寿险公司成本效率。因此，本章将构建中国寿险公司随机前沿利润效率模型和随机前沿成本效率模型，分别从股权结构对中国寿险公司的利润效率的影响以及其对成本效率的影响两个方面展开实证分析。

5.1 变量选取及样本选择

5.1.1 因变量选取

为了控制规模偏差对寿险公司经营效率的影响，本书借鉴哈迪和帕蒂（Hardy & Patti, 2001）[①] 的做法，在中国寿险公司随机前沿利润效率模型中，用净利润与总资产之比作为随机前沿利润效率函数的因变量；在中国寿险公司随机前沿成本效率模型中，用总成本与总资产之比作为随机前沿成本效率函数的因变量。其中，净利润（π）直接来自于各家寿险公司利润表中的净利润。但是，样本寿险公司在部分年度出现净利润为负的情况，为了满足随机前沿模型中的变量必须是非负值的要求，本书中代入模型计算的净利润数值为在各家

[①] Hardy, Daniel and Bonaccorsi di Patti, Emilia, 2001, "Bank Reform and Bank Efficiency in Pakistan" (September 2001). IMF Working Paper, Vol. , pp. 1-35.

寿险公司实际净利润数值的基础上加一个数值 a（即 $\pi + a$）来保证代入模型的净利润数值为非负数。由于机构"中国人民人寿保险公司"2008 年的净利润（-1 945.9 百万元）是样本中最小的利润值，因此本书 a 的取值为 1 946 百万元。总成本运用各家寿险公司的利润表中的手续费及佣金支出与业务及管理费之和获得。另外，这里的总资产用平均总资产来表示，即年初总资产与年末总资产之和除以 2 获得。

5.1.2 自变量选取

确定寿险公司的投入变量和产出变量是研究其经营效率的基础。但寿险公司的产品是无形的，其经营过程也只涉及保费的收取和保险赔款的支出，因此寿险公司的投入和产出变量很难确定。学术界对于寿险公司产出指标的确定一直仍未达成一致。由于本书将寿险公司效率分为利润和成本效率，因此不仅要确定寿险公司的投入变量指标，而且还要涉及这些变量的价格要素。

5.1.2.1 投入价格指标

关于保险公司的投入指标，学者们的意见较为统一，大都采用康明斯（Cummins，1996）提出的劳动、资本和物料三个指标[1]。①劳动价格是劳动费用除以劳动使用量。Rai（1996）用劳动费用与总员工人数的比值作为劳动的价格，其中的劳动费用等于内勤人员工资与外勤人员津贴之和[2]。康明斯和兹（Cummins & Zi，1998）[3] 以及康明斯、坦尼森和维斯（Cummins, Tennyson & Weiss，1999）[4] 用内勤人员平均周工资来衡量。伯杰等（Berger et al.，1996）假设劳动价格在同年每个厂商中不变，并将其用薪资平减指数（Salary Deflator）

---

[1] J. David Cummins, Giuseppe Turchetti. 1996, "Productivity and Technical Efficiency in the Italian Insurance Industry", Center for Financial Institutions Working Papers, Mar 1996, p. p. 10 - 96.

[2] Rai, A., 1996, "Cost efficiency of international insurance firms", Journal of Financial Services Research 10, 213 - 233.

[3] Cummins J. D and H. Zi, 1998, "Comparison of Frontier Efficiency Methods: An Application to the US Life Insurance Industry", Journal of Productivity Analysis 10, 131 - 152.

[4] J. David Cumminsa, Sharon Tennyson1, Mary A. Weiss. 1999, "Consolidation and efficiency in the US life insurance industry", Journal of Banking & Finance, Volume 23, Issues 2 - 4, February 1999, Pages 325 - 357.

替代[1]。②资本价格的计算以资本费用除以资本使用量。加德纳和葛瑞丝（1993）用实际资本费用与净固定资产之比来定义资本价格，其中折旧和摊销费用之和构成实际资本费用[2]。费尔兹和莫菲（Fields & Murphy，1989）用年租金费用来替代资本价格[3]。康明斯和兹（1998）用净利润和资本比率的三年移动平均值之比值计算资本价格[4]。③物料费往往用材料用品费和诸如水电、邮电和广告等其他服务费用表示。这些数据资料不易获得，因此加德纳和葛瑞丝（1993）等学者都将所有公司的物料费用视为相同，或者像哈德威克（Hardwick，1997）[5]和莱（Rai，1996）[6]等学者不将物料费用列入投入量。

综合国内外学者对保险公司投入指标的设定，本书选取寿险公司的佣金、实收资本和营业费用分别作为劳动、资本和物料三种指标的替代指标。本书之所以选取寿险公司的佣金而没有将寿险公司员工的工资作为其劳动的替代指标主要是考虑到寿险公司的业务运作过程和其他一般企业有所不同。寿险公司主要通过保险中介机构进行展业，其保费收入的绝大部分都是通过保险中介机构实现的。据中国保监会网站上公布的《2011年上半年保险中介市场报告》中的数据，2011年上半年，全国保险公司通过保险中介渠道实现保费收入7 042.63亿元，占同期全国总保费收入的87.48%。其中，实现人身险保费收入5 300.85亿元，占同期全国人身险保费收入的94.45%[7]。这里的人身险保费为人寿保险公司的原保险保费，即为人寿保险公司确认的原保险合同保费收

---

[1] Allen N. Berger, David B. Humphreyc, Lawrence B. Pulley. 1996, "Do consumers pay for one‐stop banking? Evidence from an alternative revenue function", Journal of Banking & Finance, Volume 20, Issue 9, November 1996, Pages 1601–1621.

[2] Gardner, L. A. and M. F. Grace, 1993, "X‐Efficiency in the US life insurance industry", Journal of Banking & Finance 17, 497–510.

[3] Fields, J. A. and N. B. Murphy, 1989, "An analysis of efficiency in the delivery of financial services: The case of life insurance agencies", Journal of Financial Services Research 2, 343–356.

[4] Cummins J. D and H. Zi, 1998, "Comparison of Frontier Efficiency Methods: An Application to the US Life Insurance Industry", Journal of Productivity Analysis 10, 131–152.

[5] Hardwick, P., 1997, "Measuring cost inefficiency in the UK life insurance industry", Review of Economics and Statistics 49, 211–219.

[6] Rai, A., 1996, "Cost efficiency of international insurance firms", Journal of Financial Services Research 10, 213–233.

[7] 2011年上半年保险中介市场报告. 2011年8月19日. 中国保险监督管理委员会 [EB/OL]. http://www.circ.gov.cn/web/site0/tab65/i175445.htm.

入。因此,本书选取的投入价格指标分别为佣金[1]占保费收入的比率(p_1)、实收资本占总资产的比率(p_2)和营业费用占总资产的比率(p_3)分别替代劳动、资本和物料作为保险公司的投入价格指标。其中,佣金占保费收入的比率表示每收入一单位保费保险公司应支付的劳务费用,用保险公司的佣金除以该公司总保费收入来表示;实收资本占总资产的比率用保险公司的实收资本除以平均总资产来表示;营业费用占总资产的比率则用保险公司的营业费用除以平均总资产来表示。

5.1.2.2 产出指标

寿险公司提供无形服务产品的特殊性使得国内外学者对如何选择其产出指标的意见均不一致。通过梳理国内外与保险效率有关的文献发现,各学者在选取寿险公司产出变量指标时往往有两种做法。一种做法是把寿险公司的产出变量用寿险公司当年的总保费收入进行替代。休斯顿和西蒙(Houston & Simon, 1970)[2]、维斯(Weiss, 1986)[3]、普瑞兹(Praetz, 1980)[4] 以及加德纳和葛瑞丝(1993)都是将保险公司的产出变量用其当年的总保费收入进行了替代。其中,维斯(1986)对保险公司的保费收入进行了新、旧保单的区分,而普瑞兹(1980)以及加德纳和葛瑞丝(1993)把保费收入细分成个人寿险、意外险和健康险等保费收入用以代替寿险公司的产出变量。另一种做法是用寿险公司提供的服务作为其产出变量。道尔蒂(Doherty, 1981)[5]、约恩吉特

---

[1] 这里"佣金"的具体数值在各年的《中国保险年鉴》中以"手续费和佣金"项列出。实际上,"佣金"和"手续费"在我国保险实务中一直存在混用的情况。通常情况下,二者具有一定的相关性,但内涵和外延又不完全相同。在保险领域,2009年2月修订的新《保险法》明确规定,"佣金"和"手续费"成为两个含义完全不同的词语。新《保险法》在第117条和第118条将保险经纪人和代理人的中介业务报酬统称为"佣金",第54条将"手续费"规定为保险责任开始前,投保人要求解除合同时应当按照约定向保险人支付的费用。依据新《保险法》的精神,本书将保险公司为获得保费收入而支出的劳务报酬统一用"佣金"来表示。

[2] David B. Houston and Richard M. Simon. 1970, "Economies of Scale in Financial Institutions: A Study in Life Insurance", Econometrica, Vol. 38, No. 6 (Nov., 1970), pp. 856 - 864.

[3] Mary A. Weiss. 1986, "Analysis of Productivity at the Firm Level: An Application to Life Insurers", The Journal of Risk and Insurance, Vol. 53, No. 1 (Mar., 1986), pp. 49 - 84.

[4] Praetz, P., 1980, "Returns to scale in the US life insurance industry", Journal of Risk and insurance 47, 525 - 533.

[5] Neil A. Doherty. 1981, "The Measurement of Output and Economies of Scale in Property - Liability Insurance", The Journal of Risk and Insurance, Vol. 48, No. 3 (Sep., 1981), pp. 390 - 402.

(Yuengert, 1993)[①] 及康明斯和兹（1998）[②] 等认为用保费收入作为寿险公司的产出替代量并不合适。约恩吉特（1993）认为保费收入作为出售保险产品而得到的收入，它不是产出的"数量"而应该等于产出的"收入"，因此提出寿险公司的产出变量应该用寿险公司为消费者提供的服务来替代。这些服务主要有分担风险服务（Risk－Bearing/risk－Pooling Services）以及提供中介服务（Intermediation Services）。其中，风险分担服务就是寿险公司为被保险人可能遇到的财产损失和人身伤亡风险进行赔偿或给付的服务，它的数值可以用保险赔付金额来替代；中介服务是寿险公司给被保险人进行赔偿和给付之前收取的保费，实践中往往以责任准备金的形式持有这笔保费，在它被用来赔偿或给付被保险人之前，可以用于寿险公司的资金投资以赚取投资收益。其常用的两个替代量是准备金增量和投资金额。约恩吉特（1993）、康明斯和兹（1998）用准备金增量作为中介服务的替代量；而伯杰等（1996）[③] 和康明斯等（1997）[④] 则用投资金额作为中介服务的替代量。

根据上述的产出变量的定义，结合寿险公司产出变量的两种确定方式，本书将保费收入（y_1）、责任准备金的增量和已发生给付之和（y_2）以及投资收益（y_3）作为三种产出变量[⑤]。其中，责任准备金的增量用摊回保险责任准备金减去提取保险责任准备金获得；已发生给付可以用各寿险公司损益表中的"赔付支出"和"退保金"之和获得。

5.1.2.3 利润效率和成本效率的影响因素

为了准确判断股权结构对中国寿险公司利润效率和成本效率的影响，本书除了选取股权集中度和股权性质这两个反映股权结构的主要变量作为寿险公司利润效率和成本效率的影响因素之外，还加入了市场份额、公司规模和人力资本三个控制变量作为影响寿险公司利润效率和成本效率的因素。

[①] Yuengert, A. M., 1993, "The measurement of efficiency in life insurance: Estimates of a mixed normal－gamma error model", Journal of Banking & Finance, 17, 483－496.

[②] Cummins J. D and H. Zi, 1998, "Comparison of Frontier Efficiency Methods: An Application to the US Life Insurance Industry", Journal of Productivity Analysis 10, 131－152.

[③] Allen N. Berger, David B. Humphreyc, Lawrence B. Pulley. 1996, "Do consumers pay for one－stop banking? Evidence from an alternative revenue function", Journal of Banking & Finance, Volume 20, Issue 9, November 1996, Pages 1601－1621.

[④] Cummins J. D., M. A. Weiss and H. Zi, 1997, "Organizational form and efficiency: An Application to the US Life Insurance Industry", Journal of Productivity Analysis, 10, 131－152.

[⑤] 为了控制规模偏差对公司经营效率的影响，本书代入实证模型中进行计算的产出变量的数值都是将相应的产出变量除以总资产得到。这里的总资产用平均总资产来表示，即年初总资产与年末总资产之和除以2获得。

(1) 股权集中度虚拟变量（JD, FS）。寿险公司的股权结构影响着其股东监督，从而最终影响寿险公司的经营效率。股权过度集中产生的大股东侵蚀中小股东利益的代理成本会影响寿险公司效率的提高；股权分散使股东们存在"搭便车"的动机，缺乏对经营者的监督使寿险公司容易出现内部人控制的问题；相对控股易形成对第一大股东的权力制衡，有利于寿险公司经营效率的提高。本书中，我们以相对持股为基准，设置两个股权集中度的虚拟变量：JD（绝对控股 JD = 1，其他 JD = 0）和 FS（分散持股 FS = 1，其他 FS = 0）。

(2) 股权性质虚拟变量（DG, DM）。寿险公司的股权性质[①]对其经营效率的影响也不容忽视。国有寿险公司产权主体的不明晰和有效监督的缺乏容易导致经营者的内部人控制，使寿险公司整体效率下降；非国有控股的民营寿险公司以及合资寿险公司要面临更多的市场压力和风险，其控股股东对经营者进行监控的动机更强，对寿险公司经营效率有积极的影响。本书中，我们以合资寿险公司为基准，设置两个股权性质虚拟变量：DG（国有公司 DG = 1，其他 DG = 0）和 DM（民营公司 DM = 1，其他 DM = 0）。

(3) 市场份额（Market Share, MS）。根据结构—行为—绩效（SCP）理论以及公司经营行为和绩效的理论，寿险公司可以通过增加市场份额获得更多的经营利润，但寿险公司增加市场份额与控制成本不相适应，则有可能使经营效率降低。这里用各家寿险公司当年保费收入占当年全国寿险总保费收入的比率表示。

(4) 公司规模（Company Scale, CS）。公司规模虽然是寿险公司短期内无法选择的环境因素，但也是影响寿险公司经营行为的重要变量，因此必须消除这个因素对寿险公司利润效率的影响再进行评价，本书中用寿险公司当年年末总资产表示当年的公司规模。另外，为了消除由于解释变量之间数值差异太大造成回归结果不显著的影响，本书运用当年年末总资产的对数作为公司规模的回归数据。

(5) 人力资本（Human Capital, HC）。人力资本作为一种特殊的资源，其潜力的发挥程度对企业的效率水平有至关重要的影响。寿险业作为服务性的行业，其对人力资本的依赖性更强。从寿险产品的开发、产品的展业到资金的运用与管理，都需要大量掌握专业技术的人员来完成。因此，一家寿险公司的人

[①] 结合我国实际情况，本书中把我国寿险公司的股权性质分为国有、民营和合资三种类型。书中的国有寿险公司主要指以国有独资公司作为其最大的控股股东的寿险公司；民营寿险公司主要指非国有控股民营寿险公司；合资寿险公司指在寿险公司的注册资本中，外国合营者的投资比例不低于25%的寿险公司。

力资本拥有状况将很大程度上决定其效率水平的高低。本书用寿险公司本科以上学历的总人数作为人力资本的度量尺度。另外，为了消除由于解释变量之间数值差异太大造成回归结果不显著的影响，我们运用寿险公司本科以上学历的总人数的对数作为人力资本的回归数据。

本章的投入产出指标和影响因素指标如表 5-1 所示。

表 5-1　中国寿险公司随机前沿利润（成本）效率模型投入产出及影响因素及指标

变量代码	变量名称	计算方法
C	总成本	手续费及佣金支出 + 业务及管理费
$\pi + a$	净利润	直接来自于利润表中的净利润。考虑到样本期内样本机构"中国人民人寿保险公司"2008 年的净利润（-1 945.9 百万元）是样本中最小的利润值，因此本书 a 的取值为 1 946 百万元
A	平均总资产	（年初总资产 + 年末总资产）/2
y_1	保费收入	直接来自于利润表中的保险业务收入
y_2	责任准备金的增量和已发生给付之和	责任准备金的增量：摊回保险责任准备金 - 提取保险责任准备金 已发生给付：赔付支出 + 退保金
y_3	投资收益	直接来自于利润表中的投资收益
p_1	佣金占保费收入的比率	手续费和佣金/总保费收入
p_2	实收资本占总资产的比率	实收资本/平均总资产
p_3	营业费用占总资产的比率	营业费用/平均总资产 营业费用：直接来自于利润表中的业务及管理费
JD, FS	股权集中度	JD = 1 代表绝对控股；JD = 0 代表其他持股方式 FS = 1 代表分散持股；FS = 0 代表其他持股方式
DG, DM	股权性质	DG = 1 代表国有股权；DG = 0 代表其他股权 DM = 1 代表民营股权；DM = 0 代表其他股权
MS	市场份额	各家寿险公司当年保费收入/当年全国寿险总保费收入
CS	公司规模	寿险公司当年年末总资产的对数
HC	人力资本	寿险公司本科以上学历的总人数的对数

5.1.3 样本选择及数据来源

本书研究样本共有 225 组样本数据,包括 2006 年 38 家、2007 年 39 家、2008 年 41 家、2009 年 52 家以及 2010 年 55 家中国主要的人寿保险公司[①],五年来它们平均占中国寿险业务总量的 84.83%(见表 5-2)。由于中国的寿险公司在 2006—2010 年这五年里发展很快,每年都有新寿险公司成立,因此,在表 5-2 中部分新成立的寿险公司没有相关数据。表中数据均来源于 2007—2011 年的《中国保险年鉴》。

表 5-2　　2006—2010 年中国 56 家寿险公司市场占有率一览表　　单位:%

序号	保险公司	2006 年	2007 年	2008 年	2009 年	2010 年	年平均市场占有率
1	人保寿险	0.21	0.21	3.87	5.64	6.78	3.34
2	人保健康	0.22	0.22	1.85	0.25	0.27	0.56
3	国寿股份	43.87	43.87	39.69	33.40	29.93	38.15
4	太平人寿	2.69	2.69	2.54	2.31	3.04	2.65
5	太平养老	—	—	—	—	0.00	0.00
6	民生人寿	0.28	0.28	0.84	0.58	0.75	0.54
7	阳光人寿	—	—	0.37	0.39	1.32	0.69
8	太保寿险	9.16	9.16	8.87	2.31	3.04	6.51
9	平安人寿	16.56	16.56	13.59	8.72	8.71	12.83
10	平安养老	—	—	0.16	0.16	0.39	0.24
11	平安健康	—	—	0.00	0.01	0.01	0.01
12	华泰人寿	0.04	0.04	0.36	0.30	0.48	0.24
13	新华人寿	6.29	6.29	7.48	7.87	8.62	7.31
14	泰康人寿	4.92	4.92	7.75	5.44	6.16	5.84
15	天安人寿	0.04	0.04	0.04	0.04	0.03	0.04
16	生命人寿	0.83	0.83	1.08	0.63	1.37	0.95

---

① 注:运用 SFA 方法测算公司效率时,理论上要求所有的投入、产出及影响因素的值均为正值才能用 FRONTIER4.1 软件得出正确的效率值。由于中国各寿险公司每年的经营状况不同,实际的相关数据在个别年份出现负值给计算造成不便。为此,我们去除了 2006—2010 年间相关数据出现负值的寿险公司,最终得到这 225 组样本数据。因此,这里所说的每年的中国寿险公司的数量并不是当年全部寿险公司的数量。

表5－2(续)

序号	保险公司	2006年	2007年	2008年	2009年	2010年	年平均市场占有率
17	安邦人寿	—	—	—	—	0.00	0.00
18	合众人寿	0.39	0.39	0.73	0.60	0.66	0.56
19	长城人寿	0.19	0.19	0.23	0.08	0.21	0.18
20	嘉禾人寿	0.09	0.09	0.64	0.30	0.30	0.28
21	昆仑健康	—	—	0.00	0.01	0.01	0.01
22	和谐健康	0.00	0.00	0.03	0.00	0.00	0.01
23	正德人寿	0.00	0.00	0.25	0.04	0.04	0.07
24	华夏人寿	—	—	0.26	0.23	0.27	0.25
25	信泰人寿	—	—	0.17	0.10	0.20	0.16
26	英大人寿	—	—	0.29	0.09	0.07	0.15
27	国华人寿	—	—	0.12	0.46	0.37	0.32
28	幸福人寿	—	—	0.14	0.42	0.42	0.33
29	百年人寿	—	—	—	0.01	0.10	0.05
30	中邮人寿	—	—	—	0.00	0.19	0.10
31	中融人寿	—	—	—	—	0.00	0.00
32	中宏人寿	0.22	0.22	0.19	0.20	0.19	0.20
33	太平洋安泰	0.15	0.15	0.14	0.07	0.07	0.12
34	中德安联	0.29	0.29	0.32	0.14	0.09	0.23
35	金盛人寿	0.12	0.12	0.08	0.07	0.07	0.09
36	交银康联	0.07	0.07	0.02	0.01	0.07	0.05
37	信诚人寿	0.39	0.39	0.50	0.29	0.35	0.38
38	中意人寿	1.30	1.30	0.28	0.48	0.54	0.78
39	光大永明	0.13	0.13	0.19	0.15	0.37	0.19
40	中荷人寿	0.10	0.10	0.24	0.07	0.11	0.12
41	海尔纽约	0.07	0.07	0.06	0.04	0.04	0.05
42	中英人寿	0.27	0.27	0.54	0.39	0.35	0.36
43	海康人寿	0.12	0.12	0.21	0.12	0.11	0.14
44	招商信诺	0.15	0.15	0.21	0.09	0.25	0.17
45	长生人寿	0.02	0.02	0.02	0.01	0.02	0.02
46	恒安标准	0.12	0.12	0.27	0.06	0.06	0.13
47	瑞泰人寿	0.13	0.13	0.05	0.00	0.00	0.06

表5-2(续)

序号	保险公司	2006年	2007年	2008年	2009年	2010年	年平均市场占有率
48	中美大都会	0.10	0.10	0.21	0.18	0.19	0.16
49	国泰人寿	0.08	0.08	0.08	0.03	0.04	0.06
50	中航三星	0.00	0.00	0.02	0.01	0.01	0.01
51	联泰大都会	0.05	0.05	0.14	0.05	0.07	0.07
52	中法人寿	0.00	0.00	0.02	0.03	0.02	0.02
53	中新大东方	0.00	0.00	0.01	0.02	0.04	0.02
54	君龙人寿				0.00	0.01	0.01
55	汇丰人寿	—	—	—	0.00	0.01	0.01
56	新光海航				0.00	0.01	0.01
	55家寿险公司全部市场占有率	89.63	89.63	95.17	72.92	76.83	84.83

资料来源：2007—2011年《中国保险年鉴》。

本书实证分析所需的样本数据的描述统计值分别用表5-3和表5-4列出。其中，表5-3是寿险公司投入产出指标的描述统计，表5-4是影响寿险公司利润和成本效率的三个因素的统计描述。这些数据均依据2007—2011年《中国保险年鉴》里各家寿险公司的资产负债表和利润表整理得出。

表5-3 2006—2010年中国56家寿险公司的投入产出指标的统计描述

		2006年	2007年	2008年	2009年	2010年
净利润 $\pi+a$	均值	2 402.436	2 816.619	2 227.629	2 879.614	2 853.929
	标准差	2 335.162	4 231.821	2 814.604	4 730.447	4 641.484
成本 C	均值	1 489.009	1 753.857	2 343.224	2 196.579	2 624.761
	标准差	4 598.852	5 191.448	6 548.413	6 290.753	7 225.034
保险业务收入 y_1	均值	9 254.083	10 102.713	14 766.753	11 366.162	14 586.771
	标准差	30 321.518	31 425.312	45 545.647	39 770.046	46 031.076
责任准备金增量及保险赔付支出 y_2	均值	8 272.022	10 242.332	12 367.192	9 952.185	13 344.136
	标准差	27 584.616	30 702.355	40 817.016	34 215.229	41 110.908
投资收益 y_3	均值	1 643.757	4 237.078	2 417.531	2 345.139	2 633.596
	标准差	5 528.280	14 963.379	8 492.095	9 184.383	9 787.785
佣金占保费收入的比率 p_1	均值	0.124	0.084	0.083	0.128	0.106
	标准差	0.137	0.064	0.042	0.098	0.085

表5-3(续)

		2006年	2007年	2008年	2009年	2010年
实收资本占总资产的比率 p_2	均值	0.667	0.587	0.384	0.491	0.391
	标准差	0.487	0.565	0.337	0.549	0.392
营业费用占总资产的比率 p_3	均值	0.139	0.142	0.106	0.108	0.082
	标准差	0.086	0.143	0.076	0.128	0.080

注：$\pi+a$，C，y_1，y_2，y_3 的单位是百万元人民币；p_1，p_2，p_3 是百分比，后同。

资料来源：根据2007—2011年《中国保险年鉴》整理。

表5-4　2006—2010年中国56家寿险公司的影响因素指标的统计描述

		2006年	2007年	2008年	2009年	2010年
市场份额 MS	均值	0.023	0.023	0.020	0.014	0.014
	标准差	0.074	0.074	0.061	0.048	0.043
公司规模 CS	均值	34 738.360	40 311.992	48 355.449	55 013.237	68 330.083
	标准差	119 866.741	142 017.997	158 396.267	187 268.140	218 943.982
人力资本 HC	均值	1 796.357	2 108.939	3 024.449	6 738.962	3 739.143
	标准差	4 704.817	5 738.250	6 385.238	29 254.606	7 952.943

资料来源：根据2007—2011年《中国保险年鉴》整理。

5.2　股权结构与中国寿险公司利润效率的关系：基于SFA的实证分析

5.2.1　中国寿险公司随机前沿（SFA）利润效率模型

前沿效率研究中，Cobb-Douglas和超越对数成本函数（Translog）的应用最为广泛。其中，C-D成本函数建立在生产要素产出弹性不变的假设上，模型简单，待估参数个数较少；Translog成本函数则建立在生产要素产出弹性随投入的增加而变化的假设上，函数中包含投入和产出指标的交互影响项。超越对数成本函数的假设更加符合寿险公司的实际投入产出情况，因此，本书采用超越对数成本函数作为随机前沿利润函数。

将前述寿险公司的三种投入价格指标（即 p_1，p_2，p_3）和三种产出指标（即 y_1，y_2，y_3）代入（2.9）式的超越对数成本函数中，并根据超越对数成本函数的性质，即对 $\theta_{yjk} = \theta_{ykj}$，$\gamma_{pif} = \gamma_{pfi}$，$\sum_{i=1}^{N}\alpha_{pi} = 1$，$\sum_{i=1}^{N}\sum_{f=1}^{N}\gamma_{pif} = 0$，$\sum_{j=1}^{M}\sum_{i=1}^{N}\eta_{ypi} = 0$ 进行简化，再结合巴蒂斯和科里（1995）模型，从而构造出中国寿险公司随机前沿利润效率模型。具体形式如下：

$$\ln[(\pi_{st}+a)/p_{3st}] = \beta_0 + \alpha_1\ln(p_{1st}/p_{3st}) + \alpha_2\ln(p_{2st}/p_{3st}) + \beta_1\ln y_{1st} + \beta_2\ln y_{2st}$$
$$+ \beta_3\ln y_{3st} + \frac{1}{2}\gamma_{11}\ln^2(p_{1st}/p_{3st}) + \frac{1}{2}\gamma_{22}\ln^2(p_{2st}/p_{3st}) + \gamma_{12}\ln(p_{1st}/p_{3st})\ln(p_{2st}/p_{3st})$$
$$+ \frac{1}{2}\theta_{11}\ln^2 y_{1st} + \frac{1}{2}\theta_{22}\ln^2 y_{2st} + \frac{1}{2}\theta_{33}\ln^2 y_{3st} + \theta_{12}\ln y_{1st}\ln y_{2st} + \theta_{13}\ln y_{1st}\ln y_{3st}$$
$$+ \theta_{23}\ln y_{2st}\ln y_{3st} + \eta_{11}\ln(p_{1st}/p_{3st})\ln y_{1st} + \eta_{21}\ln(p_{2st}/p_{3st})\ln y_{1st}$$
$$+ \eta_{12}\ln(p_{1st}/p_{3st})\ln y_{2st} + \eta_{22}\ln(p_{2st}/p_{3st})\ln y_{2st} + \eta_{13}\ln(p_{1st}/p_{3st})\ln y_{3st}$$
$$+ \eta_{23}\ln(p_{2st}/p_{3st})\ln y_{3st} - u_{st} + v_{st} \quad (5.1)$$

上式中，$\pi_{st}+a$ 是第 s 家寿险公司第 t 年的净利润；y_{1st} 为第 s 家寿险公司第 t 年的保险业务收入；y_{2st} 为第 s 家寿险公司第 t 年的责任准备金增量及保险赔付支出；y_{3st} 为第 s 家寿险公司第 t 年的投资收益；p_{1st} 为第 s 家寿险公司第 t 年的佣金占保费收入的比率；p_{2st} 为第 s 家寿险公司第 t 年的实收资本占总资产的比率；p_{3st} 为第 s 家寿险公司第 t 年的营业费用占总资产的比率；成本函数的随机误差用 v_{st} 表示，$v_{st} \sim N(0,\sigma_v^2)$；由技术和配置非效率之和形成的成本非效率值用 u_{st} 表示，假设 $u_{st} \sim N(m_{st},\sigma_u^2)$ 在零处被截断；其中为 m_{st} 用来表示外生变量的函数，可写成：

$$m_{st} = \delta_0 + \delta_1 JD_s + \delta_2 FS_s + \delta_3 DG_s + \delta_4 DM_s + \delta_5 MS_{st} + \delta_6 CS_{st} + \delta_7 HC_{st}$$
$$(5.2)$$

上式中，JD_s 和 FS_s 是虚拟变量，代表第 s 家寿险公司的股权集中度；DG_s 和 DM_s 也是虚拟变量，代表第 s 家寿险公司的股权性质，MS_{st}、CS_{st} 和 HC_{st} 分别代表第 s 家寿险公司第 t 年的市场份额、公司规模和人力资本。

上述前沿利润函数是否有效，要判断变差率 $\gamma \neq 0$ [$\gamma = \sigma_u^2/(\sigma_v^2 + \sigma_u^2)$，$0 < \gamma < 1$] 是否成立，如果不成立则表明不存在利润的技术非效率项，前沿利润函数是无效的。利润偏差产生的原因可通过变差率 γ 的值来判断：当 γ 趋近 1 时，表明偏差主要来自于利润非效率项 u，当 γ 趋近于 0 时，表明偏差主要产生于随机误差 v（巴蒂斯和科里，1992）。

5.2.2 实证工具

本书运用的 FRONTIER4.1，以巴蒂斯和科里（1988, 1992 and 1995）和巴

蒂斯、科里和科尔比（Battese, Coelli & Colby, 1989）模型为基础，能够估计出随机前沿函数参数的最大似然值。它先用普通 OLS 估计函数中的参数值，具有最优无偏估计（unbiased）的参数有 α_i，β_j，η_{ij}，θ_{jk}，γ_{if}，截距项 β_0 除外，然后通过固定 OLS 估计出的参数 α_i，β_j，η_{ij}，θ_{jk}，γ_{if} 的值，用修正的 OLS 调整参数 β_0，σ^2 的值，并把包括 μ，δ 在内的其他参数都设为 0 之后，在系统中搜索参数 γ（Grid Search）的值，并采用 DFP 准牛顿算法（Davidon – Fletcher – Powell Quasi – Newton）以该 γ 值作为迭代的起始值进行运算，最终得出随机前沿函数参数的最大似然估计值。

确定了随机前沿利润函数之后，运用 FRONTIER4.1 即可得到各公司的利润效率值。FRONTIER4.1 中把利润效率定义为：

$$EFF_s = E[(\pi_{st} + a)^* | U_s, X_s] / E[(\pi_{st} + a)^* | U_s = 0, X_s] \quad (5.3)$$

上式中，$(\pi_{st} + a)^*$ 是第 s 个公司的净利润取自然对数；U_s 为利润非效率值；EFF_s 代表第 s 个公司的利润效率，其取值为 0~1 之间。

5.2.3 实证结果及分析

5.2.3.1 实证结果

本书使用 FRONTIER4.1 软件，配合使用巴蒂斯和科里（1995）模型，得出实证结果如表 5-5 和表 5-6 所示。

表 5-5 2006—2010 年中国 56 家寿险公司随机前沿利润函数估计结果

项目	参数	系数	标准误差	T 值
利润函数				
截距项	β_0	4.987 6	0.800 1	6.233 7***
$\ln(p_1/p_3)$	α_1	1.046 6	0.693 9	1.508 3
$\ln(p_2/p_3)$	α_2	-0.885 9	0.632 6	-1.400 4
$\ln y_1$	β_1	0.781 1	0.694 9	1.124 1
$\ln y_2$	β_2	1.778 4	0.449 4	3.957 3***
$\ln y_3$	β_3	0.003 5	0.659 8	0.005 2
$\frac{1}{2}\ln^2(p_1/p_3)$	γ_{11}	0.744 1	0.312 6	2.380 2**
$\frac{1}{2}\ln^2(p_2/p_3)$	γ_{22}	-0.009 9	0.235 0	-0.042 1

表5-5(续)

项目	参数	系数	标准误差	T值
$\ln(p_1/p_3)\ln(p_2/p_3)$	γ_{12}	0.239 6	0.248 6	-0.963 7
$\frac{1}{2}\ln^2 y_1$	θ_{11}	0.246 7	0.071 8	3.432 9***
$\frac{1}{2}\ln^2 y_2$	θ_{22}	0.203 9	0.049 8	4.095 0***
$\frac{1}{2}\ln^2 y_3$	θ_{33}	-0.095 8	0.201 5	-0.475 1
$\ln y_1 \ln y_2$	θ_{12}	-0.432 6	0.174 7	-2.476 6**
$\ln y_1 \ln y_3$	θ_{13}	0.245 5	0.245 1	1.001 7
$\ln y_2 \ln y_3$	θ_{23}	0.124 3	0.204 2	0.608 9
$\ln(p_1/p_3)\ln y_1$	η_{11}	0.523 6	0.253 4	2.066 3**
$\ln(p_2/p_3)\ln y_1$	η_{21}	-0.339 7	0.201 8	-1.683 5*
$\ln(p_1/p_3)\ln y_2$	η_{12}	-0.015 7	0.192 0	-0.082 1
$\ln(p_2/p_3)\ln y_2$	η_{22}	-0.178 4	0.167 3	-1.066 7
$\ln(p_1/p_3)\ln y_3$	η_{13}	0.067 5	0.250 8	0.269 2
$\ln(p_2/p_3)\ln y_3$	η_{23}	-0.020 2	0.177 5	-0.114 3
非效率函数				
截距项	δ_0	-18.163 9	4.680 3	-3.880 9***
虚拟变量 JD	δ_1	4.105	1.253 0	3.276 1***
虚拟变量 FS	δ_2	2.037 3	38 180 101.047 2	1.945 6*
虚拟变量 DG	δ_3	-0.982 2	0.823 9	-1.192 0
虚拟变量 DM	δ_4	-2.275 2	0.845 4	-2.691 3***
MS	δ_5	-11.908 9	3.852 8	-3.091 0***
CS	δ_6	-1.063 5	0.276 9	-3.840 3***
HC	δ_7	3.093 9	0.671 7	4.606 2***
变异参数				
	σ^2	4.381 8	0.835 7	5.242 9***
	γ	0.940 1	0.016 0	58.796 1***
似然比检验统计量	LR	145.909 4		

注：*** 代表1%的显著水平；** 代表5%的显著水平；* 代表10%的显著水平。
资料来源：本研究整理。

表 5-5 的实证结果显示出利润效率模型的 $\gamma = 0.9401$，说明随机误差 v 对寿险公司利润效率的影响远小于利润非效率项 u；在显著性水平为 1% 且 $\gamma = 0$ 的零假设下的 mixedχ^2 临界值为 5.412（Kodde and Palm[①]，1986），本书寿险公司随机利润效率模型的 $LR = 145.9094 > 5.412$，应拒绝 $\gamma = 0$ 的假设。这说明我国寿险公司中存在利润非效率项 u。

表 5-5 显示，中国寿险公司随机前沿利润效率模型的 21 个参数中，当显著性水平为 1% 时，参数 β_0、β_2、θ_{11}、θ_{22} 的 T 值显著；当显著性水平为 5% 时，参数 γ_{11}、θ_{12}、η_{11} 的 T 值显著；当显著性水平为 10% 时，参数 η_{21} 的 T 值显著；其他参数 α_1、α_2、β_1、β_3、γ_{22}、γ_{12}、θ_{33}、θ_{13}、θ_{23}、η_{12}、η_{22}、η_{13}、η_{23} 的 T 值均不显著。可是由于已经拒绝 $\gamma = 0$ 的假设，因此在该假设下的中国寿险公司利润效率模型仍然是有效的。在中国寿险公司利润效率影响因素函数中，在 1% 水平上显著的参数有 δ_0、δ_1、δ_4、δ_5、δ_6、δ_7；在 10% 水平上显著的参数有 δ_2；参数 δ_3 的 T 检验不显著。

根据上面估计出的中国寿险公司随机前沿利润效率模型，FRONTIER4.1 可以估计出每个时期每一家寿险公司的利润效率值（即 EFF 值），结果如表 5-6 所示。EFF 值愈小，表明寿险公司的利润效率越低。

表 5-6　2006—2010 年中国 56 家寿险公司利润效率及排序

序号	保险公司	2006	2007	2008	2009	2010	利润效率年平均值	利润效率年标准差	利润效率年平均值排序
1	人保寿险	0.3926	0.1063	0.000023	0.0824	0.1322	0.1427	0.1326	56
2	人保健康	0.5187	0.4671	0.0702	0.3867	0.4540	0.3793	0.1602	51
3	国寿股份	0.3881	0.4456	0.3616	0.5263	0.5033	0.4450	0.0639	48
4	太平人寿	0.4832	0.4110	0.4517	0.4073	0.3968	0.4300	0.0325	49
5	太平养老	—	—	—	—	0.5135	0.5135	0.0000	42
6	民生人寿	0.5028	0.1526	0.2407	0.3489	0.4152	0.3320	0.1240	54
7	阳光人寿	—	—	0.6792	0.7359	0.2944	0.5698	0.1961	38
8	太保寿险	0.5293	0.5777	0.4899	0.8051	0.6307	0.6066	0.1099	33
9	平安人寿	0.5033	0.3708	0.0284	0.4084	0.3647	0.3351	0.1612	53
10	平安养老	—	—	0.2209	0.1684	0.2434	0.2109	0.0314	55

[①] David A. Kodde and Franz C. Palm. Wald Criteria for Jointly Testing Equality and Inequality Restrictions [J]. Econometrica, Vol. 54, No. 5, Sep., 1986: 1243-1248.

表5-6(续)

序号	保险公司	2006	2007	2008	2009	2010	利润效率年平均值	利润效率年标准差	利润效率年平均值排序
11	平安健康	—	—	0.714 2	0.712 4	0.804 5	0.743 7	0.043 0	16
12	华泰人寿	0.840 1	0.769 4	0.769 8	0.754 6	0.662 3	0.759 2	0.056 9	13
13	新华人寿	0.682 7	0.550 5	0.555 5	0.463 9	0.456 6	0.541 8	0.081 8	41
14	泰康人寿	0.752 4	0.731 8	0.639 1	0.687 7	0.654 0	0.693 0	0.043 6	27
15	天安人寿	0.873 8	0.884 2	0.870 0	0.788 8	0.843 2	0.852 0	0.034 4	1
16	生命人寿	0.651 9	0.568 8	0.566 5	0.433 9	0.080 6	0.460 4	0.202 3	46
17	安邦人寿	—	—	—	—	0.818 3	0.818 3	0.000 0	6
18	合众人寿	0.744 0	0.602 1	0.639 9	0.574 4	0.640 3	0.640 1	0.057 5	30
19	长城人寿	0.706 5	0.722 2	0.552 7	0.590 0	0.676 8	0.649 6	0.066 6	29
20	嘉禾人寿	0.780 0	0.728 2	0.636 9	—	0.824 3	0.742 4	0.069 7	18
21	昆仑健康	—	—	0.764 1	0.859 5	0.852 5	0.825 4	0.043 4	5
22	和谐健康	0.861 5	0.853 9	0.848 1	0.838 1	0.726 4	0.825 6	0.050 2	4
23	正德人寿	0.814 2	0.753 8	0.670 7	0.767 5	0.791 1	0.759 5	0.048 9	12
24	华夏人寿	—	—	0.627 0	0.251 4	0.339 8	0.406 1	0.160 3	50
25	信泰人寿	—	0.721 7	0.627 5	0.404 1	0.584 6	0.584 5	0.133 5	35
26	英大人寿	—	—	0.679 7	0.815 8	0.753 6	0.749 7	0.055 6	14
27	国华人寿	—	—	0.714 0	0.704 9	0.708 3	0.709 1	0.003 8	25
28	幸福人寿	—	—	0.296 8	0.518 7	0.273 7	0.363 1	0.110 4	52
29	百年人寿	—	—	—	0.479 0	0.498 1	0.488 6	0.009 5	43
30	中邮人寿	—	—	—	0.734 5	0.731 0	0.732 8	0.001 8	19
31	中融人寿	—	—	—	—	0.775 7	0.775 7	0.000 0	9
32	中宏人寿	0.756 5	0.738 1	0.774 0	0.707 2	0.628 8	0.720 9	0.051 1	22
33	太平洋安泰	0.741 4	0.751 2	0.707 9	0.807 1	0.813 6	0.764 2	0.040 4	11
34	中德安联	0.711 2	0.420 2	—	0.565 2	0.655 1	0.587 9	0.110 0	34
35	金盛人寿	0.552 4	0.345 8	0.325 8	0.598 4	0.552 7	0.475 0	0.115 1	44
36	交银康联	0.839 9	0.810 9	0.886 1	0.894 9	0.717 9	0.829 9	0.063 8	3
37	信诚人寿	0.367 9	0.345 4	0.265 1	0.608 1	0.650 7	0.447 4	0.153 0	47
38	中意人寿	0.699 9	0.518 1	0.755 2	0.589 0	0.601 4	0.632 7	0.084 3	31
39	光大永明	0.692 5	0.562 3	0.537 1	0.741 1	0.302 6	0.567 1	0.152 9	39
40	中荷人寿	0.663 4	0.683 8	0.770 2	0.791 2	0.657 1	0.713 1	0.056 2	24
41	海尔纽约	0.697 1	0.488 8	0.540 9	0.554 5	0.628 4	0.582 1	0.072 9	37
42	中英人寿	0.551 3	0.416 6	0.540 1	0.666 3	0.633 4	0.561 6	0.086 8	40

表5-6(续)

序号	保险公司	2006	2007	2008	2009	2010	利润效率年平均值	利润效率年标准差	利润效率年平均值排序
43	海康人寿	0.671 0	0.537 6	—	0.556 5	0.570 5	0.583 9	0.051 6	36
44	招商信诺	0.771 2	0.841 2	—	0.768 1	0.785 7	0.791 6	0.029 4	7
45	长生人寿	0.830 7	0.823 8	0.786 2	0.675	0.601 8	0.743 5	0.090 1	17
46	恒安标准	0.374 0	0.308 7	—	0.557 0	0.621 6	0.465 3	0.128 1	45
47	瑞泰人寿	0.792 9	0.566 2	—	0.795 3	—	0.718 1	0.107 4	23
48	中美大都会	0.453 0	0.649 5	—	0.793 1	0.826 2	0.680 5	0.147 1	28
49	国泰人寿	0.437 6	0.611 7	0.691 8	0.739 9	0.585 7	0.613 3	0.103 8	32
50	中航三星	0.849 3	0.823 5	0.564 5	0.624 6	0.770 3	0.726 3	0.112 4	21
51	联泰大都会	0.701 2	0.680 7	—	0.877 3	0.844 5	0.775 9	0.086 1	8
52	中法人寿	—	0.815 3	0.837 1	0.875 2	0.878 8	0.851 6	0.026 6	2
53	中新大东方	0.780 2	0.829 3	0.834 4	0.619 4	0.656 7	0.744 0	0.089 3	15
54	君龙人寿	—	—	—	0.580 6	0.816 7	0.698 6	0.118 1	26
55	汇丰人寿	—	—	—	0.789 2	0.754 9	0.772 0	0.017 1	10
56	新光海航	—	—	—	0.725 1	0.739 3	0.732 2	0.007 1	20
合计寿险公司利润效率年平均值		0.656 8	0.596 5	0.576 2	0.634 1	0.610 2	0.622 6		
合计寿险公司利润效率年标准差		0.152 8	0.195 4	0.231 1	0.180 0	0.192 5	0.166 2	—	—

资料来源：据相关资料整理。

5.2.3.2 实证结果分析

(1) 中国寿险公司利润效率的总体情况分析

表5-6中的数据显示，2006—2010年中国56家寿险公司中利润效率的平均值排前五名的公司依次是天安人寿、中法人寿、交银康联人寿、和谐健康和昆仑健康保险公司，平均值排名最后五位的依次是人保寿险、平安养老、民生人寿和幸福人寿保险公司。56家样本寿险公司中，利润效率超过0.5的公司一共有42家占75%。其中，天安人寿、中法人寿和招商信诺人寿的利润效率较高，且它们的标准离差率比较低，表明其经营比较稳定；人保健康、华夏人寿和民生人寿的利润效率低，且它们的标准离差率比较低，表明其经营不够稳定。这56家中国寿险公司的平均利润效率为0.622 6，标准离差率为0.166 2，说明我国各寿险公司间的效率差别很大，寿险公司的整体利润效率有待进一步提高。

(2) 不同股权集中度的寿险公司利润效率的比较

这56家样本公司在2006—2010年间,绝对控股的寿险公司有19家,相对控股的寿险公司有20家,分散持股的寿险公司有17家。其中,利润效率前十名的寿险公司中有3家绝对控股公司、5家相对控股公司、2家分散持股公司,利润效率排最后十名的公司中有6家绝对控股公司、1家相对控股公司、3家分散持股公司。由图5-1可以看出,相对控股寿险公司经营情况比较稳定,且平均利润效率保持领先地位,其次是分散持股的寿险公司。绝对控股寿险公司在2006—2010这五年间经营不够稳定,有比较剧烈的波动,其平均利润效率在三种持股状态中是最低的。

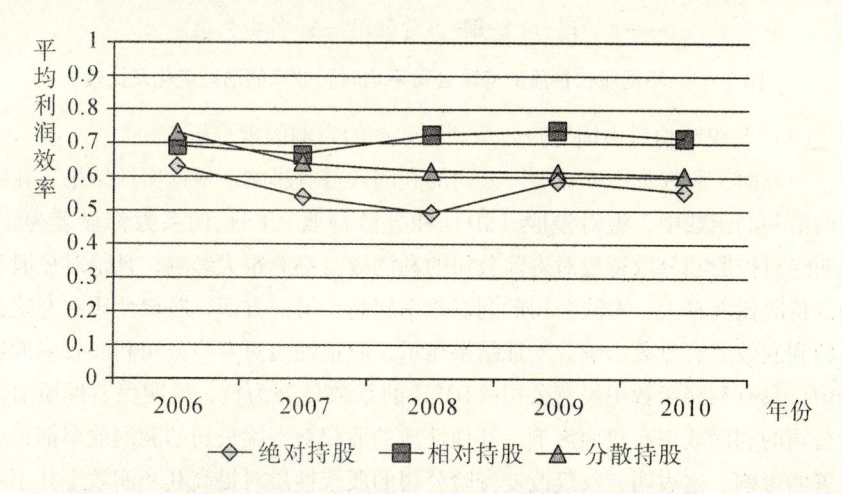

图5-1 不同股权集中度的寿险公司平均利润效率的动态变化及比较

(3) 不同股权性质的寿险公司利润效率的比较

这56家样本公司在2006—2010年间,国有性质的寿险公司有12家,民营性质的寿险公司有24家,外资性质的寿险公司有20家。其中,利润效率排前十名中的国有公司有1家、民营公司有5家、外资公司有4家,排后十名的国有公司有4家、民营公司有5家、外资公司有1家。由图5-2可以看出,在2008年以前(包括2008年),民营寿险公司的平均利润效率高于外资和国有寿险公司,而到2008年以后,外资寿险公司的平均利润效率则高于其他股权性质的寿险公司,可见,近两年来外资公司的效率在稳步提升。国有寿险公司的平均利润效率在2006—2010年这五年期间有降有升,波动比较大,但到2010年仍然只有0.6949,落后于民营和外资公司,因此国有寿险公司仍然需要加大改革力度,提高公司的经营效率。

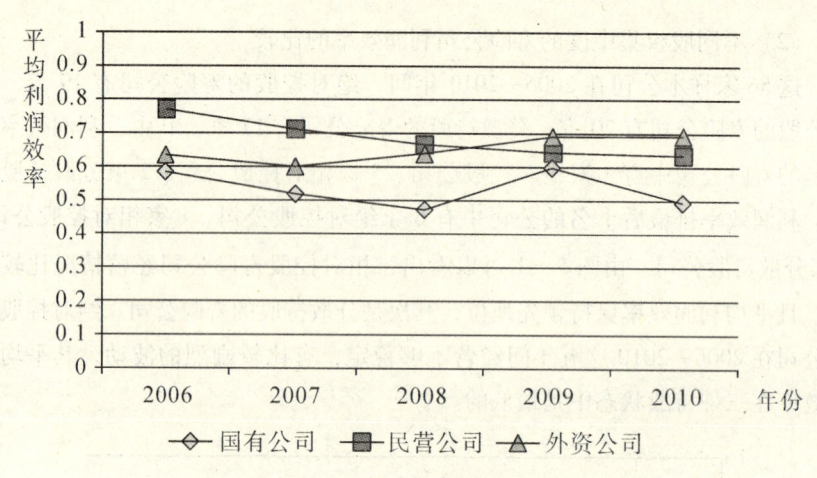

图 5-2　不同股权性质的寿险公司平均利润效率的动态变化及比较

（4）股权结构对中国寿险公司利润效率的影响因素分析

一方面，股权集中度对寿险公司的利润效益有影响。根据实证结果，在随机前沿利润函数中，绝对控股（JD）和分散持股（FS）的系数都显著为正，说明绝对控股和分散持股对寿险公司的利润效益都有很大影响，且绝对控股和分散持股比例越大，寿险公司的利润效率越高。另一方面，股权性质对寿险公司的利润效率有显著影响。实证结果显示，股权性质对寿险公司利润效率的影响中，只有利润函数中民营公司（DM）的系数显著为负，说明民营性质对寿险公司的利润效率有负面影响，其他性质的股权对寿险公司的利润效率都没有显著的影响。这表明，仅仅改变寿险公司的股权性质对提高其利润效率并不一定有效，可以在多元化股权结构的基础上，采取提高董事会决策效率、建立与寿险公司经营相适应的风险管理体系等多种措施，才能真正有效提高我国寿险公司的利润效率。

5.3　股权结构与中国寿险公司成本效率的关系：基于 SFA 的实证分析

5.3.1　中国寿险公司随机前沿（SFA）成本效率模型

如前所述，本书仍然采用超越对数成本函数作为随机前沿成本函数。将前述寿险公司的三种投入价格指标（即 p_1, p_2, p_3）和三种产出指标（即 $y_1, y_2,$

y_3) 代入 (2.7) 式的超越对数成本函数中，并根据超越对数成本函数的性质，即 $\theta_{y_{jk}} = \theta_{y_{kj}}$, $\gamma_{p_{if}} = \gamma_{p_{fi}}$, $\sum_{i=1}^{N} \alpha_{p_i} = 1$, $\sum_{i=1}^{N} \sum_{f=1}^{N} \gamma_{p_{if}} = 0$, $\sum_{j=1}^{M} \sum_{i=1}^{N} \eta_{y_j p_i} = 0$ 进行简化，再结合巴蒂斯和科里（1995）模型，从而构造出中国寿险公司随机前沿成本效率模型。具体形式如下：

$$\ln[C_{st}/p_{3st}] = \beta_0 + \alpha_1 \ln(p_{1st}/p_{3st}) + \alpha_2 \ln(p_{2st}/p_{3st}) + \beta_1 \ln y_{1st} + \beta_2 \ln y_{2st}$$
$$+ \beta_3 \ln y_{3st} + \frac{1}{2} \gamma_{11} \ln^2(p_{1st}/p_{3st}) + \frac{1}{2} \gamma_{22} \ln^2(p_{2st}/p_{3st}) + \gamma_{12} \ln(p_{1st}/p_{3st}) \ln(p_{2st}/p_{3st})$$
$$+ \frac{1}{2} \theta_{11} \ln^2 y_{1st} + \frac{1}{2} \theta_{22} \ln^2 y_{2st} + \frac{1}{2} \theta_{33} \ln^2 y_{3st} + \theta_{12} \ln y_{1st} \ln y_{2st} + \theta_{13} \ln y_{1st} \ln y_{3st}$$
$$+ \theta_{23} \ln y_{2st} \ln y_{3st} + \eta_{11} \ln(p_{1st}/p_{3st}) \ln y_{1st} + \eta_{21} \ln(p_{2st}/p_{3st}) \ln y_{1st}$$
$$+ \eta_{12} \ln(p_{1st}/p_{3st}) \ln y_{2st} + \eta_{22} \ln(p_{2st}/p_{3st}) \ln y_{2st} + \eta_{13} \ln(p_{1st}/p_{3st}) \ln y_{3st}$$
$$+ \eta_{23} \ln(p_{2st}/p_{3st}) \ln y_{3st} + u_{st} + v_{st}$$
(5.4)

上式中，C_{st} 是第 s 家寿险公司第 t 期时的总成本；y_{1st}，y_{2st}，y_{3st}，p_{1st}，p_{2st}，p_{3st} 与中国寿险公司随机前沿利润效率模型中相应变量的含义相同；成本函数的随机误差用 v_{st} 表示，$v_{st} \sim N(0, \sigma_v^2)$；由技术和配置非效率之和形成的成本非效率值用 u_{st} 表示，假设 $u_{st} \sim N(m_{st}, \sigma_u^2)$ 在零处被截断；其中为 m_{st} 用来表示外生变量的函数，可写成：

$$m_{st} = \delta_0 + \delta_1 JD_s + \delta_2 FS_s + \delta_3 DG_s + \delta_4 DM_s + \delta_5 MS_{st} + \delta_6 CS_{st} + \delta_7 HC_{st}$$
(5.5)

上式中，JD_s、FS_s、DG_s、DM_s、MS_{st}、CS_{st} 和 HC_{st} 也与中国寿险公司随机前沿利润效率模型中相应变量的含义相同。

上述前沿成本函数是否有效，要判断变差率 $\gamma \neq 0$ [$\gamma = \sigma_u^2/(\sigma_v^2 + \sigma_u^2)$，$0 < \gamma < 1$] 是否成立，如果不成立则表明不存在成本的技术非效率项，前沿成本函数是无效的。成本偏差产生的原因可通过变差率 γ 的值来判断：当 γ 趋近 1 时，表明偏差主要来自于成本非效率项 u，当 γ 趋近于 0 时，表明偏差主要产生于随机误差 v（Battese and Coelli, 1992）。

5.3.2 实证工具

与前述中国寿险公司随机前沿利润效率模型的方法一样，在确定了随机前沿成本函数之后，运用 FRONTIER4.1 即可得到各公司的成本效率值。FRONTIER4.1 中把成本效率定义为：

$$EFF_s = E(C_{st}^* \mid U_s, X_s)/E(C_{st}^* \mid U_s = 0, X_s) \tag{5.6}$$

上式中，C_{st}^* 是第 s 个公司的成本取自然对数；U_s 为成本非效率值；EFF_s 代表第 s 个公司的成本效率，其取值为 1 到无穷大。

5.3.3 实证结果及分析

5.3.3.1 实证结果

本书使用 FRONTIER4.1 软件，配合使用巴蒂斯和科里（1995）模型，得出实证结果如表 5-7 和表 5-8 所示。

表 5-7　2006—2010 年中国 56 家寿险公司随机前沿成本函数估计结果

项目	参数	系数	标准误差	T 值
成本函数				
截距项	β_0	1.558 0	0.665 7	2.340 3 **
$\ln(p_1/p_3)$	α_1	1.189 5	0.500 2	2.378 1 **
$\ln(p_2/p_3)$	α_2	-0.741 0	0.424 3	-1.746 3 *
$\ln y_1$	β_1	0.677 7	0.253 4	2.674 2 ***
$\ln y_2$	β_2	0.539 2	0.207 4	2.600 3 ***
$\ln y_3$	β_3	0.126 2	0.419 0	0.301 3
$\frac{1}{2}\ln^2(p_1/p_3)$	γ_{11}	-0.163 7	0.156 0	-1.049 3
$\frac{1}{2}\ln^2(p_2/p_3)$	γ_{22}	-0.290 5	0.138 9	-20 914 **
$\ln(p_1/p_3)\ln(p_2/p_3)$	γ_{12}	0.324 0	0.140 8	2.301 6 **
$\frac{1}{2}\ln^2 y_1$	θ_{11}	0.225 8	0.029 9	7.556 9 ***
$\frac{1}{2}\ln^2 y_2$	θ_{22}	0.059 2	0.014 8	3.994 9 ***
$\frac{1}{2}\ln^2 y_3$	θ_{33}	0.073 3	0.078 1	0.939 3
$\ln y_1 \ln y_2$	θ_{12}	-0.019 2	0.055 6	-0.346 4
$\ln y_1 \ln y_3$	θ_{13}	-0.245 6	0.068 0	-3.614 5 ***
$\ln y_2 \ln y_3$	θ_{23}	0.016 7	0.069 6	0.240 0

表5-7(续)

项目	参数	系数	标准误差	T值
$\ln(p_1/p_3)\ln y_1$	η_{11}	-0.1252	0.1005	-1.2455
$\ln(p_2/p_3)\ln y_1$	η_{21}	0.2852	0.0869	3.2808***
$\ln(p_1/p_3)\ln y_2$	η_{12}	-0.1158	0.0670	-1.7294*
$\ln(p_2/p_3)\ln y_2$	η_{22}	0.0455	0.0584	0.7781
$\ln(p_1/p_3)\ln y_3$	η_{13}	0.2709	0.1337	2.0266**
$\ln(p_2/p_3)\ln y_3$	η_{23}	-0.3546	0.0924	-3.8338***
非效率函数				
截距项	δ_0	3.4905	0.3927	8.8887***
虚拟变量JD	δ_1	0.9795	0.3468	2.8240***
虚拟变量FS	δ_2	-0.5113	0.4912	-1.0408
虚拟变量DG	δ_3	-0.4462	0.3269	-1.3649
虚拟变量DM	δ_4	0.4174	0.4051	1.0304
MS	δ_5	-2.7023	0.9227	-2.9288***
CS	δ_6	-0.5990	0.0999	-5.9911***
HC	δ_7	-0.3361	0.0778	-4.3162***
变异参数				
	σ^2	1.1713	0.1066	10.9878***
	γ	0.9859	0.0047	206.4653***
似然比检验统计量	LR	75.6773		

注：*** 代表1%的显著水平；** 代表5%的显著水平；* 代表10%的显著水平。资料来源：本研究整理。

表5-7的实证结果显示出成本效率模型的$\gamma = 0.9859$，说明随机误差v对寿险公司成本效率的影响远小于成本非效率项u；在显著性水平为1%且$\gamma = 0$的零假设下的mixedχ^2临界值为5.412（Kodde and Palm①，1986），本书寿险公司随机成本效率模型的$LR = 75.6773 > 5.412$，应拒绝$\gamma = 0$的假设。这说明我国寿险公司中存在成本非效率项u。

---

① David A. Kodde and Franz C. Palm, "Wald Criteria for Jointly Testing Equality and Inequality Restrictions", Econometrica Vol. 54, No. 5 (Sep., 1986), pp. 1243-1248.

表 5-7 显示，中国寿险公司随机前沿成本效率模型的 21 个参数中，当显著性水平为 1% 时，参数 β_1、β_2、θ_{11}、θ_{22}、θ_{13}、η_{21}、η_{23} 的 T 值显著；当显著性水平为 5% 时，参数 β_0、α_1、γ_{22}、γ_{12}、η_{13} 的 T 值显著；当显著性水平为 10% 时，参数 α_2、θ_{12} 的 T 值显著；其他参数 β_3、γ_{11}、θ_{33}、θ_{12}、θ_{23}、η_{11}、η_{22} 的 T 值均不显著。可是由于已经拒绝 $\gamma = 0$ 的假设，因此在该假设下的中国寿险公司成本效率模型仍然是有效的。在中国寿险公司成本效率影响因素函数中，在 1% 水平上显著的参数有 δ_0、δ_1、δ_5、δ_6、δ_7；参数 δ_2、δ_3、δ_4 的 T 检验不显著。

根据上面估计出的中国寿险公司随机前沿成本效率模型，FRONTIER4.1 可以估计出每个时期每一家寿险公司的成本效率值（即 EFF 值），结果如表 5-8 所示。EFF 值愈大，表明寿险公司的成本效率越低。

表 5-8　2006—2010 年中国 56 家寿险公司成本效率及排序

序号	保险公司	2006	2007	2008	2009	2010	成本效率年平均值	成本效率年标准差	成本效率年平均值排序
1	人保寿险	1.205 8	1.059 8	1.102 0	1.084 4	1.084 5	1.107 3	0.051 1	2
2	人保健康	1.502 9	1.222 2	1.062 5	1.808 3	1.856 3	1.490 4	0.313 1	41
3	国寿股份	1.097 3	1.072 3	1.069 2	1.080 1	1.071 1	1.078 0	0.010 3	1
4	太平人寿	1.301 8	1.136 0	1.227 0	1.297 1	1.238 4	1.240 1	0.060 1	20
5	太平养老	—	—	—	1.350 7	1.350 7	0.000 0	33
6	民生人寿	1.128 2	1.056 2	1.082 9	1.116 7	1.161 9	1.109 2	0.036 6	3
7	阳光人寿	—	—	1.275 3	1.719 4	1.213 1	1.402 6	0.225 4	37
8	太保寿险	1.166 7	1.121 6	1.135 4	1.277 7	1.147 6	1.139 7	0.016 1	8
9	平安人寿	1.100 6	1.070 1	1.061 5	1.197 1	1.242 0	1.134 3	0.072 2	7
10	平安养老	—	—	1.145 2	1.195 3	1.162 2	1.167 6	0.020 8	12
11	平安健康	—	—	1.125 4	1.313 4	1.971 3	1.470 0	0.362 2	40
12	华泰人寿	1.506 8	1.325 5	1.346 2	1.651 9	1.344 8	1.435 0	0.126 6	39
13	新华人寿	1.217 7	1.169 0	1.100 7	1.092 8	1.062 3	1.128 5	0.056 6	6
14	泰康人寿	1.168 0	1.101 4	1.068 6	1.112 2	1.100 8	1.110 2	0.032 4	4
15	天安人寿	1.423 0	1.430 6	1.237 0	1.178 1	1.348 5	1.323 5	0.100 4	31
16	生命人寿	1.377 9	1.212 5	1.271 7	1.333 0	1.055 4	1.250 1	0.112 3	22
17	安邦人寿	—	—	—	—	9.958 3	9.958 3	0.000 0	56
18	合众人寿	1.256 7	1.203 5	1.266 7	1.276 5	1.346 2	1.269 9	0.045 8	24
19	长城人寿	1.207 9	1.105 9	1.161 5	1.363 4	1.350 1	1.237 8	0.102 4	19
20	嘉禾人寿	2.478 8	1.122 4	1.078 9	—	1.354 4	1.508 7	0.569 8	42

表5-8(续)

序号	保险公司	2006	2007	2008	2009	2010	成本效率年平均值	成本效率年标准差	成本效率年平均值排序
21	昆仑健康	—	—	1.741 3	2.331 7	1.986 9	2.020 0	0.242 2	50
22	和谐健康	7.659 8	4.023 6	1.790 1	5.261 5	19.896 7	7.726 3	6.374 1	55
23	正德人寿	3.826 3	1.306 6	1.106 4	1.126 3	1.086 2	1.690 4	1.070 9	46
24	华夏人寿	—	—	1.152 8	1.116 9	1.209 8	1.159 8	0.038 3	10
25	信泰人寿	—	—	1.108 8	1.230 5	1.154 6	1.164 6	0.050 2	11
26	英大人寿	—	—	1.183 9	2.058 5	2.419 6	1.887 3	0.518 8	49
27	国华人寿	—	—	1.376 1	1.082 0	1.137 8	1.198 6	0.127 5	14
28	幸福人寿	—	—	1.258 4	1.185 8	1.236 0	1.226 7	0.030 4	16
29	百年人寿	—	—	—	2.426 8	1.187 3	1.807 0	0.619 7	47
30	中邮人寿	—	—	—	7.349 2	1.052 9	4.201 0	3.148 1	52
31	中融人寿	—	—	—	—	1.113 8	1.113 8	0.000 0	5
32	中宏人寿	1.179 5	1.139 8	1.277 1	1.294 2	1.267 6	1.231 6	0.060 7	18
33	太平洋安泰	1.130 6	1.153 6	1.155 1	1.379 4	1.421 3	1.248 0	0.125 4	21
34	中德安联	1.234 8	1.166 2	—	1.861 8	2.067 7	1.582 6	0.389 7	45
35	金盛人寿	1.246 8	1.096 5	1.044 2	1.622 6	1.868 5	1.375 7	0.318 8	35
36	交银康联	1.096 1	1.060 6	1.375 1	1.793 7	1.097 5	1.284 6	0.278 6	28
37	信诚人寿	1.104 5	1.104 1	1.089 1	1.548 6	1.519 7	1.273 2	0.213 3	25
38	中意人寿	1.214 9	1.107 6	1.574 8	1.376 3	1.339 6	1.322 6	0.157 9	30
39	光大永明	1.282 7	1.141 4	1.081 1	1.676 5	1.240 1	1.284 3	0.208 6	27
40	中荷人寿	1.088 0	1.114 7	1.234 5	1.272 2	1.248 4	1.191 6	0.075 1	13
41	海尔纽约	1.197 2	1.081 0	1.279 6	1.320 0	1.518 2	1.279 2	0.144 8	26
42	中英人寿	1.135 5	1.087 7	1.114 7	1.239 8	1.213 6	1.158 3	0.058 5	9
43	海康人寿	1.386 2	1.239 0	—	1.125 0	1.165 9	1.229 0	0.099 5	17
44	招商信诺	1.125 0	1.246 2	—	1.422 7	1.062 6	1.214 1	0.137 3	15
45	长生人寿	1.630 4	1.500 8	1.384 4	1.673 6	1.574 8	1.552 8	0.102 1	44
46	恒安标准	1.608 3	1.357 4	—	1.268 5	1.078 0	1.328 0	0.190 7	32
47	瑞泰人寿	1.239 3	1.033 7	—	11.113 5	—	4.462 2	4.704 0	53
48	中美大都会	1.085 6	1.096 8	—	1.387 5	1.450 5	1.255 1	0.165 5	23
49	国泰人寿	1.270 0	1.266 2	1.398 3	1.797 3	1.830 3	1.512 5	0.250 8	43
50	中航三星	1.955 9	1.364 5	1.090 4	1.135 3	1.339 7	1.377 2	0.309 0	36
51	联泰大都会	1.823 6	1.116 6	—	3.031 2	2.639 6	2.152 7	0.740 0	51
52	中法人寿	—	1.764 9	1.139 2	1.124 6	1.204 2	1.308 1	0.265 4	29

表5-8(续)

序号	保险公司	2006	2007	2008	2009	2010	成本效率年平均值	成本效率年标准差	成本效率年平均值排序
53	中新大东方	1.663 4	1.554 9	1.307 9	1.322 6	1.317 3	1.433 2	0.147 8	38
54	君龙人寿	—	—	—	1.152 7	1.582 4	1.367 6	0.214 8	34
55	汇丰人寿	—	—	—	6.584 2	2.402 3	4.493 2	2.091 0	54
56	新光海航				2.178 6	1.516 0	1.847 3	0.331 3	48
	合计寿险公司成本效率年平均值	1.561 2	1.270 1	1.221 5	1.919 6	1.888 5	1.783 4	—	—
	合计寿险公司成本效率年标准差	1.115 1	0.472 4	0.170 7	1.784 6	2.728 7	1.551 9	—	—

资料来源：据相关资料整理。

5.3.3.2 实证结果分析

（1）中国寿险公司成本效率的总体情况分析

表5-8中的数据显示，2006—2010年中国56家寿险公司中，成本效率的平均值排前五名的公司依次是国寿股份、人保人寿、民生人寿、泰康人寿和中融人寿，平均值排名最后五位的依次是安邦人寿、和谐健康、汇丰人寿、瑞泰人寿和中邮人寿。56家样本寿险公司中，成本效率低于2的公司一共有49家占87.5%。其中，中国人寿、民生人寿和泰康人寿的成本效率较高，且它们的标准离差率比较低，表明其经营比较稳定；和谐健康、瑞泰人寿和中邮人寿的成本效率低，且它们的标准离差率比较低，表明其经营不够稳定。这56家中国寿险公司的平均成本效率为1.783 4，标准离差率为1.551 9，说明我国各寿险公司间的成本效率差别很大，寿险公司的整体成本效率有待进一步提高。

（2）不同股权集中度的寿险公司成本效率的比较

这56家样本公司在2006—2010年间，绝对控股的寿险公司有19家、相对控股的寿险公司有20家、分散持股的寿险公司有17家。其中，成本效率前十名的寿险公司中有5家绝对控股公司、2家相对控股公司、3家分散持股公司，成本效率排最后十名的公司中有2家绝对控股公司、4家相对控股公司、4家分散持股公司。由图5-3可以发现，三种股权结构的寿险公司的成本效率波动都剧烈。特别是绝对控股寿险公司的成本效率由2008年的1.216 9上升到2010年的2.830 4，成本效率急剧下降；而相对控股和分散持股则分别从2009年的2.226 2和1.819 2上升到2010年的1.462 5和1.311 9，成本效率明显上升。

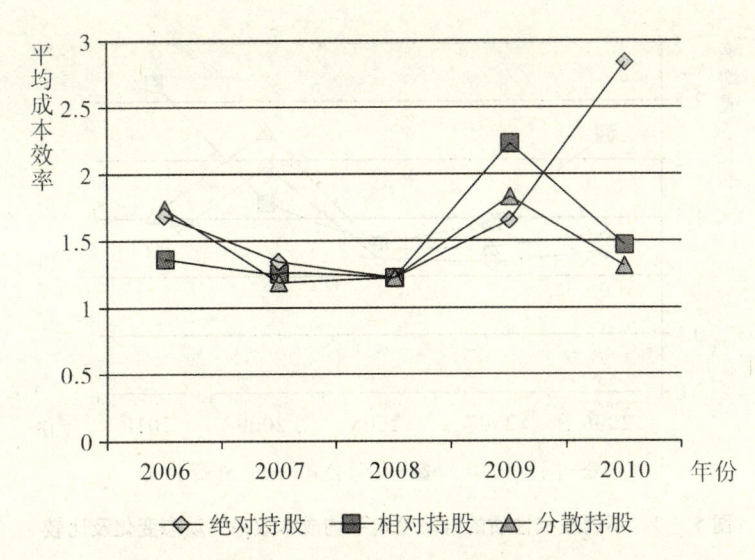

图 5-3　不同股权集中度的寿险公司平均成本效率的动态变化及比较

（3）不同股权性质的寿险公司成本效率的比较

这56家样本公司在2006—2010年间，国有性质的寿险公司有12家，民营性质的寿险公司有24家，外资性质的寿险公司有20家。其中，成本效率排前十名中的国有公司有4家、民营公司有5家、外资公司有1家；排后十名的国有公司有1家、民营公司有5家、外资公司有4家。图5-4显示出国有寿险公司的成本效率除2009年居于第二之外，其余各年均位于三种性质的寿险公司之首，说明国有寿险公司由于其历史悠久，公司规模较大，产生了规模效益，从而有利于降低经营成本，提高成本效率。民营寿险公司的成本效率除2009年居于第一之外，其余各年均位于最后，说明民营寿险公司由于其出资企业规模较小，股权变动频繁，导致其始终难以控制经营成本，降低了其成本效率。

（4）股权结构对中国寿险公司成本效率的影响因素分析

一方面，股权集中度对寿险公司的成本效率有影响。根据实证结果，成本函数其绝对控股（JD）系数显著为正，说明绝对控股对寿险公司的成本效率有很大影响，且绝对控股比例越大，寿险公司的成本效率越低。实证结果还显示，寿险公司的成本效率没有受到分散持股（FS）的影响。另一方面，寿险公司的成本效率受股权性质的影响不显著。这表明，仅改变寿险公司的股权性质并不能有效提高公司的成本效率，还应从多方面着手来控制寿险公司的成本。

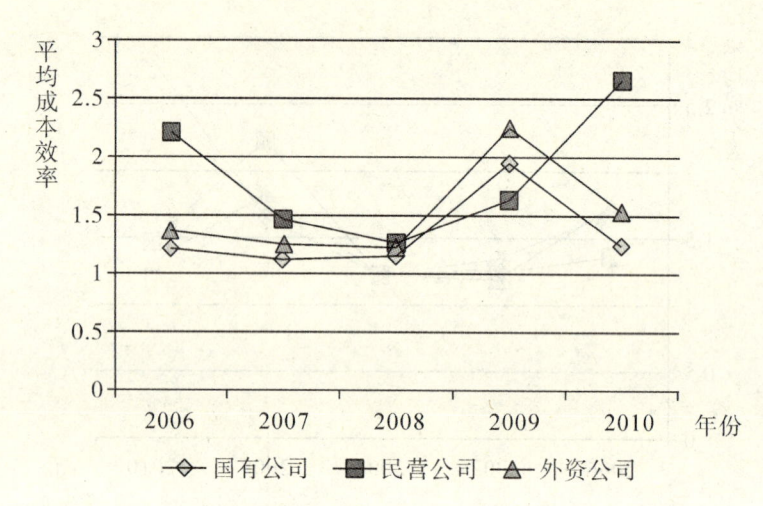

图 5-4　不同股权性质的寿险公司平均成本效率的动态变化及比较

5.4　实证分析的主要结论

本节在构建中国寿险公司随机前沿利润（成本）效率模型的基础上，详细分析了股权结构分别对中国寿险公司利润效率和成本效率的影响，最终得出如下结论：

第一，从模型的实证结果看，股权集中度对我国各家寿险公司的利润效率和成本效率均有影响，但影响的方向不同，即绝对控股比例越大，寿险公司利润效率越高，但成本效率却越低，可见，寿险公司要想达到利润效率和成本效率的制衡，绝对控股的比例要适当，不能过高也不能过低；股权性质对我国寿险公司的利润效率有影响，较为显著的是民营性质对我国寿险公司的利润效率有负面影响，而股权性质对成本效率则没有显著影响。

第二，从不同股权集中度的各类寿险公司平均利润（成本）效率的描述统计结果看，我国相对控股寿险公司的平均利润效率保持领先地位，分散持股寿险公司位居第二，绝对控股寿险公司是最低的；三种控股模式寿险公司的平均成本效率波动很大，以绝对控股寿险公司的波动幅度为最大并且有急剧下降的趋势，而相对控股和分散持股寿险公司的成本效率则有明显上升的趋势。这些结论也反映出我国各家绝对控股寿险公司的利润（成本）效率差异很大且经营状况参差不齐。

第三，从不同股权性质的各类寿险公司平均利润（成本）效率的描述统计结果看，我国国有寿险公司的平均利润波动较大，但平均成本效率一直都位于三种性质的寿险公司之首位，合资寿险公司的平均利润效率正在稳步上升，而民营寿险公司的平均成本效率则处于最低水平。

5.5 本章小结

本章采用超越对数成本函数，结合巴蒂斯和科里（1995）模型构建中国寿险公司的随机前沿利润效率模型和随机前沿成本效率模型，运用2006—2010年中国56家人寿保险公司共225组样本数据，估计各家公司在不同时期的利润效率和成本效率，并详细分析了股权结构对中国寿险公司利润效率和成本效率的影响，得出结论：股权集中度对中国寿险公司的利润效率和成本效率均有影响；股权性质对中国寿险公司的利润效率有显著影响，但对成本效率无显著影响。

6 中国寿险公司经理激励有效性分析：经理激励与寿险公司效率

寿险公司的经理激励是能够使其高层经理在追求自身利益的同时也能够追求所有者利益的最大化，也就是实现所有者和经营者之间的"激励相容"。这种激励机制主要指内部激励机制，即寿险公司内部实施的措施以及经理本身需要产生的内动力，它来自于寿险公司内部报酬和经理自身追求的动力，比如报酬激励、控制权激励和声誉激励。这三种激励措施中，报酬激励处于核心地位，是反映目前中国寿险公司经理激励机制的重要方面。另外，由于经理的控制权激励和声誉激励不易用数量指标进行衡量，并且在现有的中国寿险公司数据资料中也没有相关的指标可以对其进行替代，因此，本书仅选取经理报酬激励作为研究对象，分析经理报酬激励对中国寿险公司效率的影响。

如前所述，寿险公司的经营效率是一种综合效率，既要考察各家寿险公司对成本最低寿险公司的偏离程度，又要考察各家寿险公司对利润最高寿险公司的偏离程度。因此，本章也从寿险公司利润效率和成本效率两个方面研究其经营效率，并在分别构建中国上市保险公司随机前沿利润效率模型和随机前沿成本效率模型的基础上，分别分析经理报酬激励对中国寿险公司利润效率的影响和经理报酬激励对中国寿险公司成本效率的影响。

6.1 变量选取及样本选择

6.1.1 因变量选取

为了控制规模偏差对中国上市保险公司经营效率的影响，本书借鉴哈迪和帕蒂（Hardy & Patti, 2001）[①] 的做法，在中国上市保险公司随机前沿利润效率模型中，用净利润与总资产[②]之比作为随机前沿利润效率函数的因变量；在中国上市保险公司随机前沿成本效率模型中，用总成本与总资产之比作为随机前沿成本效率函数的因变量。其中，净利润（π）直接来自于各家上市保险公司利润表中的净利润。总成本运用各家寿险公司的利润表中的手续费及佣金支出与业务及管理费之和获得。

6.1.2 自变量选取

6.1.2.1 投入价格指标

运用上一章的结论，这里仍然选取佣金占保费收入的比率（p_1）、实收资本占总资产的比率（p_2）和营业费用占总资产的比率（p_3）分别替代劳动、资本和物料作为保险公司的投入价格指标。其中，佣金占保费收入的比率表示每收入一单位保费保险公司应支付的劳务费用，用保险公司的佣金除以该公司总保费收入来表示；实收资本占总资产的比率用保险公司的实收资本除以平均总资产来表示；营业费用占总资产的比率则用保险公司的营业费用除以平均总资产来表示。

6.1.2.2 产出指标

运用上一章的结论，这里仍然选取保费收入（y_1）、责任准备金的增量和已发生给付之和（y_2）以及投资收益（y_3）作为三种产出变量。其中，责任准备金的增量用摊回保险责任准备金减去提取保险责任准备金获得；已发生给付可以用各寿险公司损益表中的"赔付支出"和"退保金"之和获得。

6.1.2.3 利润效率和成本效率的影响因素

本章主要研究中国寿险公司效率与经理报酬激励的关系，因此这里仅设寿险公司经理的薪酬（SL）和寿险公司经理持有其公司的股份（SH）作为利润效率和成本效率的影响因素。

（1）经理薪酬（SL）

寿险公司以一定的标准设计公司高管人员薪酬，不仅能够吸引优秀的管理人员为公司所用，而且有助于促使寿险公司经理和股东的利益最大限度地保持

[①] Hardy, Daniel and Bonaccorsi di Patti, Emilia, 2001, "Bank Reform and Bank Efficiency in Pakistan" (September 2001). IMF Working Paper, Vol. , pp. 1–35.

[②] 这里的"总资产"用平均总资产来表示，即年初总资产与年末总资产之和除以2获得。

一致，以提高公司的经营效率。为了消除由于解释变量之间数值差异太大造成回归结果不显著的影响，在随机前沿利润函数中运用当年经理薪酬的对数作为经理薪酬的回归数据，在随机前沿成本函数中按当年经理薪酬的原值作为经理薪酬的回归数据。

（2）经理持有公司股份（SH）

保险公司经理持股能够使他们以股东的身份参与公司决策、分享利润、承担风险，将公司高管人员的个人利益与公司的长短期利益联系在一起，激发他们通过提升公司的长期价值来增加自己的财富，是一种对保险公司高管人员的长期激励方式。这里我们用经理持有公司股份数量的原值作为经理持股的回归数据。

本章的投入产出指标和影响因素指标如表6-1所示。

表6-1 中国上市保险公司随机前沿利润（成本）效率模型投入产出及影响因素指标

变量代码	变量名称	计算方法
C	总成本	手续费及佣金支出+业务及管理费
π	净利润	直接来自于利润表中的净利润
A	平均总资产	（年初总资产+年末总资产）/2
y_1	保费收入	直接来自于利润表中的保险业务收入
y_2	责任准备金的增量和已发生给付之和	责任准备金工的增量：摊回保险责任准备金-提取保险责任准备金 已发生给付：赔付支出+退保金
y_3	投资收益	直接来自于利润表中的投资收益
p_1	佣金占保费收入的比率	手续费和佣金/总保费收入
p_2	实收资本占总资产的比率	实收资本/平均总资产
p_3	营业费用占总资产的比率	营业费用/平均总资产 营业费用：直接来自于利润表中的业务及管理费
SL	经理薪酬	直接来自于保险公司当年的年报
SH	经理持有股份	由保险公司当年的年报中的相关数据计算得出

注：本表是根据本书所提及的变量选取的内容总结归纳得出。

6.1.3 样本选择及数据来源

一般而言，与经理报酬激励有关的保险公司高管人员的薪酬和持股数量的数据资料一般只会在保险公司当年的年报上公布。截至 2011 年年底，我国上市的保险公司一共有四家，即中国人寿、中国平安、中国太保和新华人寿。由于新华人寿是 2011 年 12 月 15 日和 16 日分别以 H 股和 A 股挂牌上市，年报资料信息不全，因此，本书以中国人寿、中国平安及中国太保三家上市保险公司作为研究样本。样本中包括中国平安 2004—2010 年、中国人寿 2006—2010 年和中国太保 2007—2010 年的全部 16 组样本数据。相关数据来源于 2004—2011 年的《中国保险年鉴》和 2004—2010 年三家保险公司当年的年报。

根据 2004—2011 年《中国保险年鉴》中的各家寿险公司的资产负债表和利润表以及 2004—2010 年三家保险公司当年的年报，统计出本书实证分析所需的投入产出指标和影响因素指标的具体数值，这些保险公司的投入产出指标的描述如表 6-2 所示，两个影响寿险公司利润和成本效率因素的统计描述如表 6-3 所示。

表 6-2　2004—2010 年中国三家上市保险公司的投入产出指标的统计描述

		2004 年	2005 年	2006 年	2007 年	2008 年	2009 年	2010 年
净利润 π	均值	2 608.08	3 338.43	10 987.5	16 982.33	7 441.33	18 330.33	20 138
	标准差	0	0	3 491.5	8 722.76	8 367.44	10 784.99	10 383.01
成本 C	均值	11 350.13	12 284.22	23 504.7	25 620.61	29 909.67	38 995	46 174.33
	标准差	0	0	5 264.7	6 992.91	11 256.83	9 617.42	9 590.08
保险业务收入 y_1	均值	65 617.37	71 625.12	133 289	123 935.67	159 566	161 508.33	205 722.67
	标准差	0	0	47 884	52 543.67	96 196.63	81 195.55	79 964.8
责任准备金增量及保险赔付支出 y_2	均值	49 986.64	55 294.93	124 623.5	122 460.67	135 034.33	129 910.33	163 592
	标准差	0	0	41 794.5	45 250.75	99 023.29	75 873.38	82 191.41
投资收益 y_3	均值	2 986.22	5 885.13	26 121.5	58 445.33	31 018.33	37 525.33	40 709.67
	标准差	0	0	4 829.5	26 299.39	16 490.03	18 431.36	20 073.25
佣金占保费收入的比率 p_1	均值	0.080 0	0.073	0.087 7	0.088 2	0.085 4	0.092 1	0.085 6
	标准差	0	0	0.006 8	0.013 8	0.008 5	0.007 6	0.004 4
实收资本占总资产的比率 p_2	均值	0.027 8	0.023 5	0.032 2	0.026 3	0.021 8	0.019 4	0.016 1
	标准差	0	0	0.014 6	0.009 6	0.008 1	0.007 4	0.006 3
营业费用占总资产的比率 p_3	均值	0.027 4	0.026 7	0.025 2	0.029 2	0.025 4	0.027 2	0.027 5
	标准差	0	0	0.003 3	0.007 7	0.007 9	0.008	0.009 4

注：π、C、y_1、y_2、y_3 的单位是百万元人民币；p_1、p_2、p_3 是百分比。

资料来源：根据 2005—2011 年《中国保险年鉴》整理。

表 6-3　2004—2010 年中国三家上市保险公司的影响因素指标的统计描述

		2004 年	2005 年	2006 年	2007 年	2008 年	2009 年	2010 年
经理薪酬 SL	均值	19.695	22.34	44.98	120.44	43.28	48.01	40.29
	标准差	0	0	29.67	121.80	18.85	31.43	20.46
经理持股 SH	均值			167.370 4	167.295 9	152.642 4	79.225 0	79.069 1
	标准差			167.368 4	167.293 7	152.640 4	79.160 5	78.938 9

注：经理薪酬 SL 的单位是人民币百万元，经理持股 SH 的单位是百万份。
资料来源：根据中国人寿、中国平安和中国太保 2004—2010 年公司年报整理。

6.2 经理报酬激励与中国寿险公司利润效率的关系：基于 SFA 的实证分析

6.2.1 中国上市保险公司随机前沿（SFA）利润效率模型

Cobb–Douglas 成本函数和超越对数成本函数（Translog）是在前沿效率研究的过程中应用最广泛的函数。我国上市保险公司只有四家，数据资料比较少，而 C–D 成本函数模型简单，需要估计的参数个数较少，比较适合于数据量较少的情况，因此本书采用 Cobb–Douglas 成本函数并结合 BC（1995）模型构建本书的中国上市保险公司利润效率的实证模型。

Cobb–Douglas 成本函数的原始形式被表达为：

$$\ln C_{st} = \beta_0 + \sum_{i=1}^{N} \alpha_{p_i} \ln(p_{sit}) + \sum_{j=1}^{M} \beta_{y_j} \ln(y_{sjt}) + \varepsilon_{st} \tag{6.1}$$

上式中，s, i, j 分别代表企业，投入和产出，且 $s = 1, 2, \cdots, S, i = 1, 2, \cdots, N, j = 1, 2, \cdots, M$；$C_{st}$ 为 s 企业在 t 年观察到的总成本，等于 $\sum p_{sit} x_{sit}$；y_{sjt} 为 s 企业在 t 年第 j 项产出的数量；p_{sit} 和 x_{sit} 分别为 s 企业在 t 年第 i 项投入的价格和数量；ε_{st} 为复合误差项，即 $\varepsilon_{st} = U_{st} - V_{st}$，其中 U_{st} 为技术非效率项，服从半正态分布或其他分布，V_{st} 为随机误差项。

将上述三种投入价格指标（即 p_1, p_2, p_3）和三种产出指标（即 y_1, y_2, y_3）代入式（6.1）的 Cobb–Douglas 成本函数，并根据成本函数对要素价格变动满足一阶齐次（即 $\alpha_1 + \alpha_2 + \alpha_3 = 1$）进行简化，从而构造出中国上市保险公司的随机前沿利润效率模型。具体形式如下：

$$\ln(\pi_{st}/p_{3st}) = \beta_0 + \alpha_1 \ln(p_{1st}/p_{3st}) + \alpha_2 \ln(p_{2st}/p_{3st}) + \beta_1 \ln y_{1st}$$
$$+ \beta_2 \ln y_{2st} + \beta_3 \ln y_{3st} + (v_{st} - u_{st}) \tag{6.2}$$

上式中，π_{st}是第s家上市保险公司第t年的净利润；y_{1st}为第s家上市保险公司第t年的保险业务收入；y_{2st}为第s家上市保险公司第t年的责任准备金增量及保险赔付支出；y_{3st}为第s家上市保险公司第t年的投资收益；p_{1st}为第s家上市保险公司第t年的佣金占保费收入的比率；p_{2st}为第s家上市保险公司第t年的实收资本占总资产的比率；p_{3st}为第s家上市保险公司第t年的营业费用占总资产的比率；成本函数的随机误差用v_{st}表示，$v_{st} \sim N(0, \sigma_v^2)$；由技术和配置非效率之和形成的成本非效率值用$u_{st}$表示，假设$u_{st} \sim N(m_{st}, \sigma_u^2)$在零处被截断；其中为$m_{st}$用来表示外生变量的函数，可写成：

$$m_{st} = \delta_0 + \delta_1 SL_{st} + \delta_2 SH_{st} \tag{6.3}$$

上式中，SL_{st}为第s家上市保险公司第t年的经理薪酬；SH_{st}为第s家上市保险公司第t年的经理持股的份数。

上述前沿利润函数是否有效，要判断变差率$\gamma \neq 0$ $[\gamma = \sigma_u^2/(\sigma_v^2 + \sigma_u^2)$，$0 < \gamma < 1]$是否成立，如果不成立则表明不存在利润的技术非效率项，前沿利润函数是无效的。利润偏差产生的原因可通过变差率γ的值来判断：当γ趋近1时，表明偏差主要来自于利润非效率项u，当γ趋近于0时，表明偏差主要产生于随机误差v（Battese and Coelli，1992）。

6.2.2 实证工具

本书运用的FRONTIER4.1以巴蒂斯和科里（1988，1992 and 1995）以及贝特思、克莱林和科贝（Battese, Coelli & Colby, 1989）模型为基础，能够估计出随机前沿函数参数的最大似然值。它先用普通OLS估计函数中的参数值，具有最优无偏估计（unbiased）的参数有α_{pi}，β_{yj}，截距项β_0除外，然后通过固定OLS估计出的参数α_{pi}，β_{yj}的值，用修正的OLS调整参数β_0，σ^2的值，并把包括μ，δ在内的其他参数都设为0之后，在系统中搜索参数γ（grid search）的值，并采用DFP准牛顿算法（Davidon – Fletcher – Powell Quasi – Newton）以该γ值作为迭代的起始值进行运算，最终得出随机前沿函数参数的最大似然估计值。

确定了随机前沿利润函数之后，运用FRONTIER4.1即可得到各上市寿险公司的利润效率值。FRONTIER4.1中把利润效率定义为：

$$EFF_s = E[\pi_{st}^* | U_s, X_s] / E[\pi_{st}^* | U_s = 0, X_s] \tag{6.4}$$

上式中，π_{st}^* 是第 s 个公司的净利润取自然对数；U_s 为利润非效率值；EFF_i 代表利润效率，其取值为 0~1 之间。

6.2.3 实证结果及分析

6.2.3.1 实证结果

利用 FRONTIER4.1 软件，得出实证结果如表 6-4 和表 6-5 所示。

表 6-4 2004—2010 年中国上市保险公司随机前沿利润函数估计结果

项目	参数	系数	标准误差	T 值
利润函数				
截距项	β_0	0.4894	0.2977	1.6436
$\ln(p_1/p_3)$	α_1	1.6587	0.3146	5.2727***
$\ln(p_2/p_3)$	α_2	-0.3139	0.3218	-0.9755
$\ln y_1$	β_1	-0.3468	0.6787	-0.5109
$\ln y_2$	β_2	1.0284	0.3031	3.3927***
$\ln y_3$	β_3	0.4604	0.0431	10.6736***
非效率函数				
截距项	δ_0	-0.5906	0.7684	-0.7685
SL	δ_1	-0.5596	0.2737	-2.0447*
SH	δ_2	0.0101	0.0026	3.7556***
变异参数				
	σ^2	0.5523	0.1706	3.2382***
	γ	0.9999	0.000003	298207.34***
似然比检验统计量	LR	23.0651	—	—

注：*** 代表 1% 的显著水平；** 代表 5% 的显著水平；* 代表 10% 的显著水平。
资料来源：本研究整理。

表 6-4 的实证结果显示出利润效率模型的 $\gamma = 0.9999$，说明随机误差 v 对寿险公司利润效率的影响远小于利润非效率项 u；在显著性水平为 1% 且 $\gamma = 0$ 的零假设下的 mixedχ^2 临界值为 5.412（Kodde and Palm[①]，1986），本书寿险

[①] David A. Kodde and Franz C. Palm, "Wald Criteria for Jointly Testing Equality and Inequality Restrictions", Econometrica Vol. 54, No. 5 (Sep., 1986), pp. 1243-1248.

公司随机利润效率模型的 $LR = 23.0651 > 5.412$，应拒绝 $\gamma = 0$ 的假设。这说明我国寿险公司中存在利润非效率项 u。

表6-4显示，中国上市保险公司随机前沿利润效率模型的6个参数中，当显著性水平为1%时，参数 α_1，β_2，β_3 的 T 值显著；参数 β_0，α_2，β_1 的 T 值均不显著。可是由于已经拒绝 $\gamma = 0$ 的假设，因此在该假设下的中国上市保险公司利润效率模型仍然是有效的。在中国上市保险公司利润效率影响因素函数中，在1%水平上显著的参数是 δ_2；在10%水平上显著的参数是 δ_1；参数 δ_0 的 T 检验不显著。

根据上面估计出的中国上市保险公司随机前沿利润效率模型，FRONTIER4.1可以估计出每个时期每一家保险公司的利润效率值（即 EFF 值），结果如表6-5所示。EFF 值愈小，表明寿险公司的利润效率越低。

表6-5 2004—2010年中国上市保险公司利润效率及排序

序号	保险公司	2004年	2005年	2006年	2007年	2008年	2009年	2010年	利润效率平均值	利润效率标准差	利润效率平均值排序
1	中国人寿	—	—	0.95	0.98	0.60	1.00	0.78	0.86	0.15	1
2	中国平安	0.99	0.96	0.53	0.41	0.14	0.79	0.91	0.67	0.30	3
3	中国太保	—	—	0.93	0.22	0.83	0.93	0.73	0.29	2
利润效率年平均值		0.99	0.96	0.74	0.77	0.32	0.88	0.87	—	—	—
利润效率年标准差		0.00	0.00	0.21	0.26	0.20	0.09	0.06	—	—	—

资料来源：据相关资料整理。

6.2.3.2 实证结果分析

（1）中国上市保险公司利润效率的总体情况分析

由表6-5及图6-1可以看出，2004—2010年中国上市保险公司中，中国人寿的平均利润效率最高，其次是中国太保，最后是中国平安。其中，中国人寿在这几年中的利润效率波动较小，各年的利润效率差别不是很大，表明其经营状况比例稳定。而这几年中国平安最高的利润效率是2004年的0.99，最低的利润效率是2008年的0.14，这几年的利润标准差达到0.30，波动很大，表明其经营状况不够稳定，因此，在我国三家上市保险公司之中，其利润效率位居最后。

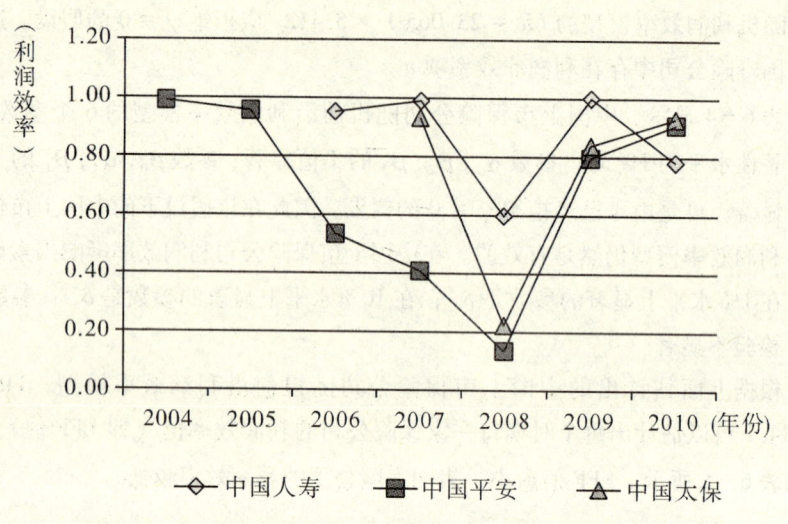

图 6-1　2004—2010 年中国上市保险公司利润效率动态变化

（2）中国上市保险公司经理薪酬对公司利润效率的影响

表 6-4 中的实证结果显示，经理薪酬对公司利润效率有显著的负向影响，表明当保险公司的高管人员对于公司给予的薪酬感到习惯以后，这种薪酬体系不仅起不到它应有的激励作用，反而会由于公司高管人员缺乏工作动力而使公司的利润效率下降。

（3）中国上市保险公司经理持股对公司利润效率的影响

表 6-4 中的实证结果显示，经理持股对公司利润效率有显著的正向影响，表明在我国，经理持股作为一种长期激励机制，能使保险公司高管人员的利益与公司利益更趋于一致，有助于激发经理人尽力发挥自己的潜能以增大公司的价值，赢得高额的公司利润，有利于公司利润效率的提高。

6.3　经理报酬激励与中国寿险公司成本效率的关系：基于 SFA 的实证分析

6.3.1　中国上市保险公司随机前沿（SFA）成本效率模型

如前所述，本书仍然采用 Cobb-Douglas 成本函数作为随机前沿利润函数的形式，并结合 BC（1995）模型构建本书研究中国上市保险公司成本效率的实证模型。

将上述三种投入价格指标（即 p_1, p_2, p_3）和三种产出指标（即 y_1, y_2, y_3）代入（6.1）式的 Cobb – Douglas 成本函数，并根据成本函数对要素价格变动满足一阶齐次（即 $\alpha_1 + \alpha_2 + \alpha_3 = 1$）进行简化，从而构造出中国上市保险公司的随机前沿成本效率模型。具体形式如下：

$$\ln(C_{st}/p_{3st}) = \beta_0 + \alpha_1 \ln(p_{1st}/p_{3st}) + \alpha_2 \ln(p_{2st}/p_{3st}) + \beta_1 \ln y_{1st}$$
$$+ \beta_2 \ln y_{2st} + \beta_3 \ln y_{3st} + (v_{st} + u_{st}) \quad (6.5)$$

上式中，C_{st} 是第 s 家上市保险公司第 t 年的总成本；y_{1st}, y_{2st}, y_{3st}, p_{1st}, p_{2st}, p_{3st} 与中国上市保险公司随机前沿利润效率模型中相应变量的含义相同；成本函数的随机误差用 v_{st} 表示，$v_{st} \sim N(0, \sigma_v^2)$；由技术和配置非效率之和形成的成本非效率值用 u_{st} 表示，假设 $u_{st} \sim N(m_{st}, \sigma_u^2)$ 在零处被截断；其中 m_{st} 用来表示外生变量的函数，可写成：

$$m_{st} = \delta_0 + \delta_1 SL_{st} + \delta_2 SH_{st} \quad (6.6)$$

上式中，SL_{st} 和 SH_{st} 也与中国上市保险公司随机前沿利润效率模型中相应变量的含义相同。

上述前沿成本函数是否有效，要判断变差率 $\gamma \neq 0$ [$\gamma = \sigma_u^2/(\sigma_v^2 + \sigma_u^2)$，$0 < \gamma < 1$] 是否成立，如果不成立则表明不存在成本的技术非效率项，前沿成本函数是无效的。成本偏差产生的原因可通过变差率 γ 的值来判断：当 γ 趋近 1 时，表明偏差主要来自于成本非效率项 u，当 γ 趋近于 0 时，表明偏差主要产生于随机误差 v（Battese and Coelli，1992）。

6.3.2　实证工具

与前述中国上市保险公司随机前沿利润效率模型的方法一样，在确定了随机前沿成本函数之后，运用 FRONTIER4.1 即可得到各公司的成本效率值。FRONTIER4.1 中把成本效率定义为：

$$EFF_s = E(C_{st}^* | U_s, X_s)/E(C_{st}^* | U_s = 0, X_s) \quad (6.7)$$

上式中，C_{st}^* 是第 s 个公司的成本取自然对数；U_s 为利润非效率值；EFF_s 代表第 s 个公司的成本效率，其取值为 1 到无穷大。

6.3.3 实证结果及分析

6.3.3.1 实证结果

本书使用 FRONTIER4.1 软件，配合使用 BC（1995）模型，得出实证结果如表 6-6 和表 6-7 所示。

表 6-6 2004—2010 年中国上市保险公司随机前沿成本函数估计结果

项目	参数	系数	标准误差	T 值
利润函数				
截距项	β_0	0.682 6	0.127 9	5.337 0***
$\ln(p_1/p_3)$	α_1	0.591 7	0.131 5	4.499 7***
$\ln(p_2/p_3)$	α_2	-0.126 4	0.088 4	-1.429 2
$\ln y_1$	β_1	0.717 1	0.168 7	4.251 7***
$\ln y_2$	β_2	-0.177 7	0.076	-2.338 1**
$\ln y_3$	β_3	0.035 4	0.025 4	1.391 5
非效率函数				
截距项	δ_0	0.114 7	0.068 7	1.669 6
SL	δ_1	0.000 3	0.000 5	0.541 4
SH	δ_2	-0.000 5	0.000 2	-2.149 4**
变异参数				
	σ^2	0.003 9	0.002 2	1.787 3*
	γ	0.998 9	0.001 8	547.513 2***
似然比检验统计量	LR	7.480 4	—	—

注：*** 代表 1% 的显著水平；** 代表 5% 的显著水平；* 代表 10% 的显著水平。
资料来源：据相关资料整理。

表 6-6 的实证结果显示出成本效率模型的 γ = 0.998 9，说明随机误差 v 对寿险公司成本效率的影响远小于成本非效率项 u；在显著性水平为 1% 且 γ = 0 的零假设下的 mixed χ^2 临界值为 5.412（Kodde and Palm[①]，1986），本书寿险公司随机成本效率模型的 LR = 7.480 4 > 5.412，应拒绝 γ = 0 的假设。这说明

[①] David A. Kodde and Franz C. Palm, "Wald Criteria for Jointly Testing Equality and Inequality Restrictions", Econometrica Vol. 54, No. 5 (Sep., 1986), pp. 1243-1248.

我国寿险公司中存在成本非效率项 u。

表6-6显示，中国上市保险公司随机前沿成本效率模型的6个参数中，当显著性水平为1%时，参数 β_0, α_1, β_1 的 T 值显著；当显著性水平为5%时，参数 β_2 的 T 值显著；参数 α_2, β_3 的 T 值均不显著。可是由于已经拒绝 $\gamma = 0$ 的假设，因此在该假设下的中国寿险公司成本效率模型仍然是有效的。在中国上市保险公司成本效率影响因素函数中，在5%水平上显著的参数有 δ_2；参数 δ_0, δ_1 的 T 检验不显著。

根据上面估计出的中国上市保险公司随机前沿成本效率模型，FRONTIER4.1 可以估计出每个时期每一家保险公司的成本效率值（即 EFF 值），结果如表6-7所示。EFF 值愈大，表明寿险公司的成本效率越低。

表6-7　2004—2010年中国上市保险公司成本效率及排序

序号	保险公司	2004年	2005年	2006年	2007年	2008年	2009年	2010年	成本效率平均值	成本效率标准差	成本效率平均值排序
1	中国人寿	—	—	1.17	1.11	1.19	1.15	1.14	1.15	0.03	3
2	中国平安	1.07	1.05	1.00	1.00	1.00	1.26	1.12	1.07	0.09	1
3	中国太保	—	—	—	1.14	1.07	1.15	1.13	1.12	0.03	2
	成本效率年平均值	1.07	1.05	1.09	1.08	1.09	1.19	1.13	—	—	—
	成本效率年标准差	0.00	0.00	0.08	0.06	0.08	0.05	0.01	—	—	—

资料来源：据相关资料整理。

6.3.3.2　实证结果分析

（1）中国上市保险公司成本效率的总体情况分析

由表6-7及图6-2可以看出，2004—2010年中国上市保险公司中，中国平安的平均成本效率最高，其次是中国太保，最后是中国人寿。从三家公司的成本效率标准差来看，中国人寿和中国太保的标准差都是0.03，小于中国平安的标准差0.09，说明中国人寿和中国太保的经营状况比较稳定。中国平安在2006—2008年连续三年的成本效率为1，达到成本效率的前沿面，表示中国平安在这三年中对成本控制的措施非常有效，但2009年和2010年下降的成本效率则表明中国平安应该改进其原有的公司治理措施以适应保险市场的新变化。

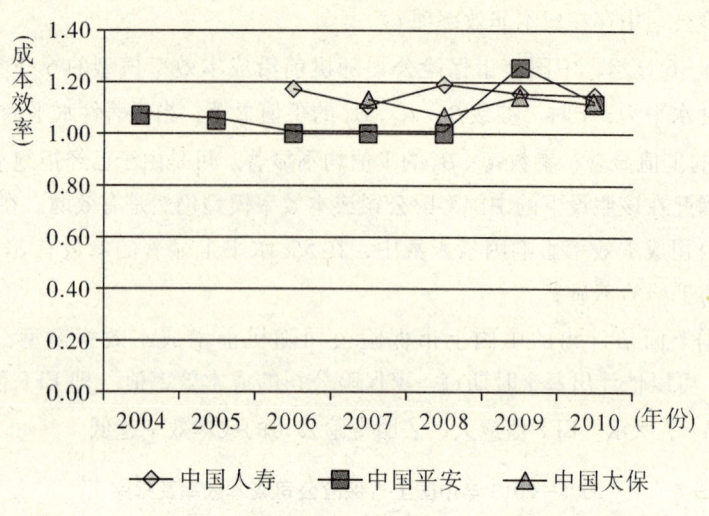

图6-2 2004—2010年中国上市保险公司成本效率动态变化

(2) 中国上市保险公司经理薪酬对公司成本效率的影响

表6-6中的实证结果显示,经理薪酬对公司成本效率没有显著的影响,表明我国保险公司在薪酬总量分配形式上仍然须服从国家财政部制定的分配方案,任何薪酬问题及奖励形式的变更都必须经过严格审批,保险公司经理的薪酬基本上是由工资、奖金和福利组成,对保险公司的成本效率影响很小。

(3) 中国上市保险公司经理持股对公司成本效率的影响

表6-6中的实证结果显示,经理持股对公司成本效率有显著的负向影响。这个结果表明:从成本的角度来看,经理持股数量会产生负面影响,增加公司的运营成本,导致公司成本效率的下降。实行股权激励对保险公司治理水平要求较高,但我国国有控股的股份制保险公司仍然存在股权高度集中、董事会职能尚未落实到位、尚未形成市场化选聘机制、股东行为仍需规范、一些股东未能充分认识保险经营的特点等问题。这些情况都容易产生新的道德风险,如管理者利用自身的权力通过董事会影响自己的薪酬;经理人员操纵信息发布以及制造虚假财务信息;经理人员还可能进行错误的投资决策以获得巨额的股票期权收入,从而损害了股东利益,等等,这些都将导致保险公司的经营成本增加,成本效率降低。

6.4　实证分析的主要结论

本节在构建中国上市保险公司随机前沿利润效率模型和随机前沿成本效率模型的基础上，详细分析了经理报酬激励分别对中国上市保险公司利润效率和成本效率的影响，最终得出如下结论：

第一，中国人寿的平均利润效率最高，但平均成本效率最低；中国平安的平均利润效率最低，但平均成本效率最高；中国太保无论是平均利润效率还是平均成本效率都排在第二位。

第二，我国上市保险公司的利润效率明显受到公司经理薪酬的负向影响，但其成本效率则没有受到经理薪酬的影响。

第三，我国上市保险公司的利润效率明显受到经理持股的正向影响，而其成本效率则明显受到经理持股的负向影响。

这些结论说明，目前中国上市保险公司的薪酬体系没有起到激励作用，而且由于保险公司经理缺乏工作动力会使公司的利润效率下降，而经理持股作为一种长期激励机制，它能使保险公司的高管人员的利益与公司利益更趋于一致，有助于激发经理人尽力发挥自己的潜能以增大公司的价值，赢得高额的公司利润，有利于公司利润效率的提高。

6.5　本章小结

本章以中国人寿、中国平安和中国太保三家上市保险公司作为研究样本，包括中国平安2004—2010年、中国人寿2006—2010年和中国太保2007—2010年的全部16组样本数据，采用Cobb - Douglas成本函数并结合巴蒂斯和科里（1995）模型分别构建中国上市保险公司利润效率和成本效率的实证模型，并在此基础上分析经理报酬对中国上市保险公司效率有何影响，并得出结论：我国上市保险公司的利润效率受到经理薪酬的显著的负向影响，但其成本效率没有受到经理薪酬的影响；我国上市保险公司的利润效率受到经理持股的显著的正向影响，而其成本效率则受到经理持股的显著的负向影响。

7 提高中国寿险公司产权结构有效性的思路及策略

依据寿险公司产权结构有效性的一般理论分析,并结合中国寿险公司产权结构的现状,本章试图从提高寿险公司产权结构有效性的总体思路入手,从股权结构和经理激励两个方面提出提高中国寿险公司产权结构有效性的策略及建议。

7.1 提高中国寿险公司产权结构有效性的总体思路

寿险公司产权结构有效性是寿险公司的名义产权和实际产权的两权结构所具有的能激励在它支配下的股东和经理实现外部性最大化的一种特有的性质,而这样的两权结构又使寿险公司存在着相应的名义产权激励机制和实际产权激励机制。其中,名义产权激励机制是寿险公司的资本所有者通过投入资本以期得到较大回报率的激励机制,具体可以表现为寿险公司的股权结构的有效性,即通过分析寿险公司股权结构有效性来反映寿险公司名义产权对公司股东的激励。实际产权激励机制是通过把公司效率与经理报酬相联系的方式来实现的激励,它是激励经营管理者在寿险公司取得较高生产效率的直接动机,具体可以表现为经理激励的有效性,即通过分析寿险公司经理激励有效性来反映寿险公司实际产权激励机制的效果。可见,寿险公司产权结构有效性可以具体化为寿险公司股权结构有效性和寿险公司经理激励有效性两个方面。因此,可以将提高中国寿险公司产权结构有效性的总体思路设计为:通过分别提高寿险公司股权结构和经理激励的有效性,以促使寿险公司名义产权和实际产权的两层次的激励达到最大,最终提高我国寿险公司的总体经营效率。

寿险公司股权结构有效意味着由各股东的性质和持股比例构成的股权状态可以促使寿险公司提高经营效率，从而实现更高的价值。股东的性质、股权集中度以及股权制衡度对寿险公司的效率有不同的影响。因此，要提高我国寿险公司股权结构的有效性，应该解决好如下几个问题：什么样的股东性质（如：国有股、法人股、社会公众股等）有助于提高寿险公司的效率；寿险公司的大股东和小股东应该分别持有多少股份才能促使寿险公司经营效率的提高；寿险公司的多个控制性大股东如何相互制约和牵制，才能建立起有效的股权制衡结构使公司经营效率稳步提高。可见，提高我国寿险公司股权结构有效性的重点在于如何设置寿险公司不同的股东性质、股权集中与分散的均衡以及有效的股权制衡结构以促使寿险公司实现整体效率水平的不断提高。

寿险公司经理激励有效性要求由寿险公司经理在考虑其自身利益的同时还要最大限度地追求所有者利益。报酬激励、控制权激励和声誉激励等均来自于寿险公司内部报酬和经理自身追求的动力。要提高我国寿险公司经理激励有效性，应该解决如下一些问题：寿险公司经理报酬结构和报酬数量如何确定；如何将经理报酬与寿险公司的业绩指标"挂钩"；根据经理的贡献和他所获得的控制权之间的对称性，如何授予寿险公司经理特定控制权，使控制权发挥最强的激励作用；寿险公司经理声誉激励机制如何发挥作用，成为经理报酬激励的有益补充，从而促进公司经营效率的提高，等等。单纯的经济利益刺激并不能达到有效的激励效果，因此我们主张综合利用由报酬、控制权和声誉等多种激励措施组成的多元化激励机制，以便最大限度地激发经理的工作积极性与创造性。

7.2 提高中国寿险公司股权结构的有效性：模式、措施及制度保证

随着近几年股权结构的改革，我国寿险公司的股权结构已经日趋合理，实现了从国家股占绝对优势向国家或国有法人股份、民营股份、外资股份以及社会公众股份并存的多元化股权结构的转化。但由于股权结构多元化只是初步形成，国有控股的股权结构在我国仍占主导地位，企业法人股、民营股份、及外资股份的较小比例还很难对国有股形成有效的制衡，从而影响我国寿险公司整体经营效率。要提升我国寿险公司股权结构的有效性，鼓励建立不同所有制主体下的多元化股权是问题的关键，也就是在国有股权控股为总体的前提下逐渐

减少国有股权的比例，吸收非国有资本的加入，使非国有资本的股东达到能和国有股东相抗衡的比例，建构起国有股东之间、国有与非国有股东之间的相互监督机制，从而建立起我国寿险公司的多元化网络式股权结构。

7.2.1 寿险公司股权结构的有效模式：多股制衡的多元化网络式股权结构

多元化股权是指我国寿险公司的股权是由多种性质的所有制经济主体所持有，公司职工也可成为自己公司的股东。多元化持股将国民经济体系中的多种所有制并入到寿险公司的股权结构中，并在公司内部混合生长和相互促进，可以增强我国寿险公司适应国民经济运行的能力，有助于保险资源的合理配置和大规模资本的合理集中。网络式持股，指寿险公司和那些在国民经济体系中起支柱性作用的大型企业（集团）以及发挥主渠道作用的大型金融机构之间的相互持股关系。网络式持股结构能够将国民经济体系中保源最充足的经济主体转化成保险公司的保障对象，有可能成为我国寿险公司适应未来高度竞争的市场环境的主要制度安排。

7.2.1.1 国有控股公司：逐步降低国有股权的比例，分散股权，多股制衡

我国国有控股的寿险公司股权结构一股独大，国有股处于绝对的控制地位，在董事会及监事会的人选确立和公司战略等重大决策方面中小股东根本无法与之抗衡，从而难以形成卓有成效的内部治理制衡机制。国有股和国有法人股属于全体国民的资产，这种形式的产权初始配置很难达到"经济人"的要求，并且每个人对资产都具有非排他性，极易造成"公地悲剧"。虽然我国国有寿险公司通过上市、外资或民营企业购买国有产权等产权交易方式在某种程度上达到了国有控股比例的显著降低，股权渐渐分散，多元化的股权结构得以实现，但真正意义上国家依旧是最大的股东，没有彻底扭转"一股独大"的局面。从股权属性上看，机构投资者应该成为股权制衡中的重要力量，因为机构投资者有能力对保险公司的经营行为进行监督。

除了适当地通过合法规范的途径转让国有经济主体所持有的股份和选择性地增资扩股，吸收经济实力强、治理结构完善的民营和外资企业参股国有寿险公司可以有效分散国有寿险公司的股权之外，积极进行上市融资也可以起到稀释国有经济主体股份所占比例的作用。寿险公司上市的最终目标是实现寿险公司股份的全流通，只有充分实现了股权的流动性和可转让性，股东"用脚投

票"的机制才能完全发挥作用,才能实现资本市场约束寿险公司经营者的作用。除此之外,寿险公司股份全流通还能够为国家资本的战略转移提供便利的通道,在完备的国有资产管理机构的管理下,国有股份可以通过资本市场退出一般性的商业保险领域,而转移到急需国家资本投入和支持的政策性、社会性保险领域中去,组建专门的农业保险公司、储蓄公司、社会保障机构等,促进整个国民经济的健康有序发展。

7.2.1.2 民营寿险公司:增强股权持有的稳定性及股东之间的制衡

我国的民营寿险公司以股份制的形式经营寿险业务。由于单个民营资本在资金实力及风险承受能力上的弱小,以民营股份为投资主体的寿险股份公司的股东大多数比较分散和多元,产权明晰,有助于按照法律和企业制度的内在要求形成规范而有效的法人治理结构。费用前置是保险业的特征,尤其是寿险业的盈利需要一个很长的周期,通常不少于7年,在这样一个比较长的周期内,股东不仅不能获得回报,相反可能需要持续注资,这对于民营资本的资金实力和经营理念都提出了很高的要求。但我国的民营企业发展的历程不长,其本身在资金实力、经营理念方面还存在着一些不成熟之处,民营资本对寿险业特殊的经营规律认识不足,理念还不成熟,资本不充足的民营资本一旦进入保险业,不但自身的预期目标难以达成,而且可能由于急功近利的短视行为还会对寿险公司造成不良后果。此外,由于单个民营股东的力量弱小,民营寿险公司的股权通常比较分散,而过度分散的股权结构可能引起权利之争,造成决策效率低下。

因此,可以将我国民营寿险公司设置成由几个持股比例相近的,具有适合资质的,资本雄厚的民营企业股东组成,以保证民营寿险公司持有的股权具有相对的稳定性,各股东通过内部互相制约和牵制,使得任何一个股东都不能对寿险公司有完全的决策权,从而形成股东互相监督的有效的股权结构,使民营股东在公司治理结构中的监督制约作用不断加强,最终提高民营寿险公司的经营效率。

7.2.1.3 合资寿险公司:加强中资和外资股东制衡的程度

合资寿险公司在我国寿险市场上的发展并非如预期的一帆风顺,除了外部政策的制约因素之外,其自身的治理结构缺陷也是制约其发展的重要原因。结合我国《保险公司股权管理办法》的规定,本书将合资寿险公司定义为寿险公司的注册资本中,外国合营者的投资比例不低于25%的寿险公司。特别是有大部分合资寿险公司双方的股权比例是1:1,从客观上来讲,增加了合资双方产生权利冲突的可能性,从主观而言,由于在华的合资寿险公司对于历史悠久的外资企业来说不一定是其重点关注的产业，因此在华的外派人员及其背后的支持力量不是外资企业的最强力量，这也在某种程度上导致外资方在技术、管理等方面的表现并不能完全说服中资方，而由于对中国国情的了解程度的差异，可能导致在发展思路和具体操作方面存在分歧。外资企业的本土化程度不足导致的文化冲突又进一步激化了权利冲突，双方的权利、文化冲突，极大地削弱了企业的决策和管理效率。因此，合资寿险公司更应该加强中资股东和外资股东之间股东制衡的程度，构建中外资股东之间的相互监督机制，一旦形成股权之间的制衡关系，股东之间维护自身利益的方式就能够通过有效的公司治理得以实现。

7.2.2 确保寿险公司股权结构有效的重要措施：引入战略投资者

我国寿险公司多元化的股权结构应着眼于通过引入战略投资者，重建控制权结构，真正改善公司治理结构，使其走向理性化的经营轨道。实践中，合适的战略投资者有三类，即国际战略投资者、民营战略投资者和银行战略投资者。

7.2.2.1 引入国际战略投资者，发挥国际资本的监督作用

国际战略投资者是拥有雄厚的资金、先进的技术和管理经验、优秀的高级人才以及开拓的市场环境的国际大企业和集团，它们致力于长期投资合作，谋求获得长期的利益回报和企业的可持续发展。引进国际战略投资者能够有效带动产业结构升级，显著提升企业的核心竞争力及创新能力，提高企业产品的市场占有率。由于国家对国际战略投资者入股我国保险公司有比较严格的资格审查，所以只有具有良好的声誉、优异的财务状况和悠久历史的境外金融机构才能进入我国保险市场。我国寿险公司已经在引入国际战略投资方面做出了许多有益的探索，积累了宝贵的经验，如中国平安吸收摩根士丹利投资有限公司和高盛有限合伙集团公司为新股东；新华人寿与国际SOS签署全面战略合作协议；英大泰和人寿引进美国万通人寿保险公司；信诚人寿与国际认证财务顾问师协会启动战略合作协议，等等。引入国际战略投资者不仅进一步优化了寿险公司的股权结构，而且带来产品、技术、管理和培训等全方位的支持，注入重要的战略资源，有助于寿险公司治理结构朝着市场化、国际化方向发展。

但是，境外资本入股并相对控股部分寿险公司可能会出现在中国股市圈钱损害中国股民的利益，或者境外资本自身存在的问题或关联交易行为可能会影响其控股国内寿险公司的偿付能力，从而侵害广大被保险人的利益。因此，在

引进国际战略投资者时，除了要加强对其资格的准入制度之外，还必须考虑中国传统文化等因素的影响，在吸引投资的对象上，应具有"战略统一、优势互补、文化相容"的理念，可以选择相同或相近文化背景的投资者；在投资方式上，为了使战略投资者灵活的投资入股，可试行债转股及股权互换的方式；在股权定价上，将双方竞价为主转变为以多方询价为主，为了促进寿险公司股权转让价格发现机制的完善，可以采取拍卖、招标及投标的方式；在防范风险上，通过约定必须分阶段逐步撤资、技术支援和业务合作时间的延续、保护被投资机构、在协议转让股权过程中规定股权受让方的合作条件等措施，建立战略投资者的退出机制，以减轻资金抽离可能对被投资对象造成的冲击。

目前，西方发达国家的保险市场已经饱和，而我国保险业正处于快速发展时期，具有很大的发展潜力。国际战略投资者都看好中国的保险市场，迫不及待地要进入中国保险市场，以抢占中国巨大的保险市场和潜在业务规模，以便获取更大的利益。国际战略投资者的进入会加剧我国寿险业的竞争，加快我国寿险业的国际化进程，促进保险业的规范发展。同时，国际战略投资者了解寿险行业的盈利周期，具有长远的战略眼光，会更加关注国内寿险公司的长期发展潜力，关注公司的盈利状况而非单纯的保费指标，注重改善公司的治理结构并且能够较好地发挥监督作用，提高国内寿险公司的经营效率。

7.2.2.2 引入民营资本，增强寿险公司国有与非国有股东之间的制衡程度

我国加入WTO，为了应对外资保险公司的挑战，需要提高自身的管理水平，吸收社会各界资本，扩大寿险公司的规模，完善寿险公司的股权结构，使我国寿险公司的内部治理效率更有效率，更加具有竞争力。民营资本因其本身经历了最初的原始资本积累，在激烈的市场竞争中发展壮大，比较熟悉市场，能够很好地规避风险，对自身利益有很强的动力。吸收民营资本入股寿险公司能够极大地调动寿险公司的积极性，增强寿险公司的竞争力。由于民营资本具有天然的逐利性，所以对已经入股的寿险公司比较关注，能够很好地监督寿险公司管理层的日常经营行为，及时发现可能存在的风险，在一定程度上帮助寿险公司规避风险，减少损失。

在进入寿险公司之前，民营资本应建立健全法人治理结构，全面了解寿险公司的社会性和特殊性，特别是新组建的寿险公司在前几年是不可能盈利的，因为其偿付能力高，前几年准备金不足并且还有可能应对潜在的巨灾风险，所以民营资本应该对寿险业的盈利区间有一个清晰的认识，明白进入寿险业的目的不是为了获取短期利益来控制现金流，而是当做一个战略性的长期投资。同时监管机构应该建立民营资本信用评级机制，在民营资本申请入股寿险业时，

应该在其信用评级的基础上严格审查以确保民营股东的质量,排除不具备资质的私人资本。为了全面掌握关联方的经营状况及资金链,保险监管部门要同其他政府部门合作,建立完整的信息采集系统,逐步优化预警和风险评价体系,事前防范关联交易可能出现的问题,防止大股东的投资短视行为,利用不正当的关联交易,损害被保险人和寿险公司利益的情况发生。积极引导民营资本家树立长期投资的理念,保持寿险公司股权结构的相对稳定,避免因民营股东的频繁更换而导致寿险公司的股权结构频繁变动。

7.2.2.3 引入银行战略投资者,优化寿险公司股权且实现综合经营的双赢局面

目前,我国已有几家寿险公司引入银行战略投资者。但是在我国,银行很难参股排名靠前的寿险公司,只能选择中小保险公司进行参股。因此,参股情况大多是实力强劲的银行参股中小寿险公司,很多情况是"大参小"。但小寿险公司本身的市场份额有限,大银行参股小保险公司对市场影响仍需要关注,但是其增加市场竞争活力、带动保险企业管理水平提升的作用还是显而易见的。像这种银行入股寿险公司或者设立寿险公司,近年来在国际上已经成为一种趋势。金融业本身业务上的界限就不大,业务层面上的合作也在不断加强,不同的金融机构共同合作开发符合消费者需要的产品,也是未来的一个趋势。银行是资金实力最雄厚的金融机构,银行参股保险公司之后,将会增强保险业的资本实力和抵御风险的能力,改变原有保险公司的实力,同时也会使保险市场竞争更加激烈,加速行业的洗牌。银行的参股将使整个寿险业经营压力增大,也会将银行自身的营销渠道和客户资源注入寿险公司中去,从而有利于增加寿险公司的盈利点,推进寿险公司的综合性经营,有利于寿险公司经营管理水平的提升。跨行业经营所需要的资本运作将成为寿险公司产权制度改革的最终切入点。寿险公司可以通过和大型银行的交叉持股,使其内部治理结构得到进一步的优化,同时这种网状的股权结构将给寿险公司的多元化投资、风险分散、资本快速集聚提供便利的条件。我国的寿险公司最终要走向国际化竞争,就必须向巨型的金融控股集团方向发展。

7.2.3 实现有效的寿险公司股权结构的制度保证:强化监管

股权结构的多元化发展使我国寿险公司在股权层面的操作开始增多,使得寿险公司面临的经营风险也在不断增大。因此,要实现适合我国寿险公司稳健发展的有效的股权结构,保险监管部门对寿险公司股权多元化而产生的新问题

进行强化监管就必不可少。

7.2.3.1 强化对寿险公司股权的监管

我国改革开放的深入和保险业的快速发展使我国寿险公司资本构成多元化和股权结构多样化的特征日益明显，股权流动和股权交易越来越频繁，不断地出现新问题和新情况。越来越多的寿险公司开始增资扩股，国有持股比例不断下降，股权结构逐步实现向多元化转变，社会各界资本迅速涌入保险业，并跻身股东行列，有些资本甚至实现了对寿险公司的控股。寿险公司的股权结构变得更为复杂。而2000年以来先后发布的《向保险公司投资入股管理暂行规定》、《关于规范中资保险公司吸收外资参股有关事项的通知》等规章和文件已不能适应当前保险业发展和监管的新形势，迫切需要调整和更新，我国寿险公司股权问题的监管变得日益重要。为了应对这一新形势的发展，2010年6月中国保监会出台《保险公司股权管理办法》以规范保险公司的股权流动，规定了保险公司变更出资或持股5%以上的股东（包括认购上市保险公司股份达5%以上的）应当经保监会批准；除上市保险公司，保险变更出资或持股5%以下的股东应当报保监会备案；通过拍卖、质押等非协议方式转让保险公司股权应当符合规定的条件和程序。此外，该办法在提高股东门槛和强化股东责任方面也对入股保险公司做了详细的规定。这些规定对于加强保险公司的股权监管，保持保险公司的经营稳定以及维护投资人和被保险人的合法权益等方面都具有重要的意义。

7.2.3.2 加强对寿险公司关联交易的监管

不规范交易会损害众多利益相关者的利益，对于寿险公司来说尤其如此。寿险公司有其自身的特殊性，寿险公司资产中股东的出资额只占总资本的很小的一部分，其资产主要从被保险人的"防病钱"、"防灾钱"和"养老钱"上交而来，绝大部分是对被保险人购买保险产品所产生的负债，在维护资产安全方面不能有任何闪失。因此寿险公司是一个高负债的企业，股东之间或经营管理者之间的不规范交易会侵害广大被保险人的切身利益。如果不加强监管，则会产生一系列的社会问题，通过关联交易的方式大股东可能会利用其控股地位挪用寿险公司资金。可见，为了保障寿险公司的财产安全以及保护被保险人利益，必须加强对关联交易的管理。

最近几年，寿险公司投资主体向多元化方向发展，组织架构日趋复杂，资金运用渠道日渐拓宽，违规的和不规范的关联交易可能造成寿险公司利益的损害，影响寿险公司资产安全和财务独立。我国寿险公司发生不规范的关联交易的行为有上升的趋势，个别寿险公司发生的关联交易风险为其带来了严重损失,也影响了整个寿险市场的健康发展。因此必须汲取教训,进一步加强对关联交易的管理,在保险公司资产与关联方之间构筑一道防线,切实地保护被保险人的合法权益。在中国保监会于2007年4月发布的《保险公司关联交易管理暂行办法》中,对保险公司关联交易和信息披露做出了监管要求。总的来说,关联交易主要有两种:与经营管理人员以及相关者之间的关联交易和与股东以及相关者之间的关联交易。可见,关联交易有其存在的合理性和必然性。通过关联交易能够使关联公司之间形成优势互补、协同发展的局面,从而降低其交易成本、提高公司的运营效益。对于企业集团来说尤其重要,关联交易更是助其实现整体发展战略、提升集团竞争力的重要手段。但是,如果涉及关联交易的双方为自身的利益而蓄意进行违规操作,中小股东、债权人、公司利益甚至社会利益都可能受到损害。由此看来,关联交易是一把"双刃剑",既不能疏于管理、放任自流,也不能全盘否定、完全禁止。

7.2.3.3 加强对寿险公司控股股东和实际控制人的风险监测

根据中国保监会2011年7月颁布的《保险公司控股股东和实际控制人管理办法(草案征求意见稿)》中的规定,保险公司控股股东是指单独或与其控制的企业合并持有保险公司50%以上股权的,或者持股不足50%,但对公司经营有重大影响的股东;保险公司实际控制人是指虽不是保险公司股东,但以投资关系、协议或其他安排,能够实际支配公司行为的法人或自然人。由于寿险业具有很强的资金聚焦性,所以应该防范大股东违规挪用寿险公司资金。以东方人寿为例,东方人寿成立于2001年12月,德隆通过"湘火炬"、"天山股份"和"重庆实业"三家上市公司分别持有东方人寿7.5%、6.25%和5%的股份,累计持有18.75%的股份,成为东方人寿的控股大股东[1]。2004年8月,受到"德隆事件"的影响,东方人寿成为我国第一家被中国保监会要求停业整顿的保险公司。导致东方人寿停业的直接原因是东方人寿委托给"德隆系"证券公司理财的其8亿元注册资本金中的约7亿元不知去向,致使处于正常经营的东方人寿"突然死亡"[2]。这说明寿险公司大股东遭遇财务风险或资本风险时,可能会违规挪用保险资金。因此,为了更好地监管寿险公司来自于其大股东挪用保险资金以保护自己的风险,保护寿险资金安全,实际控制人与保险公司控股股东之间的转让控制权期间应该给以限定,并与受让方和保险公司制订控制权的交接计划,确保保险公司经营管理稳定,维护被保险人的合法权

---

[1] 黄丹,余颖. 战略管理 研究注记·案例 [M]. 北京:清华大学出版社,2005:210.
[2] 江生忠,等. 入世后提高中国保险业竞争力研究 [M]. 北京:中国财政经济出版社,2007:124.

益。特别是在交接计划对转让过程中可能出现的违法违规或者违反承诺的行为应当事先约定处理措施，这样有助于有针对性地对寿险公司的大股东企业实行风险监测，及时掌控其风险状况。

7.2.3.4 加强对银行投资保险公司股权的监管

中国保监会和中国银监会于 2008 年 1 月 16 日正式签署《关于加强银保深层次合作和跨业监管合作谅解备忘录》，标志着我国银行业和保险业之间的深层次合作正式拉开帷幕。中国银监会于 2009 年 11 月出台的《商业银行投资保险公司股权试点管理办法》使得银行入股保险公司有法可依。从 2009 年开始，中国银行、交通银行、北京银行、建设银行、中国工商银行以及中国农业银行先后投资入股了几家寿险公司，寿险公司与商业银行的深层次合作在不断地加强。商业银行投资入股寿险公司，能够促进保险业和银行的资源共享和优势互补，为了在销售理念、理财人员的培训以及新产品的开发等方面产生积极影响，可以将保险业务与银行整体的金融战略统筹考虑。同时，为了满足消费者日益增长的对多元化金融服务的需求，银行应该为客户提供多样化的金融产品和服务，在理财规划和风险保障方面为消费者提供强力的支持。然而，商业银行入股投资寿险公司也将存在诸多风险，如：银保合作有可能使银行信誉风险外溢；银行与寿险公司的关联交易造成的风险蔓延和风险集中；银行和保险机构董事会由于缺乏经验或非专业性可能造成管理风险和不健全的并表管理可能造成资本的重复计算等。

因此，银行和保险的监管部门应该加强合作，搭建防火墙严防关联交易，对银行参股的寿险公司采取审慎的监管态度和严格的监管措施。如，要求建立和完善银行与保险公司之间的"防火墙"制度，保证银行和保险公司之间能够有效地隔离它们的经营决策、人员、业务场所、信息系统以及财务等；规定商业银行不可以将任何形式的表内外授信提供给入股的保险公司和关联企业以及提供担保的客户，为了防止关联风险，禁止保险公司直接或间接购买由银行股东发行的次级债券；在计算资本充足率时，商业银行要对保险公司进行并表管理，从银行资本金中将投资保险公司的资本投资全额扣除；要求在进行业务合作时，商业银行和入股的保险公司必须遵守市场公允交易原则，避免产生不正当的竞争行为；约定保险公司销售人员在其所投资银行的营业区域内不能进行营销；由保险公司印制的宣传材料及保险单证中不能使用其母银行的各类标识及名称等。商业银行和保险公司对现有金融资源的整合优化将由这些措施来有效规范，化解现有或潜在的金融风险，增强我国金融业的整体竞争实力和抗风险能力，将对银行业和保险业以及整个金融业的发展产生相应的促进作用。

7.3 提高中国寿险公司经理激励的有效性：物质激励与精神激励相结合

单一的激励模式不能充分发挥我国寿险公司经理的积极性。复杂人假设表明，在寿险公司参与经济活动的过程中，为调动寿险公司经理的积极性，应考虑多种激励措施。经济学家在研究经理激励问题时，为避免代理人的逆向选择及道德风险，从交易费用或者代理成本的角度考虑，把所有权或剩余控制权作为激励的主要诱因。在经济学中，随着信息理论、契约理论、产权理论、委托—代理理论和内部人控制理论的发展，运行环境和公司声誉、控制权及公司制度等因素也纳入到经理激励问题之中。这些因素全面地激发了经理才能的发挥，反映出要将精神激励和物质激励相互结合，使用单一的激励模式不会达到持续的激励效果。因此，我国寿险公司的最优经理激励机制设计应该强调物质激励（如报酬）的作用，同时还应该采用高层次的精神激励（如控制权、持久声誉）去挖掘寿险公司经理努力工作的潜力，把物质激励与精神激励结合起来，最大限度地激发经理的工作热情，促使寿险公司经理的行为服务于公司最终目标的实现。

7.3.1 有效的物质激励：实行经理报酬契约的结构化安排

寿险公司有效的经理报酬激励应该实施合理的经理报酬契约，这种经理报酬契约的设计应在风险分担契约与激励契约之间进行平衡，解决短期激励与长期激励之间的平衡问题，将各种货币性激励方式的优点综合起来，执行经理报酬契约的结构化安排，达到激励连续、参与一致和功能互济。近年来，我国寿险公司经理报酬契约结构变化规律如下：总报酬中浮动报酬的比重逐渐增加，固定报酬的比重逐渐减少，在浮动报酬中短期激励部分的报酬比重与固定报酬部分的比重接近相等，作为经理报酬中的长期激励手段的股票期权，随着股票期权类的长期激励的比重逐渐增加而越来越盛行。但由于2007年平安集团董事长天价薪酬事件的发生，使我国政府开始关注我国寿险公司高层经理的报酬问题，并从2008年开始，各家上市寿险公司都停止授予公司的股票增值权，已授予的股票期权都未进行行权，这些措施在一定程度上削弱了寿险公司经理报酬的激励力度。通过完善经理报酬契约结构，我国寿险公司是能够解决好这一问题的。

首先，结合我国寿险公司中经理报酬契约结构的现实情况，将以股票期权制度为主体的长期激励因子着力加强，渐渐形成层次分布合理、激励约束分工明晰的报酬契约结构体系：将基本工资位于最基础的第一层级，因为它是生活维持因子；满足保障需求的保障性报酬可位于第二层级；被视为短期激励因子的奖金性报酬可以位于第三层级；长期激励因子的股票股权及股票期权则位于最高的第四层级。为了使协同激励效应达到最佳，应该合理搭配经理报酬契约结构的各个组成部分。

其次，寿险公司绩效计量指标体系的多元化可以保证相对准确地计量经理业绩，有助于实现更佳的报酬激励平衡。我国寿险公司的绩效计量指标体系主要包含两类，一是市场导向性指标，二是财务导向性指标。股票价格、股份年增长率等属于市场导向性指标，税后利润、每股盈利、会计净收益、资产报酬率、长期资本报酬率、净现金流量等属于财务导向性指标。这两类指标可以使对寿险公司绩效的评价做到过去考核与未来预期相结合、内部评价与外部反映相对照、当前激励和长期激励相协同，从而真实反映寿险公司经营绩效和经理业绩。

最后，我国寿险公司还应该广泛推行经理持股制度和经理股票期权制度，以及提高经理持股比例。实证研究的结果表明，股票所有权的激励作用与经理持股比例成正比，而且大股东持股比例越大，监督就越积极，从而使代理成本越低。与此同时，要加强外部监管和强化信息披露制度，从而保证寿险公司股东有更多的机会与权利参与报酬契约的制定与实施。

总之，寿险公司经理报酬契约的设计是一个复杂的综合权衡过程。国家宏观政策、资本市场的运作以及公司内部治理等因素都会对其产生很大的影响，因此在设计寿险公司经理报酬契约时，要使设计出来的报酬契约合理与有效，激励与约束有更明显的效果，要综合考虑各方面因素。

7.3.2　有效的精神激励：实现经理的贡献与其控制权相对称

由于经理人力资本的专用性在寿险公司经营中处于很重要的地位，对寿险公司经理的权力赋予尤为重要。寿险公司经理不但有较高的成就欲望，而且也有很强的权力欲望，因此除了要赋予经理剩余索取权之外，还应赋予其经营控制权。经理必须依法享有其应有的经营自主权，只有当其掌握了和其职责相适应的权力时，才能有效发挥寿险公司经理的聪明才智，施展其抱负。因此，给予寿险公司经理应有的经营自主权，能够调动其工作积极性，有效激发其责任心。这种经营控制权对寿险公司经理会产生更大的激励，它被看成是经理努力和贡献的回报，也可以把公司控制权授予与否、授予后控制权的制约程度作为对寿险公司经理的贡献大小和努力程度的回报。与利益激励一样，经理的贡献与其控制权之间的对称性决定了控制权激励的有效性。寿险公司经理所掌握的经营控制权不仅在一定程度上满足了经理施展才华的需要，也满足了其自我实现"企业家精神"的需要，即满足马斯洛的需要层次理论中的自我实现需要；而且也满足了经理控制他人或感觉优越于他人、感觉自己处于负责地位的权力需要，即满足大卫·麦克利兰的成就需要理论中的"权力需要"。同时，寿险公司经理还具有职位特权，享受"在职消费"，使其能获得正规报酬以外的物质利益，从某种程度上说，这种需要属于亚当斯公平理论中所说的公平需要，因为寿险公司经理感觉到自己的付出与所得不相称的话，他会采取"在职消费"的方式来替代报酬激励的不足。

因此，我国寿险公司有必要采取有力措施，建立健全有效的寿险公司经理控制权回报制度。首先，可以让寿险公司经理拥有公司较大比例的股份。寿险公司经理拥有公司的股份，可以在一定程度上实现公司控制者与剩余索取者之间的统一，使寿险公司经理出于增值股份价值的动机，运用公司控制权，从而最大限度发挥其自身人力资本的价值，使公司收益最大化。其次，应该充分尊重经理人，赋予他比较高的在职消费权力。寿险公司经理是以专门经营寿险公司为业的人，其收益包括货币收益和非货币收益。货币收益能够给经理带来优越的生活，公司应该给予其较高的收入，如较高的年薪等。非货币收益能够给经理带来事业上的成就感，较大的在职消费权利是事业成就感的重要体现，如能够参加和组织各种大型宴会、配备高级轿车、出入上流社会等，也可以给经理人带来荣誉感。最后，可以建立寿险公司经理控制权损失补偿制度。当寿险公司经理拥有公司控制权时，他可以得到很多控制权收益，能够激励他努力工作。但当他失去控制权时，他的行为会扭曲，出现侵害所有者的行为。因此，建立合理的控制权损失补偿制度就具有重大意义。对控制权进行补偿，一方面可以减少公司兼并决策的执行难度，另一方面可以使经理无后顾之忧，可以利用控制权将自身非货币收益转化为货币收益的行为合法化，从而避免寿险公司经理的行为扭曲。

7.3.3 提高经理激励有效性的有益补充：良好的经理声誉激励

从管理心理学的视角看，人的社会性决定了经理人员有"受人尊重"、

"自我实现"的高层次需要；从经济学对人的效用最大化追求的目的出发，经理人员为了实现自己的动态价值最大化，也有对声誉的需要。因此，只要能够提供满足寿险公司经理声誉需要的客观条件，就会激励其对声誉的追求。我国寿险公司可以采取以下措施来提高寿险公司经理声誉激励的有效性：

一是形成尊重优秀寿险公司经理的社会氛围，提高职业经理需要的声誉欲望。首先，要破除"仕途经济"的旧观念，树立经理是一种崇高职业的新观念，使其成为受人尊重和向往的一种职业，并且要利用各种媒体大力宣传职业经理的改革、奉献、开拓和创新精神，使人们意识到在推动社会经济发展中经理阶层是一支重要力量，在整个社会上真正形成一个良好的氛围，懂得去关心、去爱护和尊重职业经理。其次，加强政府与经理之间的沟通，使富有职业荣誉感及社会责任感的经理能主动为社会多做贡献。随着经理人的物质条件得到相对满足，其对荣誉感的需求欲望会逐渐上升，然而受儒家传统文化的影响，经理人的形象还没有达到一定高度的荣耀，因此，让经理人参政议政，而不仅仅是升官发财，这样会使他们感受到自己的社会价值，同时，能够使他们在政府政策与决策方面发出自己的声音，这对经营业绩良好的经理具有很大的吸引力，也将激起他们奉献社会的热情。最后，要发挥社会中介组织的力量，对寿险公司形象和寿险公司素质进行评估，科学地评估出寿险公司在国民经济中的作用、地位及其影响力，从而间接地显示出寿险公司经理的地位与作用。

二是把寿险公司经理的声誉与未来收益结合起来，避免单纯的教化。随着我国社会主义市场经济的不断发展，影响寿险公司经理精神状态的因素已不仅仅局限于开会表彰、办班学习、检查考评和提拔升官等套路，法人财产权的落实情况、职业经营生命的长短、经营资产的规模大小、社会荣誉的高低以及政策义务的多少等，都会使寿险公司经理的自身感受和奉献精神受到直接影响。单纯的思想工作、说教式的精神激励已经适应不了新形势的需要，运用体制的、物质的和精神的多样化手段实施激励才能有效解决影响寿险公司经理精神状态的症结。我国的寿险公司应该提倡效率优先，在保护寿险公司所有者利益的前提下，对有贡献的经理不仅要给予精神上的鼓励，还要给予相应的物质奖励，这样才能让"声誉"的价值得到相应的物质回报。

三是提供优秀寿险公司经理的制度保障。我国寿险公司可以将寿险公司经理的退休制度与其经营业绩和寿险公司未来的发展联系起来，从而引起经理对职业道德和声誉的重视。优秀的寿险公司经理的退休年龄可以按其工作业绩适当延长或者在其退休后授予终身企业董事等荣誉，使他对寿险公司的贡献与他本人的未来收益相联系。这样可以很好地解决在旧退休制度下，寿险公司经理在退休前不为公司的利益着想，把公司当前的利益尽可能多地花掉的问题。同时，在目前的市场环境下，优秀的寿险公司经理是很稀缺的人力资源，值得公司去充分利用他们的经营经验和"人脉"。

四是完善我国寿险公司经理市场，实行经理选择"非行政化"。寿险公司经理对声誉的需求取决于人的"社会性"，即拥有良好的声誉的人才能得到社会的尊重。良好的声誉能够得到人们的热情支持，帮助寿险公司经理自身化解掉一些意想不到的困难。在完善的经理市场上，拥有良好声誉的寿险公司经理很容易找到能实现自身价值的公司，公司也愿意支付给其更高的报酬。对未来充满期望的经理能够通过这种完善的经理市场提高自身的声誉，实现人生价值。在职经理也会感到一种潜在的威胁，因为在完善的经理市场中，如果不努力就随时会被其他具有良好业绩和声誉的后来者替代掉。

7.4 本章小结

本章提出提高中国寿险公司产权结构有效性的总体思路，即中国寿险公司应该分别提高其股权结构和经理激励的有效性，以促使寿险公司名义产权和实际产权两层次的激励达到最大，最终提高我国寿险公司的总体经营效率，并在此基础上详细阐述了提高中国寿险公司股权结构有效性和经理激励有效性的具体措施。

参考文献

[1] 特瑞斯·普雷切特,等. 风险管理与保险 [M]. 孙祁祥,等,译. 北京:中国社会科学出版社,1998.

[2] H. A. L. 科克雷尔,埃德温·格林. 英国保险史 1547—1970 [M]. 邵秋芬,颜鹏飞,译. 武汉:武汉大学出版社,1988.

[3] A. A. 阿尔钦. 产权:一个经典注释 [M] //R. 科斯,A. 阿尔钦,D. 诺斯. 财产权利与制度变迁. 胡庄君,刘守英,陈剑波,等,译. 上海:上海三联书店,1991.

[4] H. 德姆塞茨. 关于产权的理论 [M] //财产权利与制度变迁. 刘守英,译. 上海:上海三联书店,1994.

[5] J. 加德纳. 公共选择与制度经济学(英文版)[M]. 1988.

[6] J. 詹金斯. 新的所有制形式、管理与就业(英文版)[M]. 1990.

[7] Y. 巴泽尔. 产权的经济分析 [M]. 伦敦:剑桥大学版社,1989.

[8] 蔡华. 中国财产保险市场结构、效率与绩效关系检验 [J]. 广东金融学院学报,2009(5).

[9] 曹乾. 我国保险业运营效率问题研究 [J]. 产业经济研究,2006(5).

[10] 曹乾. 保险业结构、效率与绩效间的关系——理论假说与实证研究 [J]. 金融教学与研究,2006(5).

[11] 曹昭. 关于"产权本质"的探索性思考 [J]. 现代农业科技,2005(1).

[12] 陈伯庚. 产权结构理论及其应用 [J]. 学术月刊,1996(12).

[13] 陈璐. 中国保险业效率动态变化 Malmquist 指数分析 [J]. 当代经济科学,2005(5).

[14] 陈璐. 中国财产保险业效率实证分析 [J]. 现代财经,2006(5).

[15] 陈璐. 保险产业市场结构和市场绩效的关系研究 [J]. 经济经纬, 2006 (6).

[16] 陈小悦,徐晓东. 股权结构、企业绩效与投资者利益保护 [J]. 经济研究, 2001 (11).

[17] 陈晓,江东. 股权多元化. 公司业绩与行业竞争性 [J]. 经济研究, 2000 (8).

[18] 程恩富. 产权制度:马克思与西方学者若干理论比较 [J]. 社会科学, 1998 (2).

[19] 程恩富. 西方产权理论评析——兼论中国企业改革 [M]. 北京:当代中国出版社, 1997.

[20] 辞海编辑委员会. 辞海 (1999年版普及本) [M]. 上海:上海辞书出版社, 1999.

[21] 崔浩,陈晓剑,张道武. 共同治理结构下企业所有权配置的进化博弈分析 [J]. 运筹与管理, 2004 (6).

[22] 戴维·M. 沃克. 牛津法律大辞典 [M]. 北京:光明日报出版社, 1988.

[23] 邓庆彪,刘革. 中国大陆保险业经营效率的复合 DEA 实证分析 [J]. 财经理论与实践, 2006 (27).

[24] 邓庆彪,赵学原,邵月琴. 基于DEA模型的中国保险业规模经济效益评估 [J]. 金融经济, 2006 (10).

[25] 丁焰辉,陆日东. 产权的本质及其在社会经济制度变迁中的作用 [J]. 改革与战略, 1995 (1).

[26] 董辅礽. 国有企业如何"脱困" [J]. 经济研究参考, 1999 (2).

[27] 董国升. 对我国保险交易低效行为的产权分析 [J]. 济南金融, 2006 (4).

[28] 杜莉. 论股份制企业产权的归属及权能的界定 [J]. 经济纵横, 1993 (4).

[29] 段文斌. 产权、制度变迁与经济发展——新制度经济学前沿问题 [M]. 天津:南开大学出版社, 2003.

[30] 淦其伟,胡三明. 我国寿险业经营效率与银行保险的贡献度风险 [J]. 财经科学, 2007 (9).

[31] 高明华. 中国企业经营者行为内部制衡与经营绩效的相关性分析——以上市公司为例 [J]. 南开管理评论, 2001 (5).

[32] 谷书堂. 社会主义市场经济理论研究 [M]. 北京：中国审计出版社, 2001.

[33] 哈罗德·德姆塞茨. 所有权、控制与企业——论经济活动的组织 [M]. 段毅才, 等, 译. 北京：经济科学出版社, 1999.

[34] 郝大明. 国有企业公司制改革效率的实证研究 [J]. 经济研究, 2006 (7).

[35] 郝玉山, 张钢军. 日本寿险业的"三座大山" [N]. 中国保险报, 2003-06-05.

[36] 何静, 李村璞. 基于 SFA 方法的中国保险公司技术效率实证分析 [J]. 襄樊职业技术学院学报, 2005 (4).

[37] 侯晋, 朱磊. 我国保险公司经营效率的非寿险实证分析 [J]. 南开经济研究, 2004 (4).

[38] 胡峰. 关于我国国有企业产权制度改革路径的思考 [J]. 山东经济, 2003 (2).

[39] 胡一帆, 宋敏, 郑红亮. 所有制结构改革对中国企业绩效的影响 [J]. 中国社会科学, 2006 (4).

[40] 胡颖, 叶羽钢. 产权、公司治理与保险公司效率 [J]. 科学·经济·社会, 2007 (4).

[41] 黄丹, 余颖. 战略管理 研究注记·案例 [M]. 北京：清华大学出版社, 2005.

[42] 黄少安. 产权起源探索 [J]. 经济学家, 1995 (3).

[43] 黄少安. 产权经济学导论 [M]. 北京：经济科学出版社, 2004.

[44] 黄薇. 基于 SFA 方法对中国保险机构效率的实证研究 [J]. 南开经济研究, 2005 (5).

[45] 黄薇. 基于数据包络分析方法对中国保险机构效率的实证研究 [J]. 经济评论, 2007 (4).

[46] 霍云鹏. 论产权制度的建立及实现形式 [J]. 经济纵横, 1992 (4).

[47] 贾怀京, 侯定王, 顾基发. 产权结构、企业类型与企业行为——日本电气机械产业上市企业的实证研究 [J]. 管理科学学报, 2001 (4).

[48] 贾林青. 保险法 [M]. 北京：中国人民大学出版社, 2006.

[49] 贾琦龙. 国有保险公司产权制度创新之我见 [J]. 新金融, 2005 (5).

[50] 江生忠, 等. 入世后提高中国保险业竞争力研究 [M]. 北京: 中国财政经济出版社, 2007.

[51] 李方舟, 李瑞娥. 保险市场的产权结构、交易模式与寻租的普遍性 [J]. 长安大学学报: 社会科学版, 2006 (9).

[52] 李会明. 产权效率论 [M]. 上海: 立信会计出版社, 1995.

[53] 李开斌. 现代西方产权结构理论与中国商业保险经济改革 [J]. 中国保险管理干部学院学报, 2000 (4).

[54] 李克成. 国内寿险公司经营效率实证分析 [J]. 保险研究, 2005 (2).

[55] 中国保险年鉴编辑部. 2004—2011 年的《中国保险年鉴》.

[56] 李石泉. 国有产权结构论——从产权结构与资源配置的关系谈起 [J]. 上海经济研究, 1992 (1).

[57] 李涛. 论劳动力资本与国有保险公司产权改革 [J]. 保险研究, 2001 (5).

[58] 李宗伟, 张艳辉. 关于我国保险公司规模经济的实证分析 [J]. 现代管理科学, 2005 (3).

[59] 厉以宁. 股份制试点中的若干问题 [M] //经济学家论股份经济. 广州: 广州出版社, 1993.

[60] 厉以宁. 论新公有制企业 [J]. 经济学动态, 2004 (1).

[61] 林岗, 张宇. 产权分析的两种范式 [J]. 中国社会科学, 2000 (1).

[62] 林嘉楠. 我国保险公司规模经济实证研究 [J]. 保险研究, 2008 (7).

[63] 林毅夫, 蔡昉, 李周. 充分信息与国有企业改革 [M]. 上海: 上海三联书店, 1997.

[64] 林毅夫, 沈明高. 论股份制与国营大中型企业改革 [J]. 经济研究, 1992 (9).

[65] 林兆木, 范恒山. 建立健全现代产权制度 [M] //中共中央关于完善社会主义市场经济体制若干问题的决定 (辅导读本). 北京: 人民出版社, 2003.

[66] 蔺丰奇. 浅析国有企业产权权能的划分 [J]. 经济与管理, 1994 (4).

[67] 刘兵. 中国寿险业市场结构、效率与绩效实证研究 [J]. 产业经济

研究，2007（4）.

[68] 刘波. 产权本质：马克思与现代西方学者比较分析[J]. 经济与社会发展，2005（10）.

[69] 刘国亮，王加胜. 上市公司股权结构、激励制度及绩效的实证研究[J]. 经济理论与经济管，2000（5）.

[70] 刘诗白. 社会主义市场经济与主体产权制度的构建[M]. 北京：经济科学出版社，1999.

[71] 刘伟，李凤圣. 产权通论[M]. 北京：北京出版社，1998.

[72] 刘小玄，李利英. 企业产权变革的效率分析[J]. 中国社会科学，2005（2）.

[73] 刘小玄. 论产权结构及其激励机制——对现代企业制度的若干理论探讨[J]. 改革，1994（2）.

[74] 刘小玄. 民营化改制对中国产业效率的效果分析——2001年全国普查工业数据的分析[J]. 经济研究，2004（8）.

[75] 刘志迎，孙文平，李静. 中国财产保险业成本效率及影响因素的实证研究[J]. 金融研究，2007（4）.

[76] 罗纳德·哈里·科斯. 论生产的制度结构[M]. 盛洪，陈郁，译校. 上海：上海三联书店，1994.

[77] 吕秀萍，赵建军. 中国保险业宏观效率实证分析——基于贡献率方法[J]. 保险研究，2008（8）.

[78] 马丁·利克特. 企业经济学——企业理论与经济组织导论[M]. 范黎波，宋志红，译. 北京：人民出版社，2006.

[79] 马克思. 哲学的贫困[M]//马克思恩格斯选集. 第1卷. 北京：人民出版社，1995.

[80] 马克思恩格斯全集[M]. 第42卷. 北京：人民出版社，1979.

[81] 马连福. 股权结构的适度性与公司治理绩效[J]. 南开管理评论，2000（4）.

[82] 马永金，黄少安. 恩格斯与新制度经济学派产权起源观的异同[J]. 学习与探索，1999（4）.

[83] 慕刘伟. 股份制改造：国有保险公司产权制度改革的理想选择[J]. 财经科学，2003（4）.

[84] 诺斯. 制度、制度变迁与经济绩效（中译本）[M]. 上海：上海三联书店，1994.

[85] 配杰威齐. 社会主义：制度、哲学与经济问题（英文版）. 1987.

[86] 彭梵得. 罗马法教科书 [M]. 北京：中国政法大学出版社, 1992.

[87] 彭力疆. 产权本质新探 [J]. 学术论坛, 1991 (6).

[88] 皮尔斯. 麦克米伦现代经济学词典 [M]. 伦敦：麦克米伦出版公司, 1981.

[89] 荣兆梓. 公有产权的本质规定与内在矛盾 [J]. 经济研究参考, 1996 (12).

[90] 沙银华. 相互保险根基动摇 日本寿险转向股份制增多 [N]. 中国保险报, 2009-06-09 (7).

[91] 盛亚峰, 等. 世界各国保险制度 [M]. 北京：中国大百科全书出版社, 1995.

[92] 施东晖. 股权结构、公司治理与绩效表现 [J]. 世界经济, 2000 (12).

[93] 思拉恩·埃格特森. 新制度经济学 [M]. 吴经邦, 等, 译. 北京：商务印书馆, 1996.

[94] 斯蒂格勒. 价格理论 [M]. 施仁, 译. 北京：北京经济学院出版社, 1990.

[95] 斯韦托扎尔·平乔维奇. 产权经济学：一种关于比较体制的理论 [M]. 蒋琳琦, 译. 北京：经济科学出版社, 2000.

[96] 苏东斌. 市场经济体制对所有制结构的三大要求 [J]. 经济研究, 1998 (12).

[97] 孙月静, 张文泉. 董事会结构、公司绩效与高管层报酬 [J]. 中国软科学, 2007 (9).

[98] 汤若岚. 关于国有独资保险公司产权制度改革的思考 [J]. 上海保险, 2001 (2).

[99] 王梦刚. 论国家专业保险公司的产权改革及商业化问题 [J]. 中国保险, 1994 (9).

[100] 王晓静, 陈志军. 董事会特征、高管激励与集团绩效——来自中国上市集团公司的经验证据 [J]. 经济与管理, 2011 (6).

[101] 王晓英, 彭雪梅. 国有上市保险公司股权结构对经营绩效的影响研究 [J]. 保险研究, 2011 (4).

[102] 王友. 世界保险市场概况 [M]. 北京：中国文史出版社, 1994.

[103] 魏峰. 经理激励机制的理论、实践及改革 [J]. 上海经济研究,

1999 (8).

[104] 魏杰. 企业前沿问题——现代企业管理方案 [M]. 北京: 中国发展出版社, 2001.

[105] 魏杰. 企业制度安排 [M]. 北京: 中国发展出版社, 2002.

[106] 吴春雷, 马林梅. 国企高管薪酬管制的有效性: 一个理论分析 [J]. 经济问题探索, 2011 (7).

[107] 吴淑琨. 股权结构与公司绩效的 U 型关系研究——1997—2000 年上市公司的实证研究 [J]. 中国工业经济, 2002 (1).

[108] 吴宣恭, 等. 产权理论比较——马克思主义与西方现代产权学派 [M]. 北京: 经济科学出版社, 2000.

[109] 吴易风, 关雪凌, 等. 产权理论与实践 [M]. 北京: 中国人民大学出版社, 2010.

[110] 吴易风. 西方产权理论和我国产权问题 [J]. 高校理论战线, 1994 (3).

[111] 吴诒民, 李村璞, 何静. 基于 DEA 方法的中国保险公司效率评价 [J]. 统计与信息论坛, 2005 (5).

[112] 吴越凡. 我国保险公司股权结构与治理机制研究 [C]. 2011 北大论坛.

[113] 肖继辉. 关于经理报酬的西方研究动态 [J]. 审计与经济研究, 2005 (11).

[114] 谢晓霞, 李进. 股权结构、董事会特征与业绩研究——中国保险公司的治理结构分析 [J]. 保险研究, 2009 (8).

[115] 徐宏玲, 李双海. 基于 TCF 模型的保险公司规模经济的实证检验 [J]. 统计与决策, 2005 (12).

[116] 杨波. 产权理论与实务——兼论我国企业产权改革 [M]. 北京: 知识产权出版社, 2007.

[117] 杨秋宝. 马克思的产权理论论纲 [J]. 马克思主义研究, 1998 (3).

[118] 杨晓维. 不确定性、代理问题和国有资产产权结构的选择 [J]. 经济研究, 1992 (12).

[119] 姚树洁, 冯根福, 韩钟伟. 中国保险业效率的实证分析 [J]. 经济研究, 2005 (7).

[120] 姚洋. 非国有经济成分对我国工业企业技术效率的影响 [J]. 经济

研究，1998（12）.

[121] 叶祥松. 论马克思的产权理论 [J]. 经济经纬，2000（7）.

[122] 英勇. 胡桃壳里的保险帝国 [M]. 北京：北京大学出版社，2003.

[123] 于川泳. 我国寿险业规模经济实证分析 [J]. 保险职业学院学报，2005（4）.

[124] 于东智. 股权结构、治理效率与公司绩效 [J]. 中国工业经济，2001（5）.

[125] 于光远. 序言 [M] //刘伟，平新乔. 经济体制改革三论：产权论、均衡论、市场论. 北京：北京大学出版社，1990.

[126] 约翰·伊特韦尔，等. 新帕尔格雷夫经济学大辞典 [M]. 第2卷. 陈岱孙，主编译. 北京：经济科学出版社，1996.

[127] 约瑟夫·阿洛伊斯·熊彼特. 经济发展理论对利润、资本、信贷、利息和经济周期的探究 [M]. 叶华，译. 北京：中国社会科学出版社，2009.

[128] 岳福斌. 建立健全现代产权制度的理论基础和指导思想 [J]. 中国特色社会主义研究，2004（8）.

[129] 恽敏，李心丹. 基于DEA方法的保险公司效率分析 [J]. 现代管理科学，2003（3）.

[130] 张大勇，王磊. 民营上市公司高管激励与公司绩效关系的实证研究 [J]. 西安电子科技大学学报：社会科学版，2010（11）.

[131] 张军. 产权结构、所有制和社会主义企业制度——关于制度创新的一个假说 [J]. 经济研究，1989（8）.

[132] 张俊岭. 中国财产保险公司的规模效率DEA实证研究 [J]. 统计信息论坛，2007（11）.

[133] 张维迎. 将国有资产变为债权——解决政企不分的有效途径 [J]. 瞭望新闻周刊，1995（18）.

[134] 张维迎. 企业的企业家——契约理论 [M]. 上海：上海三联书店，1995.

[135] 张伟，郭金龙，张许颖. 我国寿险公司规模效率与内含价值的实证分析 [J]. 财贸经济，2006（3）.

[136] 张伟民，魏建，乔均. 全国中青年产权理论与产权交易研讨会综述 [J]. 经济学动态，1997（2）.

[137] 汪丁丁. 制度创新的一般理论 [J]. 经济研究，1992（5）.

[138] 赵世勇，陈其广. 产权改革模式与企业技术效率 [J]. 经济研究，

2007 (11).

[139] 赵守国. 权能分解、产权结构及其制衡机制——国有企业产权制度的理论分析 [J]. 西北大学学报：哲学社会科学版, 1995 (1).

[140] 赵晓. 现代产权制度的内在演进力量 [J]. 江苏社会科学, 2003 (1).

[141] 赵旭. 关于中国保险公司市场行为与市场绩效的实证分析 [J]. 经济评论, 2003 (4).

[142] 中国保险监督管理委员会赴台湾地区考察组. 考察台湾地区保险市场的若干思考 [J]. 保险研究, 2011 (3).

[143] 钟玉文. 转型中国有企业产权演化的逻辑 [M]. 北京：经济科学出版社, 2010.

[144] 周立群. 古典产权结构与现代产权结构 [J]. 学术研究, 1993 (4).

[145] 朱华琳, 张润晖, 王厚芳. 浅析国有保险公司产权之弊端 [J]. 湖北财税：理论版, 2003 (2).

[146] 朱俊生, 齐瑞宗. 论国有保险公司产权改革的新路径 [J]. 保险研究, 2003 (2).

[147] 朱武祥, 宋勇. 股权结构与企业价值——对家电行业上市公司实证分析 [J]. 经济研究, 2001 (12).

[148] 庄宏献, 蒲海成. 我国保险企业产权制度创新的路径选择 [J]. 上海金融, 2005 (12).

[149] 庄培章. 马克思所有制关系理论的完成 [J]. 华侨大学学报：哲学社会科学版, 1998 (3).

[150] 2004—2011 年中国平安（集团）公司各年度年报.

[151] 2006—2010 年中国人寿保险股份有限公司各年度年报.

[152] 2007—2011 年中国太平洋（集团）公司各年度年报.

[153] 罗毅, 洪锦屏, 王宇航. 跨海趁春风, 寿险可先行——借鉴台湾保险业的发展之路 [EB/OL]. 招商证券行业研究专题报告, 2012 - 02 - 01. http://www.newone.com.cn/researchcontroller/detail? id = 0000000000030445.

[154] 沙银华. 日本大和生命是如何倒闭的？[EB/OL]. 中保网·中国保险报, 2008 - 10 - 16. http://www.sinoins.com/news/101422/30373.html.

[155] 陈世岳. 台湾寿险市场业务概括 [EB/OL]. 中国保险报, 中国保险学会网, 2011 - 09 - 20 http://www.iic.org.cn/D_newsDT/newsDT_read.php?

id = 72346.

[156] 第一财经. 金融"高薪门"戏剧性转折 马明哲"零年薪"[EB/OL]. 中国保险学会网, http://www.iic.org.cn/D_newsDT/newsDT_read.php? id = 2604.

[157] 关于富邦金控：大事记[EB/OL]. 富邦金融控股股份有限公司网页, http://www.fubon.com/financial/financial_about/000financial_about_12.htm.

[158] 国泰人寿公司简介：企业沿革[EB/OL]. 国泰人寿保险股份有限公司网页, https://www.cathaylife.com.tw/bc/B2CStatic/ext/pages/about/intro/history/abt_corp_1.html.

[159] 英杰华集团简介[EB/OL]. http://baike.baidu.com/view/1068858.htm.

[160] AVIVA Plc Company History [EB/OL]. ISIS—全球保险公司财务分析库, https://www.isis.bvdep.com/ip.

[161] Friends Provident Life Office Company History [EB/OL]. ISIS—全球保险公司财务分析库, https://www.isis.bvdep.com/ip.

[162] Old Mutual Plc Company History [EB/OL]. ISIS—全球保险公司财务分析库, https://www.isis.bvdep.com/ip.

[163] Prudential Plc Company History [EB/OL]. ISIS—全球保险公司财务分析库, https://www.isis.bvdep.com/ip.

[164] Unum Group Inc shareholders table [EB/OL]. ISIS—全球保险公司财务分析库, https://www.isis.bvdep.com/ip.

[165] Wellpoint Inc, Unum Group Inc, UnitedHealth Group Inc and Prudential Financial Inc No. of recorded shareholders [EB/OL]. ISIS—全球保险公司财务分析库, https://www.isis.bvdep.com/ip.

[166] Adams, J. Stacy, "Toward an Understanding of Inequity," Journal of Abnormal and Social Psychology, LXVII (1963), 422 - 436.

[167] Aigner, D. J., C. A. K. Lovell and P. Schmidt, 1977, "Formulation and estimation of stochastic frontier production function models", Journal of Econometrics 6: 21 - 37.

[168] Alchian, A. and H. Demsetz, H. Production, Information Cost, and Economic Organization, American Economic Review, Vol. 62, No. 5. (Dec., 1972), pp. 782 - 783.

[169] Alchian, A. A. 1965, Some economics of property rights. 2 Politico 30

(NO. 4), p. 816 - 829.

[170] Alderfer, Clayton P., 1972, Existence, Relatedness, and Growth: Human Needs in Organizational Settings, New York: Free Press.

[171] Allen N. Berger, David B. Humphreyc, Lawrence B. Pulley. 1996, "Do consumers pay for one - stop banking? Evidence from an alternative revenue function", Journal of Banking & Finance, Volume 20, Issue 9, November 1996, Pages 1601 - 1621.

[172] B. F. Skinner, 1953, Science and human behavior, New York: The Free Press.

[173] Banker. R. D., A. Charnes and W. W. Cooper, 1984, "Some Models for Estimating Technical and Scale Inefficiencies in Data Envelopment Analysis", Management Science, 30, 9 (September), pp. 1078 - 1092.

[174] Barzel, Y. 1989. Economic analysis of property rights. Cambridge University Press. p. 2.

[175] Battese, G. E. and Coelli, T. J., 1992, "Frontier Production Functions, Technical Efficiency and Panel Data: With Application to Paddy Farmera in India", Journal of Productivity Analysis 3, 153 - 169.

[176] Battese, G. E. and Coelli, T. J., 1995, "A model for technical inefficiency effects in stochastic frontier production function for panel data", Empirical Economics, 20, 325 - 332.

[177] Benjamin Maurya, Anete Pajuste. Multiple large shareholders and firm value. Journal of Banking and Finance, 2005, 29 (7): 1813 - 1834.

[178] Berger A. N., Humphrey, D. B., 1997, "Efficiency of Financial Institutions: International Survey and Directions for Future Research", European Journal of Operational Research, 98: 175 - 212.

[179] Bolton, P., E. Thadden, Blocks, Liquidity, and Corporate Control. Journal of Finance, Vol. 53, 1998, pp. 1 - 25.

[180] Charnes, A., W. W. Cooper and E. Rhodes, 1978, "Measuring the Efficiency of Decision Making Units", European Journal of Operational Research, 2: 6 (November). pp. 429 - 444.

[181] Cheung, Steven N. S. Private Property Rights and Sharecropping, The Journal of Political Economy, Vol. 76, No. 6. (Nov. - Dec., 1968),

pp. 1107 – 1122.

[182] Cohen, G. 1978. Karl Marx' Theory of History: A Defence. New Jersey: Princeton University Press. Furubotn, Eirik G. and Pejovich, Svetozar. Property Rights and Economic Theory: A Survey of Recent Literature, Journal of Economic Literature, Vol. 10, (Dec., 1972) pp. 1137 – 1146.

[183] Cummins J. D., M. Weiss and H. Zi, 1999, "Organizational form and Efficiency: The Coexistence of Stock and Mutual in the Property – Liability Insurers", Management Science, 45 (9): 1254 – 1269.

[184] Cummins J. D and H. Zi, 1998, "Comparison of Frontier Efficiency Methods: An Application to the US Life Insurance Industry", Journal of Productivity Analysis 10, 131 – 152.

[185] Cummins J. D., M. A. Weiss and H. Zi, 1997, "Organizational form and efficiency: An Application to the US Life Insurance Industry", Journal of Productivity Analysis, 10, 131 – 152.

[186] Cummins J. D.; Tennyson S.; Weiss M. A., 1999, "Consolidation and efficiency in the US life insurance industry", Journal of Banking and Finance, Vol. 23, No. 2: 325 – 357.

[187] David A. Kodde and Franz C. Palm, "Wald Criteria for Jointly Testing Equality and Inequality Restrictions", Econometrica Vol. 54, No. 5 (Sep., 1986), pp. 1243 – 1248.

[188] David B. Houston and Richard M. Simon, 1970, "Economies of Scale in Financial Institutions: A Study in Life Insurance", Econometrica, Vol. 38, No. 6 (Nov., 1970), pp. 856 – 864.

[189] Demsetz, H., K. Lehn, The Structure of Corporate Ownership: Causes and Consequences. The Journal of Political Economy, Vol. 93, 1985, pp. 1155 – 1177.

[190] Demsetz, Harold. Toward a Theory of Property Rights, American Economic Review, Vol. 57, No. 2. (May, 1967), pp. 347 – 359.

[191] Erik Lehmanni, Susanne Warning and Jurgen Weigand. Governance Structures, Multidimensional Efficiency and Firm Profitability. Journal of Management and Governance. 2004, 8: 279 – 304.

[192] Ernst Maug. Ownership Structure and the life – Cycle of the Firm: A

Theory of the Decision to Go Public. European Finance Review. 2001 (5): 167 - 200.

[193] Eswaran, Mukesh and Kotwal, Ashok, 1989. Why are capitalists the bosses? The Economic Journal, 99. March, pp. 162 - 176.

[194] Fama Eugene, Jensen Michael. Organizational Forms and Investment Decisions. Journal of Financial Economics, 1985, 14 (1): 101 - 119.

[195] Farrell, M. J., 1957, "The Measurement of Technical Efficiency", Journal of the Royal Statistical Society, Series A, General, 120, Part 3, 253 - 281. Vol. 30, 9 (September), pp. 1078 - 1092.

[196] Fecher F.; Perelman S. and Pestieau P., 1993, "Scale economies and performance in the French insurance industry", Insurance: Mathematics and Economics, Vol. 12, NO. 1: 87 - 88.

[197] Fields, J. A. and N. B. Murphy, 1989, "An analysis of efficiency in the delivery of financial services: The case of life insurance agencies", Journal of Financial Services Research 2, 343 - 356.

[198] Fitzroy, Felix R. and Dennis Mueller, 1984. Cooperation and conflict incontractual organization, Quarterly Review of Economics and Business, 24 (4).

[199] Fukuyama, H., 1997, "Investigating productive efficiency and productivity changes of Japanese life insurance companies", Pacific - Basin Finance Journal 5: 481 - 509.

[200] Furubotn, Eirik G. and Pejovich, Svetozar. Property Rights and Economic Theory: A Survey of Recent Literature, Journal of Economic Literature, Vol. 10, Dec., 1972) pp. 1137 - 1146

[201] Gardner, L. A. and M. F. Grace, 1993, "X - Efficiency in the US life insurance industry", Journal of Banking & Finance 17, 497 - 510.

[202] Gene C. Lai and Piman Limpaphayom, 2003, "Organizational Structure and Performance: Evidence from the Nonlife Industry in Japan", Journal of Risk and Insurance, 70 (4): 735 - 757

[203] Hardwick, P., 1997, "Measuring cost inefficiency in the UK life insurance industry", Review of Economics and Statistics 49, 211 - 219.

[204] Hardy, Daniel and Bonaccorsi di Patti, Emilia, 2001, "Bank Reform and Bank Efficiency in Pakistan" (September 2001). IMF Working Paper, Vol.,

pp. 1-35.

[205] Harold Demsetz. The Structure of Ownership and the Theory of the Firm. Journal of Law and Eeonomies. 1983, 26 (2): 375-390.

[206] Herzberg, F., et, 1959, The Motivation to work, New York: Wiley Press.

[207] J. David Cummins, Giuseppe Turchetti. 1996, "Productivity and Technical Efficiency in the Italian Insurance Industry", Center for Financial Institutions Working Papers, Mar 1996, pp. 10-96.

[208] J. David Cumminsa, Sharon Tennyson1, Mary A. Weiss. 1999, "Consolidation and efficiency in the US life insurance industry", Journal of Banking & Finance, Volume 23, Issues 2-4, February 1999, Pages 325-357

[209] James M. Buchnan: "Liberty, Market and State, Political Economy in the 1980s", Harvester Press, 1986.

[210] Jensen, Michael C. and William Meckling. 1976. Theory of the firm: managerial behavior, agency costs, and capital structure, Journal of Financial Economics, 3, pp. 305-360

[211] John R. Rizzo, Robert J. House, Sidney I. Lirtzman, Role Conflict and Ambiguity in Complex Organizations, Administrative Science Quarterly, Vol. 15, No. 2 (Jun., 1970), pp. 150-163.

[212] L. Fisher, 1923, Elementary principles of economics. New York. Macmillan, p. 27.

[213] La Porta, R., F. Lopez-de-Silanes, A. Shleifer, Corporate Ownership Around the World. Journal of Finance, Vol. 54, No. 2, 1999, pp. 471-517

[214] Leland, Hayne and David Pyle, 1977. Information asymmetry, financial-structure, and financial intermediation. The Journal of Finance, 32. pp. 371-388.

[215] Li, W., The Impact of Economic Reform on the Performance of Chinese Enterprises: 1980-1989. Journal of Political Economy, Vol. 105, No. 5, October 1997, pp. 1080-1106.

[216] Marco Pagano and Ailsa Roell, The Choice of Stock Ownership Structure: Agency Costs, Monitoring, and the Decision to Go Public, Oxford Journals Economics Social Sciences Quarterly Journal of Economics Volume113, Issue 1 pp. 187-225.

[217] Mary A. Weiss. 1986, "Analysis of Productivity at the Firm Level: An

Application to Life Insurers", The Journal of Risk and Insurance, Vol. 53, No. 1 (Mar., 1986), pp. 49 - 84.

[218] Maslow, A., H., 1954, Motivation and Personality, 2nd ed., New York; Harper & Row.

[219] Mayers D. and Smith C. W., 1988, "Ownership Structure across Lines of Property - Casualty Insurance", Journal of Law and Economic, 31: 351 - 378.

[220] Mayo, G. E., 1933, The human problems of an industrial society (2nd ed.). New York: Macmillan.

[221] McClelland, D., 1961, The achieving society, New York: The Free Press.

[222] Meesusen W. and J. van den Broeck, 1977, "Efficiency estimation from Cobb - Douglas production functions with composed error", International Economic Reviews 18: 435 - 444.

[223] Michael Gerald Pollitt. Ownership and Efficiency in Nuclear Power Production. Oxford Economic Papers. 1996, 48 (2): 342 - 360.

[224] Neil A. Doherty. 1981, "The Measurement of Output and Economies of Scale in Property - Liability Insurance", The Journal of Risk and Insurance, Vol. 48, No. 3 (Sep., 1981), pp. 390 - 402.

[225] New York State Consolidated Laws, Section 216.

[226] Pejovich, S. 1990. The economics of property rights: towards a theory or comparative systems, Kluwer Academic Publichers. p. 27.

[227] Pejovich, S. 1982. Karl Marx, Property Rights School and the Process of Social Change. Kyklos, Vol. 35 (3), p383 - 397

[228] Pitt, M. and L. F. Lee, 1981, "The measurement and sources of technical inefficiency in the Indonesian weaving industry", Journal of Development Economics, 9, 43 - 64.

[229] Porter, L. W., & Lawler, E. E., III. Managerial attitudes and performance. Homewood, Ill.: Dorsey, 1968.

[230] Praetz, P., 1980, "Returns to scale in the US life insurance industry", Journal of Risk and insurance 47, 525 - 533.

[231] Prudential 2002 Annual Report, p. 8.

[232] Q. Sun, W. H. S. Tong, J. Tong. How Does Government Ownership

Affect Firm Performance? Evidence from China's Privatization Experience. Journal of Business Finance & Accounting, 2002 (1 - 2): 1 - 27.

[233] R. C. O. Matthews, (1986) "The Economics of Institutions and the Sources of Growth", Economic Journal 96 (December) p. 903 - 910.

[234] Rai, A., 1996, "Cost efficiency of international insurance firms", Journal of Financial Services Research 10, 213 - 233.

[235] Raman Amadeo Castillo. Property Rights Enforceability, Financial Institutions and The Structure of Firm Ownership. Bell & Howell Information and Learning Company. 2000: 120 - 123.

[236] Randall Geehan, 1977, "Returns to Scale in the Life Insurance Industry", The Bell Journal of Economics Vol. 8, No. 2 (Autumn, 1977), pp. 497 - 514.

[237] Riordan: M. H. 1990. What is vertical integration in? M. Aoki, Bo Gustafsson and O. Williamson, eds. The firm as a nexus of treaties. London: Sage Publications Ltd. Mark J. Roe. Strong Managers, Weak Owners: The Political Roots of American Corporate Finance. Princeton: Princeton University Press, 1994: 3 - 26.

[238] Ronald J. Gilson. Controlling Shareholders And Corporate Governance: Complicating The Comparative Taxonomy. Harvard Law Review, 2006, 19 (6): 1641 - 1678.

[239] Sanford J. Grossman and Oliver D. Hart. An Analysis of the Principal - Agent Problem. Econometrica, Vol. 51, No. 1 (Jan., 1983), pp. 7 - 45; Sanford J. Grossman and Oliver D. Hart. The Costs and Benefits of Ownership: A Theory of Vertical and Lateral Integration. The Journal of Political Economy, Vol. 94, No. 4 (Aug., 1986), pp. 691 - 719.

[240] Shleifer, A., R. Vishny, Large Shareholders and Corporate Control. Journal of Political Economics, Vol. 94, 1986, pp. 461 - 488.

[241] Stiglitz, Joseph. Credit Markets and the Control of Capital. Journal of Money, Credit and Banking, Blackwell Publishing. 1985, 17 (2): 133 - 152.

[242] Taiwan Insurance Report Q4 2011. Published by: Business Monitor International. Copy deadline: October 2011. p43.

[243] Thrainn, Eggertsson (1990) "Economic Behavior and Institutions", P. 5, Cambridge University Press.

[244] United Kingdom Insurance Report 2010. p28 - 29.

[245] Vickers, J. , G. Yarrow, Regulation of Privatized Firms in Britain. European Economic Review, Vol. 32, 1988, pp. 465.

[246] Vivian Jeng and Gene C. Lai, 2005, "Ownership Structure, Agency Cost, Specialization, and Efficiency: Analysis of Keiretsu and Independent Insurers in the Japanese Nonlife Insurance Industry", Journal of Risk and Insurance, 72 (1): 105 - 158

[247] Vroom V. H. , 1964, Work and motivation, New York: Wiley.

[248] West, Edwin G. 2003. Property rights in the History of Economics Thought: From Locke to J. S. Mill in property rights: cooperation, conflict, and Law, T. L. Anderson and F. S. McChesney ed. Princeton and Oxford: Princeton University Press. p20 - 42.

[249] Williamson, O. E. 1980. Organization of work: a comparative institutional assessment. Journal of Economic Behaviour and Organization, 1. pp5 - 38. or: Klein, B. and Crawford, R. G and Alchian, A. 1978. Verticalintegration, appropriable rents and the competitive contracting process. Journal of Law and Economic, 21. pp. 307 and pp. 325.

[250] Xiaonian Xu, Wang Yan. Ownership Structure and Corporate Governance in Chinese Stock Companies. China Economic Review, 1999, (10): 20 - 35

[251] Yuengert, A. M. , 1993, "The measurement of efficiency in life insurance: Estimates of a mixed normal - gamma error model", Journal of Banking & Finance, 17, 483 - 496.

[252] Zhi - qiang Liu. Efficiency and firm ownership: Some New Evidence. Review of Industrial Organization, 2001 (19): 486 - 498.

附 录

附录1-1　　2006年38家寿险公司投入指标数据统计表

单位：百万元人民币

序号	保险公司	手续费和佣金	实收资本	业务及管理费用	保险业务收入	平均总资产	佣金占保费收入的比率 P_1	实收资本占平均总资产的比率 P_2	营业费用占平均总资产的比率 P_3
1	人保寿险	38.76	1 000	137.05	849.28	1 562.25	0.045 639	0.640 102	0.087 726
2	人保健康	33.5	1 000	184.06	888.35	1 673.775	0.037 71	0.597 452	0.109 967
3	国寿股份	14 647	28 265	13 211	181 173	603 585.5	0.080 845	0.046 828	0.021 888
4	太平人寿	833.99	2 330	1 414.64	11 100.72	26 643.01	0.075 129	0.087 453	0.053 096
5	民生人寿	247.73	873	407.38	1 143	2 417.69	0.216 737	0.361 088	0.168 5
6	太保寿险	2 753	1 998	3 490	37 837	140 253.2	0.072 759	0.014 246	0.024 884
7	平安人寿	6 559.3	3 800	5 736.54	68 411.01	282 202	0.095 881	0.013 466	0.020 328
8	华泰人寿	25.81	269.5	71.38	147.99	352.77	0.174 404	0.763 954	0.202 341
9	新华人寿	1 788.21	1 200	2 536.74	25 971.28	52 332.51	0.068 853	0.022 93	0.048 474
10	泰康人寿	1 459.38	852.2	1 945.85	20 316.16	71 086.47	0.071 833	0.011 988	0.027 373
11	天安人寿	11.94	200	43.87	160.19	361.615	0.074 536	0.553 074	0.121 317
12	生命人寿	302.03	1 358.19	574.96	3 438.76	7 810.415	0.087 831	0.173 895	0.073 615
13	合众人寿	133.08	420	319.08	1 618.68	1 357.28	0.082 215	0.309 442	0.235 088
14	长城人寿	64.18	480	167.02	771.62	730.225	0.083 176	0.657 332	0.228 724
15	嘉禾人寿	23.87	500	85.98	374.01	636.885	0.063 822	0.785 071	0.135 001
16	和谐健康	0.43	300	53.5	4.6	263.16	0.093 478	1.139 991	0.203 298
17	正德人寿	0.14	500	70.07	12.01	251.35	0.011 657	1.989 258	0.278 775
18	中宏人寿	171.69	600	242.96	894.31	2 430.295	0.191 98	0.246 884	0.099 971
19	太平洋安泰	92.63	700	138.18	619.64	2 003.84	0.149 49	0.349 329	0.068 958
20	中德安联	84.66	550	189.6	1 185.52	1 537.275	0.071 412	0.357 776	0.123 335
21	金盛人寿	33.95	625	137.55	483.34	947.52	0.070 24	0.659 617	0.145 168
22	交银康联	14.18	200	29.48	286.47	519.78	0.049 499	0.384 778	0.056 716

(续表)

序号	保险公司	手续费和佣金	实收资本	业务及管理费用	保险业务收入	平均总资产	佣金占保费收入的比率 P_1	实收资本占平均总资产的比率 P_2	营业费用占平均总资产的比率 P_3
23	信诚人寿	331.04	1 100	469.12	1 613.72	2 186.935	0.205 141	0.502 987	0.214 51
24	中意人寿	101.28	1 300	248.06	5 353.16	23 946.66	0.018 92	0.054 287	0.010 359
25	光大永明	70.11	600	176.97	531.34	958.295	0.131 949	0.626 112	0.184 672
26	中荷人寿	49.84	500	104.81	411.26	860.995	0.121 189	0.580 723	0.121 731
27	海尔纽约	62.47	420	132.34	270.26	567.59	0.231 148	0.739 971	0.233 161
28	中英人寿	132.1	900	260.83	1 106.15	1 805.475	0.119 423	0.498 484	0.144 466
29	海康人寿	55.07	600	189.59	497.77	811.5	0.110 633	0.739 372	0.233 629
30	招商信诺	28.24	280	83.44	629.75	294.45	0.044 843	0.950 925	0.283 376
31	长生人寿	10.66	300	46.77	73.72	265.215	0.144 601	1.131 158	0.176 347
32	恒安标准	22.59	1 302	178.28	511.67	1 983.3	0.044 15	0.656 482	0.089 891
33	瑞泰人寿	13.09	240	64.69	538.22	515.535	0.024 321	0.465 536	0.125 481
34	中美大都会	96.37	500	197.55	392.93	496.985	0.245 26	1.006 067	0.397 497
35	国泰人寿	13.58	800	73.33	329.13	1 068.005	0.041 26	0.749 06	0.068 661
36	中航三星	4.47	200	35.27	7.19	155.84	0.621 697	1.283 368	0.226 322
37	联泰大都会	11.29	500	112.78	187.91	492.98	0.060 082	1.014 24	0.228 772
38	中新大东方	2.14	300	27.86	3.13	141.435	0.683 706	2.121 116	0.196 981

资料来源：根据 2006 年《中国保险年鉴》整理。

附录 1-2　2006 年 38 家寿险公司产出指标数据统计表

单位：百万元人民币

序号	保险公司	保险业务收入	责任准备金增量及保险赔付支出	投资收益	平均总资产	保险业务收入/平均总资产 y_1	责任准备金增量及保险赔付支出/平均总资产 y_2	投资收益/平均总资产 y_3
1	人保寿险	849.28	815.7	61.44	1 562.25	0.543 626	0.522 132	0.039 328
2	人保健康	888.35	760.67	33.3	1 673.775	0.530 746	0.454 464	0.019 895
3	国寿股份	181 173	166 418	30 951	603 585.5	0.300 161	0.275 716	0.051 279
4	太平人寿	11 100.72	9 973.58	1 405.45	26 643.01	0.416 647	0.374 341	0.052 751
5	民生人寿	1 143	850.43	211.16	2 417.69	0.472 765	0.351 753	0.087 34
6	太保寿险	37 837	36 027	7 924	140 253.2	0.269 776	0.256 871	0.056 498
7	平安人寿	68 411.01	73 755.75	19 246.43	282 202	0.242 419	0.261 358	0.068 201
8	华泰人寿	147.99	124.86	8.17	352.77	0.419 508	0.353 942	0.023 16
9	新华人寿	25 971.28	26 560.95	4 317.76	52 332.51	0.496 274	0.507 542	0.082 506

(续表)

序号	保险公司	保险业务收入	责任准备金增量及保险赔付支出	投资收益	平均总资产	保险业务收入/平均总资产 y_1	责任准备金增量及保险赔付支出/平均总资产 y_2	投资收益/平均总资产 y_3
10	泰康人寿	20 316.16	19 176.05	4 203.1	71 086.47	0.285 795	0.269 757	0.059 127
11	天安人寿	160.19	136.27	13.42	361.615	0.442 985	0.376 837	0.037 111
12	生命人寿	3 438.76	3 121.06	302.29	7 810.415	0.440 279	0.399 602	0.038 703
13	合众人寿	1 618.68	1 432.54	53.94	1 357.28	1.192 591	1.055 449	0.039 741
14	长城人寿	771.62	679.6	18.25	730.225	1.056 688	0.930 672	0.024 992
15	嘉禾人寿	374.01	761.56	18.9	636.885	0.587 249	1.195 757	0.029 676
16	和谐健康	4.6	3.07	3.27	263.16	0.017 48	0.011 666	0.012 426
17	正德人寿	12.01	10.98	0	251.35	0.047 782	0.043 684	0
18	中宏人寿	894.31	638.39	151.57	2 430.295	0.367 984	0.262 68	0.062 367
19	太平洋安泰	619.64	514.11	120.72	2 003.84	0.309 226	0.256 562	0.060 244
20	中德安联	1 185.52	1 071.02	66.42	1 537.275	0.771 183	0.696 7	0.043 206
21	金盛人寿	483.34	450.31	60.7	947.52	0.510 111	0.475 251	0.064 062
22	交银康联	286.47	273.77	34.66	519.78	0.551 137	0.526 704	0.066 682
23	信诚人寿	1 613.72	1 204.32	113.75	2 186.935	0.737 891	0.550 689	0.052 013
24	中意人寿	5 353.16	5 903.89	801.83	23 946.66	0.223 545	0.246 543	0.033 484
25	光大永明	531.34	501.94	51.87	958.295	0.554 464	0.523 784	0.054 127
26	中荷人寿	411.26	357.51	78.63	860.995	0.477 657	0.415 229	0.091 325
27	海尔纽约	270.26	187.87	20.53	567.59	0.476 154	0.330 996	0.036 17
28	中英人寿	1 106.15	916.24	110.54	1 805.475	0.612 664	0.507 479	0.061 225
29	海康人寿	497.77	414.8	27.91	811.5	0.613 395	0.511 152	0.034 393
30	招商信诺	629.75	707.8	6.35	294.45	2.138 733	2.403 804	0.021 566
31	长生人寿	73.72	66.04	7.25	265.215	0.277 963	0.249 006	0.027 336
32	恒安标准	511.67	476.31	77.65	1 983.3	0.257 989	0.240 16	0.039 152
33	瑞泰人寿	538.22	665.41	29.7	515.535	1.044 003	1.290 717	0.057 61
34	中美大都会	392.93	235.21	13.79	496.985	0.790 627	0.473 274	0.027 747
35	国泰人寿	329.13	319.43	44.95	1 068.005	0.308 173	0.299 09	0.042 088
36	中航三星	7.19	3.12	3.22	155.84	0.046 137	0.020 021	0.020 662
37	联泰大都会	187.91	161.06	15.67	492.98	0.381 172	0.326 707	0.031 786
38	中新大东方	3.13	1.85	3.44	141.435	0.022 13	0.013 08	0.024 322

资料来源：根据2006年《中国保险年鉴》整理。

附录1-3　2006年38家寿险公司净利润和总成本数据统计表

单位：百万元人民币

序号	保险公司	净利润	净利润+a	总成本	平均总资产	(净利润+a)/平均总资产 π+a	总成本/平均总资产 C
1	人保寿险	-94.93	1 851.07	175.81	1 562.25	1.184 874	0.112 536
2	人保健康	-119.47	1 826.53	217.56	1 673.775	1.091 264	0.129 982
3	国寿股份	14 479	16 425	27 858	603 585.5	0.027 212	0.046 154
4	太平人寿	226.5	2 172.5	2 248.63	26 643.01	0.081 541	0.084 398
5	民生人寿	-195.11	1 750.89	655.11	2 417.69	0.724 2	0.270 965
6	太保寿险	1 047	2 993	6 243	140 253.2	0.021 34	0.044 512
7	平安人寿	5 619.49	7 565.49	12 295.84	282 202	0.026 809	0.043 571
8	华泰人寿	-65.83	1 880.17	97.19	352.77	5.329 733	0.275 505
9	新华人寿	343.25	2 289.25	4 324.95	52 332.51	0.043 744	0.082 644
10	泰康人寿	742.58	2 688.58	3 405.23	71 086.47	0.037 821	0.047 903
11	天安人寿	-24.13	1 921.87	55.81	361.615	5.314 686	0.154 335
12	生命人寿	-266.33	1 679.67	876.99	7 810.415	0.215 055	0.112 285
13	合众人寿	-225.57	1 720.43	452.16	1 357.28	1.267 557	0.333 137
14	长城人寿	-131.44	1 814.56	231.2	730.225	2.484 933	0.316 615
15	嘉禾人寿	-71.6	1 874.4	109.85	636.885	2.943 074	0.172 48
16	和谐健康	-53.65	1 892.35	53.93	263.16	7.190 872	0.204 932
17	正德人寿	-68.76	1 877.24	70.21	251.35	7.468 629	0.279 332
18	中宏人寿	-25.98	1 920.02	414.65	2 430.295	0.790 036	0.170 617
19	太平洋安泰	0.06	1 946.06	230.81	2 003.84	0.971 165	0.115 184
20	中德安联	-115.13	1 830.87	274.26	1 537.275	1.190 984	0.178 407
21	金盛人寿	-45.22	1 900.78	171.5	947.52	2.006 058	0.180 999
22	交银康联	0.01	1 946.01	43.66	519.78	3.743 911	0.083 997
23	信诚人寿	-244.65	1 701.35	800.16	2 186.935	0.777 961	0.365 882
24	中意人寿	-68.93	1 877.07	349.34	23 946.66	0.078 385	0.014 588
25	光大永明	-130.14	1 815.86	247.08	958.295	1.894 886	0.257 833
26	中荷人寿	-24.42	1 921.58	154.65	860.995	2.231 813	0.179 618
27	海尔纽约	-102.89	1 843.11	194.81	567.59	3.247 256	0.343 223
28	中英人寿	-80.96	1 865.04	392.93	1 805.475	1.032 991	0.217 632

(续表)

序号	保险公司	净利润	净利润+a	总成本	平均总资产	(净利润+a)/平均总资产 π+a	总成本/平均总资产 C
29	海康人寿	-142.66	1 803.34	244.66	811.5	2.222 23	0.301 491
30	招商信诺	-14.72	1 931.28	111.68	294.45	6.558 94	0.379 283
31	长生人寿	-46.64	1 899.36	57.43	265.215	7.161 586	0.216 541
32	恒安标准	-92.88	1 853.12	200.87	1 983.3	0.934 362	0.101 281
33	瑞泰人寿	-52.95	1 893.05	77.78	515.535	3.672 011	0.150 872
34	中美大都会	-142.55	1 803.45	293.92	496.985	3.628 782	0.591 406
35	国泰人寿	-42.3	1 903.7	86.91	1 068.005	1.782 482	0.081 376
36	中航三星	-27.24	1 918.76	39.74	155.84	12.312 37	0.255 005
37	联泰大都会	-86.49	1 859.51	124.07	492.98	3.771 979	0.251 673
38	中新大东方	-25.51	1 920.49	30	141.435	13.578 61	0.212 112

注：a 的取值为 1 946 百万元，取值依据详见本书第五章第三节因变量选取的内容。
资料来源：根据 2006 年《中国保险年鉴》整理。

附录 1-4　2006 年 38 家寿险公司影响因素数据统计表

序号	保险公司	保险业务收入	年末总资产	本科以上学历人数	市场份额(当年该寿险公司保费收入/当年全国寿险总保费收入)MF	公司规模(当年年末总资产对数)LnCS	人力资本(当年本科以上学历人数的对数)LnHC
1	人保寿险	849.28	2 109.88	515	0.002 056	7.654 386	6.244 167
2	人保健康	888.35	2 372.07	617	0.002 151	7.771 518	6.424 869
3	国寿股份	181 173	727 085	21 014	0.438 664	13.496 8	9.952 944
4	太平人寿	11 100.72	33 357.81	4 158	0.026 878	10.415 05	8.332 789
5	民生人寿	1 143	2 816.5	1 005	0.002 767	7.943 25	6.912 743
6	太保寿险	37 837	163 116	7 690	0.091 613	12.002 22	8.947 676
7	平安人寿	68 411.01	328 827.7	22 630	0.165 64	12.703 29	10.027 03
8	华泰人寿	147.99	504.32	137	0.000 358	6.223 211	4.919 981
9	新华人寿	25 971.28	104 665	3 547	0.062 883	11.558 52	8.173 857
10	泰康人寿	20 316.16	94 994.42	3 608	0.049 19	11.461 57	8.190 909
11	天安人寿	160.19	406.5	72	0.000 388	6.007 584	4.276 666
12	生命人寿	3 438.76	10 033.74	1 464	0.008 326	9.213 709	7.288 928

(续表)

序号	保险公司	保险业务收入	年末总资产	本科以上学历人数	市场份额(当年该寿险公司保费收入/当年全国寿险总保费收入)MF	公司规模(当年年末总资产对数)LnCS	人力资本(当年本科以上学历人数的对数)LnHC
13	合众人寿	1 618.68	2 033.3	1 532	0.003 919	7.617 415	7.334 329
14	长城人寿	771.62	1 138.28	478	0.001 868	7.037 274	6.169 611
15	嘉禾人寿	374.01	842.49	461	0.000 906	6.736 362	6.133 398
16	和谐健康	4.6	315.24	131	1.11E−05	5.753 334	4.875 197
17	正德人寿	12.01	502.7	30	2.91E−05	6.219 994	3.401 197
18	中宏人寿	894.31	2 883.11	288	0.002 165	7.966 625	5.662 96
19	太平洋安泰	619.64	2 381.77	183	0.001 5	7.775 599	5.209 486
20	中德安联	1 185.52	2 338.09	378	0.002 87	7.757 09	5.934 894
21	金盛人寿	483.34	1 210.28	213	0.001 17	7.098 607	5.361 292
22	交银康联	286.47	661.55	48	0.000 694	6.494 586	3.871 201
23	信诚人寿	1 613.72	2 830.18	863	0.003 907	7.948 096	6.760 415
24	中意人寿	5 353.16	25 219.98	425	0.012 961	10.135 39	6.052 089
25	光大永明	531.34	1 209.75	353	0.001 287	7.098 169	5.866 468
26	中荷人寿	411.26	1 065.64	283	0.000 996	6.971 331	5.645 447
27	海尔纽约	270.26	686.97	238	0.000 654	6.532 291	5.472 271
28	中英人寿	1 106.15	2 743.26	631	0.002 678	7.916 902	6.447 306
29	海康人寿	497.77	955.72	376	0.001 205	6.862 465	5.929 589
30	招商信诺	629.75	1 042.79	84	0.001 525	6.949 655	4.430 817
31	长生人寿	73.72	276.52	85	0.000 178	5.622 283	4.442 651
32	恒安标准	511.67	2 190.35	685	0.001 239	7.691 817	6.529 419
33	瑞泰人寿	538.22	777.05	69	0.001 303	6.655 505	4.234 107
34	中美大都会	392.93	568.58	334	0.000 951	6.343 142	5.811 141
35	国泰人寿	329.13	1 239.86	430	0.000 797	7.122 754	6.063 785
36	中航三星	7.19	142.43	61	1.74E−05	4.958 851	4.110 874
37	联泰大都会	187.91	528.14	135	0.000 455	6.269 361	4.905 275
38	中新大东方	3.13	283.18	96	7.58E−06	5.646 083	4.564 348

注：1. 2006年全国寿险总保费收入为413 011百万元。

2. 保险业务收入和年末总资产的单位是百万元；本科以上学历人数的单位是个。

资料来源：根据2006年《中国保险年鉴》整理。

附录 2-1　　2007 年 39 家寿险公司投入指标数据统计表

单位：百万元人民币

序号	保险公司	手续费和佣金	实收资本	业务及管理费用	保险业务收入	平均总资产	佣金占保费收入的比率 P_1	实收资本占平均总资产的比率 P_2	营业费用占平均总资产的比率 P_3
1	人保寿险	271.93	2 708.38	480.96	4 358.76	5 182.46	0.062 387	0.522 605	0.092 805
2	人保健康	88.84	1 000	336.35	2 555.5	3 585.48	0.034 764	0.278 903	0.093 809
3	国寿股份	16 056	28 265	16 323	196 626	789 985.5	0.081 658	0.035 779	0.020 662
4	太平人寿	1 552.13	2 330	1 907.25	15 842.07	37 843.02	0.097 975	0.061 57	0.050 399
5	民生人寿	419.19	2 700	553.98	3 217.63	4 706.945	0.130 279	0.573 62	0.117 694
6	太保寿险	3 746	2 300	4 435	50 686	191 626.7	0.073 906	0.012 002	0.023 144
7	平安人寿	9 001.66	3 800	6 782.23	79 177.5	366 127.6	0.113 69	0.010 379	0.018 524
8	华泰人寿	54.86	340	165.32	705.13	785.295	0.077 801	0.432 958	0.210 52
9	新华人寿	2 423.95	1 200	3 081.47	32 132.57	116 977.3	0.075 436	0.010 258	0.026 342
10	泰康人寿	2 258.2	852.2	2 848.19	34 236.67	111 943.5	0.065 959	0.007 613	0.025 443
11	天安人寿	9.96	200	35.81	127.32	441.63	0.078 228	0.452 868	0.081 086
12	生命人寿	335.37	1 358.19	813.96	6 559.66	12 550.03	0.051 126	0.108 222	0.064 857
13	合众人寿	489.92	666.58	629.93	3 066.62	3 727.555	0.159 759	0.178 825	0.168 993
14	长城人寿	237.15	480	226.06	1 477.85	1 790.5	0.160 47	0.268 082	0.126 255
15	嘉禾人寿	204.42	500	288.48	2 573.69	2 226.665	0.079 427	0.224 551	0.129 557
16	和谐健康	0.93	300	68.2	15.87	353.11	0.058 601	0.849 594	0.193 141
17	正德人寿	16.21	500	58.48	309.44	616.15	0.052 385	0.811 491	0.094 912
18	中宏人寿	204.05	600	307.02	1 133.51	3 311.1	0.180 016	0.181 209	0.092 724
19	太平洋安泰	96.58	700	159.25	707.56	2 481.79	0.136 497	0.282 054	0.064 167
20	中德安联	191.83	1 000	393.01	3 000.58	3 620.735	0.063 931	0.276 187	0.108 544
21	金盛人寿	49.13	705	207.38	901.03	1 587.94	0.054 526	0.443 971	0.130 597
22	交银康联	14.92	200	29.92	295.81	787.885	0.050 438	0.253 844	0.037 975
23	信诚人寿	453.25	1 450	598.97	3 011.67	4 072.94	0.150 498	0.356 008	0.147 061
24	中意人寿	178.05	1 900	320.89	3 284.48	26 889.13	0.054 209	0.070 661	0.011 934
25	光大永明	127.86	900	250.3	1 664.55	2 104.465	0.076 814	0.427 662	0.118 938
26	中荷人寿	81.01	500	182.91	1 256.86	1 574.155	0.064 454	0.317 631	0.116 196
27	海尔纽约	94.6	580	164.35	372.32	817.245	0.254 083	0.709 701	0.201 102
28	中英人寿	322.12	1 400	400.65	3 545.25	4 667.76	0.090 86	0.299 93	0.085 833
29	海康人寿	104.4	900	268.94	1 269.56	1 523.86	0.082 233	0.590 605	0.176 486

(续表)

序号	保险公司	手续费和佣金	实收资本	业务及管理费用	保险业务收入	平均总资产	佣金占保费收入的比率 P_1	实收资本占平均总资产的比率 P_2	营业费用占平均总资产的比率 P_3
30	招商信诺	103.73	320	152.74	2 396.33	2 221.935	0.043 287	0.144 019	0.068 742
31	长生人寿	14.15	300	54.24	75.02	278.745	0.188 616	1.076 252	0.194 586
32	恒安标准	50.21	1 302	343.61	1 398.66	2 705.55	0.035 899	0.481 233	0.127 002
33	瑞泰人寿	65.44	320	81.99	1 860.75	1 917.995	0.035 169	0.166 841	0.042 748
34	中美大都会	149.26	500	247.37	1 707.61	1 232.675	0.087 409	0.405 622	0.200 677
35	国泰人寿	32.73	800	111.39	531.39	1 523.17	0.061 593	0.525 22	0.073 13
36	中航三星	9.52	200	37.46	33.68	139.68	0.282 66	1.431 844	0.268 184
37	联泰大都会	49.55	500	178.96	2 085.57	1 496.89	0.023 758	0.334 026	0.119 555
38	中法人寿	1.12	200	13.42	37.28	256.265	0.030 043	0.780 442	0.052 368
39	中新大东方	5.43	300	34.59	24.62	311.45	0.220 552	0.963 236	0.111 061

资料来源:根据2007年《中国保险年鉴》整理。

附录2-2　　2007年39家寿险公司产出指标数据统计表

单位:百万元人民币

序号	保险公司	保险业务收入	责任准备金增量及保险赔付支出	投资收益	平均总资产	保险业务收入/平均总资产 y_1	责任准备金增量及保险赔付支出/平均总资产 y_2	投资收益/平均总资产 y_3
1	人保寿险	4 358.76	4 240.07	432.77	5 182.46	0.841 06	0.818 158	0.083 507
2	人保健康	2 555.5	2 432.83	191.94	3 585.48	0.712 736	0.678 523	0.053 533
3	国寿股份	196 626	180 288	91 377	789 985.5	0.248 898	0.228 217	0.115 669
4	太平人寿	15 842.07	15 724.82	5 373.14	37 843.02	0.418 626	0.415 528	0.141 985
5	民生人寿	3 217.63	2 636	374.45	4 706.945	0.683 592	0.560 024	0.079 553
6	太保寿险	50 686	57 338	22 633	191 626.7	0.264 504	0.299 217	0.118 11
7	平安人寿	79 177.5	105 619.3	48 490.42	366 127.6	0.216 257	0.288 477	0.132 441
8	华泰人寿	705.13	670.86	47.74	785.295	0.897 917	0.854 278	0.060 792
9	新华人寿	32 132.57	37 664.99	10 817.59	116 977.3	0.274 691	0.321 985	0.092 476
10	泰康人寿	34 236.67	38 647.26	15 517.85	111 943.5	0.305 839	0.345 239	0.138 622
11	天安人寿	127.32	104.68	18.36	441.63	0.288 296	0.237 031	0.041 573
12	生命人寿	6 559.66	6 636.53	1 311.63	12 550.03	0.522 681	0.528 806	0.104 512
13	合众人寿	3 066.62	2 694.43	279.88	3 727.555	0.822 689	0.722 841	0.075 084

序号	保险公司	保险业务收入	责任准备金增量及保险赔付支出	投资收益	平均总资产	保险业务收入/平均总资产 y_1	责任准备金增量及保险赔付支出/平均总资产 y_2	投资收益/平均总资产 y_3
14	长城人寿	1 477.85	1 321.82	119.5	1 790.5	0.825 384	0.738 241	0.066 741
15	嘉禾人寿	2 573.69	2 439.83	157.68	2 226.665	1.155 85	1.095 733	0.070 814
16	和谐健康	15.87	7.96	6.14	353.11	0.044 944	0.022 543	0.017 388
17	正德人寿	309.44	280.06	13.81	616.15	0.502 215	0.454 532	0.022 413
18	中宏人寿	1 133.51	787.93	352.64	3 311.1	0.342 336	0.237 966	0.106 502
19	太平洋安泰	707.56	572.65	167.38	2 481.79	0.285 101	0.230 741	0.067 443
20	中德安联	3 000.58	3 149.49	321.58	3 620.735	0.828 721	0.869 848	0.088 816
21	金盛人寿	901.03	980.21	250.97	1 587.94	0.567 421	0.617 284	0.158 048
22	交银康联	295.81	329.74	109.34	787.885	0.375 448	0.418 513	0.138 777
23	信诚人寿	3 011.67	2 693.21	369.26	4 072.94	0.739 434	0.661 245	0.090 662
24	中意人寿	3 284.48	4 616.56	2 389.26	26 889.13	0.122 149	0.171 689	0.088 856
25	光大永明	1 664.55	1 745.17	157.49	2 104.465	0.790 961	0.829 27	0.074 836
26	中荷人寿	1 256.86	1 209.13	158.34	1 574.155	0.798 435	0.768 114	0.100 587
27	海尔纽约	372.32	257.07	62.35	817.245	0.455 579	0.314 557	0.076 293
28	中英人寿	3 545.25	3 421.94	406.59	4 667.76	0.759 518	0.733 101	0.087 106
29	海康人寿	1 269.56	1 181.58	60.39	1 523.86	0.833 121	0.775 386	0.039 63
30	招商信诺	2 396.33	3 227.92	147.01	2 221.935	1.078 488	1.452 752	0.066 163
31	长生人寿	75.02	59.6	7.96	278.745	0.269 135	0.213 815	0.028 557
32	恒安标准	1 398.66	1 388.48	160.64	2 705.55	0.516 96	0.513 197	0.059 374
33	瑞泰人寿	1 860.75	2 585.6	597.62	1 917.995	0.970 154	1.348 074	0.311 586
34	中美大都会	1 707.61	1 562.76	92.71	1 232.675	1.385 288	1.267 779	0.075 21
35	国泰人寿	531.39	515.97	76.55	1 523.17	0.348 871	0.338 747	0.050 257
36	中航三星	33.68	23.33	4.03	139.68	0.241 123	0.167 025	0.028 852
37	联泰大都会	2 085.57	2 272.14	75.64	1 496.89	1.393 269	1.517 907	0.050 531
38	中法人寿	37.28	35.18	7.52	256.265	0.145 474	0.137 28	0.029 345
39	中新大东方	24.62	17.21	12.14	311.45	0.079 05	0.055 258	0.038 979

资料来源：根据 2007 年《中国保险年鉴》整理。

附录 2-3　2007 年 39 家寿险公司净利润和总成本指标数据统计表

单位：百万元人民币

序号	保险公司	净利润	净利润+a	总成本	平均总资产	(净利润+a)/平均总资产 π+a	总成本/平均总资产 C
1	人保寿险	-191.55	1 754.45	752.89	5 182.46	0.338 536	0.145 277
2	人保健康	-184.48	1 761.52	425.19	3 585.48	0.491 293	0.118 587
3	国寿股份	28 297	30 243	32 379	789 985.5	0.038 283	0.040 987
4	太平人寿	1 199.39	3 145.39	3 459.38	37 843.02	0.083 117	0.091 414
5	民生人寿	-169.42	1 776.58	973.17	4 706.945	0.377 438	0.206 752
6	太保寿险	4 550	6 496	8 181	191 626.7	0.033 899	0.042 692
7	平安人寿	7 991.39	9 937.39	15 783.89	366 127.6	0.027 142	0.043 11
8	华泰人寿	-141.6	1 804.4	220.18	785.295	2.297 735	0.280 379
9	新华人寿	394.21	2 340.21	5 505.42	116 977.3	0.020 006	0.047 064
10	泰康人寿	2 910.18	4 856.18	5 106.39	111 943.5	0.043 381	0.045 616
11	天安人寿	-12.41	1 933.59	45.77	441.63	4.378 303	0.103 639
12	生命人寿	22.04	1 968.04	1 149.33	12 550.03	0.156 816	0.091 58
13	合众人寿	-305.47	1 640.53	1 119.85	3 727.555	0.440 109	0.300 425
14	长城人寿	-149.03	1 796.97	463.21	1 790.5	1.003 614	0.258 704
15	嘉禾人寿	-95.05	1 850.95	492.9	2 226.665	0.831 266	0.221 362
16	和谐健康	-53.57	1 892.43	69.13	353.11	5.359 321	0.195 775
17	正德人寿	-33.16	1 912.84	74.69	616.15	3.104 504	0.121 22
18	中宏人寿	88.71	2 034.71	511.07	3 311.1	0.614 512	0.154 351
19	太平洋安泰	18.83	1 964.83	255.83	2 481.79	0.791 699	0.103 083
20	中德安联	-232.28	1 713.72	584.84	3 620.735	0.473 307	0.161 525
21	金盛人寿	-7.99	1 938.01	256.51	1 587.94	1.220 455	0.161 536
22	交银康联	-0.86	1 945.14	44.84	787.885	2.468 812	0.056 912
23	信诚人寿	-247.75	1 698.25	1 052.22	4 072.94	0.416 959	0.258 344
24	中意人寿	15.36	1 961.36	498.94	26 889.13	0.072 942	0.018 555
25	光大永明	-165.67	1 780.33	378.16	2 104.465	0.845 977	0.179 694
26	中荷人寿	-87.56	1 858.44	263.92	1 574.155	1.180 595	0.167 658
27	海尔纽约	-96.24	1 849.76	258.95	817.245	2.263 409	0.316 857
28	中英人寿	-97.59	1 848.41	722.77	4 667.76	0.395 995	0.154 843

(续表)

序号	保险公司	净利润	净利润+a	总成本	平均总资产	(净利润+a)/平均总资产 π+a	总成本/平均总资产 C
29	海康人寿	-229.5	1 716.5	373.34	1 523.86	1.126 416	0.244 996
30	招商信诺	63.59	2 009.59	256.47	2 221.935	0.904 432	0.115 426
31	长生人寿	-46.25	1 899.75	68.39	278.745	6.815 369	0.245 35
32	恒安标准	-217.07	1 728.93	393.82	2 705.55	0.639 031	0.145 56
33	瑞泰人寿	-33.61	1 912.39	147.43	1 917.995	0.997 078	0.076 867
34	中美大都会	-127.1	1 818.9	396.63	1 232.675	1.475 571	0.321 764
35	国泰人寿	-86.01	1 859.99	144.12	1 523.17	1.221 131	0.094 618
36	中航三星	-33.64	1 912.36	46.98	139.68	13.691 01	0.336 34
37	联泰大都会	-85.89	1 860.11	228.51	1 496.89	1.242 65	0.152 657
38	中法人寿	-0.57	1 945.43	14.54	256.265	7.591 478	0.056 738
39	中新大东方	-19.76	1 926.24	40.02	311.45	6.184 749	0.128 496

注：a 的取值为 1 946 百万元，取值依据详见本书第五章第三节因变量选取的内容。

资料来源：根据 2007 年《中国保险年鉴》整理。

附录 2-4　　2007 年 39 家寿险公司影响因素数据统计表

序号	保险公司	保险业务收入	年末总资产	本科以上学历人数	市场份额（当年该寿险公司保费收入/当年全国寿险总保费收入）MF	公司规模（当年年末总资产对数）LnCS	人力资本（当年本科以上学历人数的对数）LnHC
1	人保寿险	4 358.76	8 258.33	1 465	0.002 056	9.018 978	7.289 611
2	人保健康	2 555.5	4 839.78	1 429	0.002 151	8.484 625	7.264 73
3	国寿股份	196 626	894 604	28 270	0.438 664	13.704 14	10.249 56
4	太平人寿	15 842.07	44 505.71	5 404	0.026 878	10.703 37	8.594 895
5	民生人寿	3 217.63	6 652.86	1 343	0.002 767	8.802 802	7.202 661
6	太保寿险	50 686	231 125	8 201	0.091 613	12.350 71	9.012 011
7	平安人寿	79 177.5	418 670.1	29 305	0.165 64	12.944 84	10.285 51
8	华泰人寿	705.13	1 084.26	365	0.000 358	6.988 653	5.899 897
9	新华人寿	32 132.57	129 289.6	5 624	0.062 883	11.769 81	8.634 798
10	泰康人寿	34 236.67	137 262.8	4 759	0.049 19	11.829 65	8.467 793
11	天安人寿	127.32	481.81	68	0.000 388	6.177 55	4.219 508
12	生命人寿	6 559.66	15 320.25	1 953	0.008 326	9.636 931	7.577 122
13	合众人寿	3 066.62	5 460.77	2 278	0.003 919	8.605 345	7.731 053
14	长城人寿	1 477.85	2 457.57	624	0.001 868	7.806 928	6.436 15

(续表)

序号	保险公司	保险业务收入	年末总资产	本科以上学历人数	市场份额（当年该寿险公司保费收入/当年全国寿险总保费收入）MF	公司规模（当年年末总资产对数）LnCS	人力资本（当年本科以上学历人数的对数）LnHC
15	嘉禾人寿	2 573.69	3 661.51	933	0.000 906	8.205 631	6.838 405
16	和谐健康	15.87	391.89	141	1.11E−05	5.970 981	4.948 76
17	正德人寿	309.44	729.6	122	2.91E−05	6.592 496	4.804 021
18	中宏人寿	1 133.51	3 821.45	441	0.002 165	8.248 385	6.089 045
19	太平洋安泰	707.56	2 692.64	203	0.001 5	7.898 277	5.313 206
20	中德安联	3 000.58	4 944	1 013	0.002 87	8.505 93	6.920 672
21	金盛人寿	901.03	2 058.09	359	0.001 17	7.629 534	5.883 322
22	交银康联	295.81	934.7	46	0.000 694	6.840 226	3.828 641
23	信诚人寿	3 011.67	5 357.26	889	0.003 907	8.586 208	6.790 097
24	中意人寿	3 284.48	28 659.11	546	0.012 961	10.263 23	6.302 619
25	光大永明	1 664.55	3 050.47	437	0.001 287	8.023 051	6.079 933
26	中荷人寿	1 256.86	1 065.64	448	0.000 996	6.971 331	6.104 793
27	海尔纽约	372.32	686.97	424	0.000 654	6.532 291	6.049 733
28	中英人寿	3 545.25	2 743.26	696	0.002 678	7.916 902	6.545 35
29	海康人寿	1 269.56	955.72	443	0.001 205	6.862 465	6.093 57
30	招商信诺	2 396.33	1 042.79	188	0.001 525	6.949 655	5.236 442
31	长生人寿	75.02	276.52	99	0.000 178	5.622 283	4.595 12
32	恒安标准	1 398.66	2 190.35	1 042	0.001 239	7.691 817	6.948 897
33	瑞泰人寿	1 860.75	777.05	137	0.001 303	6.655 505	4.919 981
34	中美大都会	1 707.61	568.58	350	0.000 951	6.343 142	5.857 933
35	国泰人寿	531.39	1 239.86	376	0.000 797	7.122 754	5.929 589
36	中航三星	33.68	142.43	76	1.74E−05	4.958 851	4.330 733
37	联泰大都会	2 085.57	528.14	184	0.000 455	6.269 361	5.214 936
38	中法人寿	37.28	241.74	27	4.61E−05	5.487 863	3.295 837
39	中新大东方	24.62	283.18	137	7.58E−06	5.646 083	4.919 981

注：1. 2007年全国寿险总保费收入为503 563百万元。

2. 保险业务收入和年末总资产的单位是百万元；本科以上学历人数的单位是个。

资料来源：根据2007年《中国保险年鉴》整理。

附录 3-1   2008 年 41 家寿险公司投入指标数据统计表

单位：百万元人民币

序号	保险公司	手续费和佣金	实收资本	业务及管理费用	保险业务收入	平均总资产	佣金占保费收入的比率 P_1	实收资本占平均总资产的比率 P_2	营业费用占平均总资产的比率 P_3
1	人保寿险	1 130.99	2 708.38	1 755.53	28 812.01	25 378.46	0.039 254	0.106 72	0.069 174
2	人保健康	377.07	2 620	755.06	13 777.97	10 976.03	0.027 368	0.238 702	0.068 792
3	国寿股份	24 200	28 265	17 340	295 579	942 384	0.081 873	0.029 993	0.018 4
4	太平人寿	1 869.81	2 330	2 379.96	18 910.03	52 209.62	0.098 879	0.044 628	0.045 585
5	民生人寿	824.5	2 700	777.32	6 291.9	8 949.94	0.131 041	0.301 678	0.086 852
6	阳光人寿	93.76	660	270.5	2 786.84	2 850.73	0.033 644	0.231 52	0.094 888
7	太保寿险	4 739	5 100	5 382	66 092	245 934.5	0.071 703	0.020 737	0.021 884
8	平安人寿	11 799.48	23 800	6 362.85	101 177.6	445 907.4	0.116 621	0.053 374	0.014 269
9	平安养老	9.79	1 000	494.25	1 158.21	2 054.265	0.008 453	0.486 792	0.240 597
10	平安健康	2.07	500	12.24	33.3	585.13	0.062 162	0.854 511	0.020 918
11	华泰人寿	164.58	600	363.66	2 690.29	3 091.845	0.061 176	0.194 059	0.117 619
12	新华人寿	4 196.81	1 200	5 707.04	55 682.78	147 185	0.075 37	0.008 153	0.038 775
13	泰康人寿	3 861.12	852.2	4 585.81	57 745.47	164 620.1	0.066 864	0.005 177	0.027 857
14	天安人寿	10.99	200	36.4	281.67	601.945	0.039 017	0.332 256	0.060 471
15	生命人寿	462.53	1 358.19	911.36	8 029.23	16 848.61	0.057 606	0.080 611	0.054 091
16	合众人寿	776.64	666.58	995.86	5 450.5	8 131.18	0.142 49	0.081 978	0.122 474
17	长城人寿	252.77	1 407.5	347.54	1 704.6	3 534.405	0.148 287	0.398 228	0.098 331
18	嘉禾人寿	377.77	800	515.12	4 756.16	6 294.855	0.079 428	0.127 088	0.081 832
19	昆仑健康	1.28	200	28.56	19.65	170.535	0.065 14	1.172 78	0.167 473
20	和谐健康	22.16	300	74.24	242.98	475.07	0.091 201	0.631 486	0.156 272
21	正德人寿	51.49	500	137.37	1 855.65	1 555.455	0.027 748	0.321 449	0.088 315
22	华夏人寿	217.44	400	348.49	1 959.95	1 215.855	0.110 942	0.328 987	0.286 621
23	信泰人寿	140.1	423.6	212.14	1 298.24	869.805	0.107 915	0.487 006	0.243 894
24	英大人寿	38.01	600	244.98	2 167.54	1 745.09	0.017 536	0.343 822	0.140 382
25	国华人寿	42.51	600	144.28	892.88	1 036.49	0.047 61	0.578 877	0.139 201
26	幸福人寿	30.84	1 159	218.13	1 037.51	1 744.445	0.029 725	0.664 395	0.125 043
27	中宏人寿	259.86	600	399.98	1 381.61	4 343.355	0.188 085	0.138 142	0.092 09
28	太平洋安泰	96.4	800	179.99	1 047.55	2 975.9	0.092 024	0.268 826	0.060 483
29	金盛人寿	37.46	905	295.25	588.89	2 050.325	0.063 611	0.441 393	0.144 002
30	交银康联	8.21	200	27.7	154.23	991.53	0.053 232	0.201 708	0.027 937

(续表)

序号	保险公司	手续费和佣金	实收资本	业务及管理费用	保险业务收入	平均总资产	佣金占保费收入的比率 P_1	实收资本占平均总资产的比率 P_2	营业费用占平均总资产的比率 P_3
31	信诚人寿	479.35	1 980	703.36	3 714.16	6 457.52	0.129 06	0.306 619	0.108 921
32	中意人寿	153.03	2 700	388.74	2 111.61	29 036.91	0.072 471	0.092 985	0.013 388
33	光大永明	112.79	1 200	296.93	1 450.09	3 244.95	0.077 781	0.369 805	0.091 505
34	中荷人寿	153.82	700	247.22	1 822.15	2 980.075	0.084 417	0.234 893	0.082 958
35	海尔纽约	83.36	800	219.14	422.36	1 075.735	0.197 367	0.743 678	0.203 712
36	中英人寿	424.03	1 635.98	508.02	4 000.34	7 652.685	0.105 998	0.213 779	0.066 385
37	长生人寿	15.02	300	59.67	164.28	321.005	0.091 429	0.934 565	0.185 885
38	国泰人寿	63.24	800	189.5	602.13	2 022.18	0.105 027	0.395 613	0.093 711
39	中航三星	17.13	500	50.1	122.83	351.81	0.139 461	1.421 222	0.142 406
40	中法人寿	5.15	200	16.82	128.76	331.055	0.039 997	0.604 129	0.050 807
41	中新大东方	17.07	300	42.36	110.45	380.29	0.154 55	0.788 872	0.111 389

资料来源：根据2008年《中国保险年鉴》整理。

附录 3-2　　2008年41家寿险公司产出指标数据统计表

单位：百万元人民币

序号	保险公司	保险业务收入	责任准备金增量及保险赔付支出	投资收益	平均总资产	保险业务收入/平均总资产 y_1	责任准备金增量及保险赔付支出/平均总资产 y_2	投资收益/平均总资产 y_3
1	人保寿险	28 812.01	28 406.46	1 139.23	25 378.46	1.135 294	1.119 314	0.044 89
2	人保健康	13 777.97	14 176.75	641.75	10 976.03	1.255 278	1.291 61	0.058 468
3	国寿股份	295 579	274 411	53 339	942 384	0.313 65	0.291 188	0.056 6
4	太平人寿	18 910.03	14 763.61	2 078.39	52 209.62	0.362 194	0.282 776	0.039 809
5	民生人寿	6 291.9	5 481.58	457.57	8 949.94	0.703 01	0.612 471	0.051 125
6	阳光人寿	2 786.84	2 867.48	81.91	2 850.73	0.977 588	1.005 876	0.028 733
7	太保寿险	66 092	59 817	13 775	245 934.5	0.268 738	0.243 223	0.056 011
8	平安人寿	101 177.6	63 971.34	23 904.01	445 907.4	0.226 903	0.143 463	0.053 608
9	平安养老	1 158.21	1 167.32	92.4	2 054.265	0.563 807	0.568 242	0.044 98
10	平安健康	33.3	8.67	26.99	585.13	0.056 91	0.014 817	0.046 127
11	华泰人寿	2 690.29	2 490.84	69.73	3 091.845	0.870 124	0.805 616	0.022 553
12	新华人寿	55 682.78	44 816.51	10 239.34	147 185	0.378 318	0.304 491	0.069 568
13	泰康人寿	57 745.47	52 518.46	10 049.09	164 620.1	0.350 78	0.319 028	0.061 044

序号	保险公司	保险业务收入	责任准备金增量及保险赔付支出	投资收益	平均总资产	保险业务收入/平均总资产 y_1	责任准备金增量及保险赔付支出/平均总资产 y_2	投资收益/平均总资产 y_3
14	天安人寿	281.67	267.1	29.2	601.945	0.467 933	0.443 728	0.048 509
15	生命人寿	8 029.23	6 731.99	176.93	16 848.61	0.476 551	0.399 558	0.010 501
16	合众人寿	5 450.5	4 575.17	356.62	8 131.18	0.670 321	0.562 67	0.043 858
17	长城人寿	1 704.6	1 479.11	110.87	3 534.405	0.482 288	0.418 489	0.031 369
18	嘉禾人寿	4 756.16	2 580.78	162.92	6 294.855	0.755 563	0.409 982	0.025 881
19	昆仑健康	19.65	15.9	8.84	170.535	0.115 226	0.093 236	0.051 837
20	和谐健康	242.98	259.03	10.81	475.07	0.511 461	0.545 246	0.022 755
21	正德人寿	1 855.65	1 929.73	61.53	1 555.455	1.192 995	1.240 621	0.039 558
22	华夏人寿	1 959.95	1 863.41	79.58	1 215.855	1.611 993	1.532 592	0.065 452
23	信泰人寿	1 298.24	1 212.84	18.03	869.805	1.492 564	1.394 381	0.020 729
24	英大人寿	2 167.54	2 158.56	46.05	1 745.09	1.242 079	1.236 933	0.026 388
25	国华人寿	892.88	905.68	20.66	1 036.49	0.861 446	0.873 795	0.019 933
26	幸福人寿	1 037.51	1 019.63	78.59	1 744.445	0.594 751	0.584 501	0.045 052
27	中宏人寿	1 381.61	669.09	162.81	4 343.355	0.318 097	0.154 049	0.037 485
28	太平洋安泰	1 047.55	899.57	211.6	2 975.9	0.352 011	0.302 285	0.071 105
29	金盛人寿	588.89	194.76	187.65	2 050.325	0.287 218	0.094 99	0.091 522
30	交银康联	154.23	153.11	56.97	991.53	0.155 547	0.154 418	0.057 457
31	信诚人寿	3 714.16	2 209.72	343.14	6 457.52	0.575 168	0.342 193	0.053 138
32	中意人寿	2 111.61	1 974.45	721.78	29 036.91	0.072 722	0.067 998	0.024 857
33	光大永明	1 450.09	868.32	236.94	3 244.95	0.446 876	0.267 591	0.073 018
34	中荷人寿	1 822.15	1 769.9	151.47	2 980.075	0.611 444	0.593 911	0.050 828
35	海尔纽约	422.36	272.61	31.48	1 075.735	0.392 625	0.253 417	0.029 264
36	中英人寿	4 000.34	2 910	338.18	7 652.685	0.522 737	0.380 259	0.044 191
37	长生人寿	164.28	139.57	10.07	321.005	0.511 768	0.434 791	0.031 37
38	国泰人寿	602.13	566.88	117.11	2 022.18	0.297 763	0.280 331	0.057 913
39	中航三星	122.83	103.98	18.34	351.81	0.349 137	0.295 557	0.052 13
40	中法人寿	128.76	123.3	14.72	331.055	0.388 938	0.372 446	0.044 464
41	中新大东方	110.45	94.82	10.5	380.29	0.290 436	0.249 336	0.027 611

资料来源：根据2008年《中国保险年鉴》整理。

附录3-3　2008年41家寿险公司净利润和总成本指标数据统计表

单位：百万元人民币

序号	保险公司	净利润	净利润+a	总成本	平均总资产	(净利润+a)/平均总资产 $\pi+a$	总成本/平均总资产 C
1	人保寿险	-1 945.9	0.1	2 886.52	25 378.46	3.940 35E-06	0.113 739
2	人保健康	-1 078.79	867.21	1 132.13	10 976.03	0.079 009 441	0.103 146
3	国寿股份	19 274	21 220	41 540	942 384	0.022 517 36	0.044 08
4	太平人寿	268.71	2 214.71	4 249.77	52 209.62	0.042 419 577	0.081 398
5	民生人寿	-300.21	1 645.79	1 601.82	8 949.94	0.183 888 384	0.178 976
6	阳光人寿	-211.95	1 734.05	364.26	2 850.73	0.608 282 791	0.127 778
7	太保寿险	4 030	5 976	10 121	245 934.5	0.024 299 153	0.041 153
8	平安人寿	-1 002.34	943.66	18 162.33	445 907.4	0.002 116 269	0.040 731
9	平安养老	-421.75	1 524.25	504.04	2 054.265	0.741 992 878	0.245 363
10	平安健康	-14.44	1 931.56	14.31	585.13	3.301 078 393	0.024 456
11	华泰人寿	-281.85	1 664.15	528.24	3 091.845	0.538 238 495	0.170 849
12	新华人寿	616.58	2 562.58	9 903.85	147 185	0.017 410 606	0.067 288
13	泰康人寿	1 687.07	3 633.07	8 446.93	164 620.1	0.022 069 419	0.051 312
14	天安人寿	-10.24	1 935.76	47.39	601.945	3.215 841 979	0.078 728
15	生命人寿	-926.26	1 019.74	1 373.89	16 848.61	0.060 523 687	0.081 543
16	合众人寿	-474.44	1 471.56	1 772.5	8 131.18	0.180 977 423	0.217 988
17	长城人寿	-233.81	1 712.19	600.31	3 534.405	0.484 435 145	0.169 848
18	嘉禾人寿	-634.67	1 311.33	892.89	6 294.855	0.208 317 745	0.141 844
19	昆仑健康	-27.32	1 918.68	29.84	170.535	11.250 945 55	0.174 979
20	和谐健康	-113.82	1 832.18	96.4	475.07	3.856 652 704	0.202 917
21	正德人寿	-162.12	1 783.88	188.86	1 555.455	1.146 854 136	0.121 418
22	华夏人寿	-442.56	1 503.44	565.93	1 215.855	1.236 529 027	0.465 458
23	信泰人寿	-228.7	1 717.3	352.24	869.805	1.974 350 573	0.404 964
24	英大人寿	-190.84	1 755.16	282.99	1 745.09	1.005 770 476	0.162 164
25	国华人寿	-159.88	1 786.12	186.79	1 036.49	1.723 239 009	0.180 214
26	幸福人寿	-129.88	1 816.12	248.97	1 744.445	1.041 087 567	0.142 722
27	中宏人寿	13.72	1 959.72	659.84	4 343.355	0.451 199 591	0.151 919
28	太平洋安泰	77.11	2 023.11	276.39	2 975.9	0.679 831 312	0.092 876
29	金盛人寿	-170.95	1 775.05	332.71	2 050.325	0.865 740 797	0.162 272
30	交银康联	-7.25	1 938.75	35.91	991.53	1.955 311 488	0.036 217

(续表)

序号	保险公司	净利润	净利润+a	总成本	平均总资产	(净利润+a)/平均总资产 π+a	总成本/平均总资产 C
31	信诚人寿	-179.34	1 766.66	1 182.71	6 457.52	0.273 581 808	0.183 152
32	中意人寿	-106.52	1 839.48	541.77	29 036.91	0.063 349 727	0.018 658
33	光大永明	-242.67	1 703.33	409.72	3 244.95	0.524 917 179	0.126 264
34	中荷人寿	-223.32	1 722.68	401.04	2 980.075	0.578 065 988	0.134 574
35	海尔纽约	-149.13	1 796.87	302.5	1 075.735	1.670 364 913	0.281 203
36	中英人寿	-127.97	1 818.03	932.05	7 652.685	0.237 567 599	0.121 794
37	长生人寿	-50.24	1 895.76	74.69	321.005	5.905 702 403	0.232 676
38	国泰人寿	-98.86	1 847.14	252.74	2 022.18	0.913 439 851	0.124 984
39	中航三星	-39.76	1 906.24	67.23	351.81	5.418 379 239	0.191 097
40	中法人寿	-9.51	1 936.49	21.97	331.055	5.849 450 998	0.066 364
41	中新大东方	-38.52	1 907.48	59.43	380.29	5.015 856 32	0.156 275

注：a 的取值为 1 946 百万元，取值依据详见本书第五章第三节因变量选取的内容。
资料来源：根据 2008 年《中国保险年鉴》整理。

附录 3-4　　2008 年 41 家寿险公司影响因素指标数据统计表

序号	保险公司	保险业务收入	年末总资产	本科以上学历人数	市场份额(当年该寿险公司保费收入/当年全国寿险总保费收入)MF	公司规模(当年年末总资产对数)LnCS	人力资本(当年本科以上学历人数的对数)LnHC
1	人保寿险	28 812.01	42 498.58	10 903	0.038 687	10.657 23	9.296 793
2	人保健康	13 777.97	17 112.28	3 480	0.018 5	9.747 552	8.154 788
3	国寿股份	295 579	990 164	35 096	0.396 889	13.805 63	10.465 84
4	太平人寿	18 910.03	59 913.53	7 968	0.025 391	11.000 66	8.983 189
5	民生人寿	6 291.9	11 247.02	1 984	0.008 448	9.327 858	7.592 87
6	阳光人寿	2 786.84	5 189.24	1 370	0.003 742	8.554 343	7.222 566
7	太保寿险	66 092	260 744	11 955	0.088 745	12.471 29	9.388 905
8	平安人寿	101 177.6	473 144.6	24 656	0.135 856	13.067 16	10.112 78
9	平安养老	1 158.21	2 786.6	282	0.001 555	7.932 577	5.641 907
10	平安健康	33.3	590.75	8	4.47E-05	6.381 393	2.079 442
11	华泰人寿	2 690.29	5 099.43	782	0.003 612	8.536 884	6.661 855
12	新华人寿	55 682.78	165 080.4	11 286	0.074 768	12.014 19	9.331 318
13	泰康人寿	57 745.47	191 977.4	8 371	0.077 538	12.165 13	9.032 529
14	天安人寿	281.67	722.08	68	0.000 378	6.582 136	4.219 508

(续表)

序号	保险公司	保险业务收入	年末总资产	本科以上学历人数	市场份额(当年该寿险公司保费收入/当年全国寿险总保费收入)MF	公司规模(当年年末总资产对数)LnCS	人力资本(当年本科以上学历人数的对数)LnHC
15	生命人寿	8 029.23	18 376.97	4 311	0.010 781	9.818 854	8.368 925
16	合众人寿	5 450.5	10 801.59	3 402	0.007 319	9.287 449	8.132 119
17	长城人寿	1 704.6	4 611.24	878	0.002 289	8.436 252	6.777 647
18	嘉禾人寿	4 756.16	8 928.2	1 135	0.006 386	9.096 97	7.034 388
19	昆仑健康	19.65	166.05	50	2.64E-05	5.112 289	3.912 023
20	和谐健康	242.98	558.25	157	0.000 326	6.324 807	5.056 246
21	正德人寿	1 855.65	2 381.31	830	0.002 492	7.775 406	6.721 426
22	华夏人寿	1 959.95	1 986.24	2 019	0.002 632	7.593 999	7.610 358
23	信泰人寿	1 298.24	1 440.99	355	0.001 743	7.273 086	5.872 118
24	英大人寿	2 167.54	2 611.1	425	0.002 91	7.867 527	6.052 089
25	国华人寿	892.88	1 761.63	522	0.001 199	7.473 995	6.257 668
26	幸福人寿	1 037.51	2 292.21	547	0.001 393	7.737 272	6.304 449
27	中宏人寿	1 381.61	4 865.26	639	0.001 855	8.489 875	6.459 904
28	太平洋安泰	1 047.55	3 259.16	263	0.001 407	8.089 225	5.572 154
29	金盛人寿	588.89	2 042.56	2 125	0.000 791	7.621 959	7.661 527
30	交银康联	154.23	1 048.36	47	0.000 207	6.954 982	3.850 148
31	信诚人寿	3 714.16	7 557.78	4 135	0.004 987	8.930 333	8.327 243
32	中意人寿	2 111.61	29 414.7	763	0.002 835	10.289 25	6.637 258
33	光大永明	1 450.09	3 439.43	226	0.001 947	8.143 061	5.420 535
34	中荷人寿	1 822.15	2 132.27	169	0.002 447	7.664 942	5.129 899
35	海尔纽约	422.36	970.02	485	0.000 567	6.877 317	6.184 149
36	中英人寿	4 000.34	6 934.56	841	0.005 371	8.844 273	6.734 592
37	长生人寿	164.28	281.49	203	0.000 221	5.640 097	5.313 206
38	国泰人寿	602.13	1 837.32	628	0.000 809	7.516 063	6.442 54
39	中航三星	122.83	137.33	115	0.000 165	4.922 387	4.744 932
40	中法人寿	128.76	270.79	30	0.000 173	5.601 344	3.401 197
41	中新大东方	110.45	340.03	326	0.000 148	5.829 034	5.786 897

注：1. 2008 年全国寿险总保费收入为 744 739 百万元。

2. 保险业务收入和年末总资产的单位是百万元；本科以上学历人数的单位是个。

资料来源：根据 2008 年《中国保险年鉴》整理。

附录 4-1　　2009 年 52 家寿险公司投入指标数据统计表

单位：百万元人民币

序号	保险公司	手续费和佣金	实收资本	业务及管理费用	保险业务收入	平均总资产	佣金占保费收入的比率 P_1	实收资本占平均总资产的比率 P_2	营业费用占平均总资产的比率 P_3
1	人保寿险	2 177.72	8 802.24	2 575.41	46 566.99	67 731.81	0.046 765	0.129 957	0.038 024
2	人保健康	189.21	3 000	869.26	2 069.98	19 591.54	0.091 407	0.153 127	0.044 369
3	国寿股份	22 936	28 265	19 238	275 970	1 108 211	0.083 11	0.025 505	0.017 36
4	太平人寿	2 351.11	2 330	3 302.13	19 068.3	69 812.87	0.123 299	0.033 375	0.047 3
5	民生人寿	867.81	2 700	912.74	4 759.21	12 752.38	0.182 343	0.211 725	0.071 574
6	阳光人寿	273.14	660	803.85	3 191.83	6 707.245	0.085 575	0.098 401	0.119 848
7	太保寿险	2 351.11	2 330	3 302.13	19 068.3	285 192.5	0.123 299	0.008 17	0.011 579
8	平安人寿	7 049.2	23 800	9 592.29	72 073.03	534 856.6	0.097 806	0.044 498	0.017 934
9	平安养老	181.76	2 700	813.74	1 299.75	4 940.85	0.139 842	0.546 465	0.164 696
10	平安健康	6.58	500	55.33	66.38	608.595	0.099 126	0.821 564	0.090 914
11	华泰人寿	168.91	918.5	494.66	2 478.24	6 216.215	0.068 157	0.147 759	0.079 576
12	新华人寿	5 450.33	1 200	7 274.82	65 040.21	185 820.5	0.083 799	0.006 458	0.039 15
13	泰康人寿	3 409.35	852.2	5 216.67	44 910.13	196 963.6	0.075 915	0.004 327	0.026 485
14	天安人寿	13.36	500	37.84	325.91	1 088.215	0.040 993	0.459 468	0.034 773
15	生命人寿	409.95	2 254.59	1 008.19	5 171.75	14 136.18	0.079 267	0.159 491	0.071 32
16	合众人寿	534.16	1 579.79	990.96	4，993.67	12 952.28	0.106 967	0.121 97	0.076 509
17	长城人寿	88.46	1 407.5	322.05	695.58	5 169.84	0.127 174	0.272 252	0.062 294
18	昆仑健康	4.71	996	33.26	81.69	228.625	0.057 657	4.356 479	0.145 478
19	和谐健康	0.38	300	68.75	27.24	473.495	0.013 95	0.633 586	0.145 197
20	正德人寿	104.75	300	166.79	357.79	3 446.13	0.292 77	0.087 054	0.048 399
21	华夏人寿	444.16	1 000	548.92	1 879.51	3 162.975	0.236 317	0.316 158	0.173 545
22	信泰人寿	174.18	1 400	359.04	810.6	1 668.875	0.214 878	0.838 888	0.215 139
23	英大人寿	52.7	749.06	314.09	779.78	4 065.08	0.067 583	0.184 267	0.077 265
24	国华人寿	157.95	800	204.81	3 796.08	4 966.98	0.041 609	0.161 064	0.041 234
25	幸福人寿	218.08	1 159	544.93	3 487.09	4 260.505	0.062 539	0.272 033	0.127 903
26	百年人寿	5.2	1 110	76.06	94.17	794.375	0.055 219	1.397 325	0.095 748
27	中邮人寿	0.18	500	12.86	5.11	254.17	0.035 225	1.967 187	0.050 596
28	中宏人寿	277.54	1 050	448.7	1 632.38	5 397.795	0.170 022	0.194 524	0.083 127
29	太平洋安泰	65	800	175.26	614.36	3 494.76	0.105 801	0.228 914	0.050 149
30	中德安联	172.47	2 000	535.16	1 153.04	6 127.99	0.149 579	0.326 371	0.087 33
31	金盛人寿	35.67	1 205	446.58	551.99	2 452.555	0.064 621	0.491 324	0.182 088
32	交银康联	4.7	200	25.85	84.02	1 073.725	0.055 939	0.186 267	0.024 075
33	信诚人寿	263.84	2 115	657.95	2 398.13	9 347.635	0.110 019	0.226 26	0.070 387

(续表)

序号	保险公司	手续费和佣金	实收资本	业务及管理费用	保险业务收入	平均总资产	佣金占保费收入的比率 P_1	实收资本占平均总资产的比率 P_2	营业费用占平均总资产的比率 P_3
34	中意人寿	178.47	2 700	462.98	3 993.17	31 857.2	0.044 694	0.084 753	0.014 533
35	光大永明	93.47	1 499.4	281.1	1 227.18	4 932.84	0.076 166	0.303 963	0.056 985
36	中荷人寿	98.11	900	201.68	564.81	4 184.15	0.173 704	0.215 097	0.048 201
37	海尔纽约	61.37	800	221.94	348.2	1 240.965	0.176 249	0.644 66	0.178 845
38	中英人寿	332.42	1 865.98	528.05	3 213.93	10 202.75	0.103 431	0.182 89	0.051 756
39	海康人寿	204.52	1 450	274.51	1 020.19	3 212.96	0.200 472	0.451 297	0.085 438
40	招商信诺	151.15	360	278.71	731.19	3 804.69	0.206 718	0.094 62	0.073 254
41	长生人寿	10.12	1 300	68.99	42.89	926.015	0.235 952	1.403 865	0.074 502
42	恒安标准	180.16	1 502	401.61	515.27	4 414.605	0.349 642	0.340 234	0.090 973
43	瑞泰人寿	0.01	520	94.21	2.18	2 490.405	0.004 587	0.208 801	0.037 829
44	中美大都会	137.61	800	372.94	1 521.29	3 316.75	0.090 456	0.241 2	0.112 441
45	国泰人寿	49.08	800	246.5	239.17	2 311.295	0.205 21	0.346 126	0.106 65
46	中航三星	26.93	500	75.94	48.36	611.015	0.556 865	0.818 311	0.124 285
47	联泰大都会	28.04	700	253.58	443.98	2 581.58	0.063 156	0.271 152	0.098 227
48	中法人寿	10.81	200	21.75	270.11	518.115	0.040 021	0.386 015	0.041 979
49	中新大东方	17.87	1 000	63.51	175.62	818.92	0.101 754	1.221 121	0.077 553
50	君龙人寿	4.08	240	33.78	36.54	125.62	0.112 273	1.910 524	0.268 906
51	汇丰人寿	3.72	500	211.47	20.06	269.015	0.185 444	1.858 632	0.786 09
52	新光海航	5.13	500	57.21	14.02	260.345	0.365 906	1.920 529	0.219 747

资料来源：根据2009年《中国保险年鉴》整理。

附录4-2　　2009年52家寿险公司产出指标数据统计表

单位：百万元人民币

序号	保险公司	保险业务收入	责任准备金增量及保险赔付支出	投资收益	平均总资产	保险业务收入/平均总资产 y_1	责任准备金增量及保险赔付支出/平均总资产 y_2	投资收益/平均总资产 y_3
1	人保寿险	46 566.99	44 359.61	3 494.49	67 731.81	0.687 52	0.654 93	0.051 593
2	人保健康	2 069.98	2 053.85	1 217.79	19 591.54	0.105 657	0.104 834	0.062 159
3	国寿股份	275 970	237 145	62 807	1 108 211	0.249 023	0.213 989	0.056 674
4	太平人寿	19 068.3	13 701.11	2 984.09	69 812.87	0.273 134	0.196 255	0.042 744
5	民生人寿	4 759.21	3 525.17	638.83	12 752.38	0.373 202	0.276 432	0.050 095
6	阳光人寿	3 191.83	2 752.84	338.63	6 707.245	0.475 878	0.410 428	0.050 487
7	太保寿险	19 068.3	40 489.47	2 984.09	285 192.5	0.066 861	0.141 972	0.010 463

(续表)

序号	保险公司	保险业务收入	责任准备金增量及保险赔付支出	投资收益	平均总资产	保险业务收入/平均总资产 y_1	责任准备金增量及保险赔付支出/平均总资产 y_2	投资收益/平均总资产 y_3
8	平安人寿	72 073.03	59 600.1	26 743.17	534 856.6	0.134 752	0.111 432	0.050 001
9	平安养老	1 299.75	334.43	178.85	4 940.85	0.263 062	0.067 687	0.036 198
10	平安健康	66.38	46.48	38.4	608.595	0.109 071	0.076 373	0.063 096
11	华泰人寿	2 478.24	2 201.46	252.34	6 216.215	0.398 673	0.354 148	0.040 594
12	新华人寿	65 040.21	56 768.58	7 180.49	185 820.5	0.350 016	0.305 502	0.038 642
13	泰康人寿	44 910.13	40 399.3	10 176.37	196 963.6	0.228 012	0.205 11	0.051 666
14	天安人寿	325.91	307.89	38.78	1 088.215	0.299 49	0.282 931	0.035 636
15	生命人寿	5 171.75	4 445.91	946.16	14 136.18	0.365 852	0.314 506	0.066 932
16	合众人寿	4,993.67	4 086.14	976.49	12 952.28	0.385 544	0.315 477	0.075 391
17	长城人寿	695.58	553.68	376.07	5 169.84	0.134 546	0.107 098	0.072 743
18	昆仑健康	81.69	84.48	1.49	228.625	0.357 31	0.369 513	0.006 517
19	和谐健康	27.24	21.75	4.56	473.495	0.057 53	0.045 935	0.009 631
20	正德人寿	357.79	261.51	160.75	3 446.13	0.103 824	0.075 885	0.046 647
21	华夏人寿	1 879.51	1 458.94	99.75	3 162.975	0.594 222	0.461 256	0.031 537
22	信泰人寿	810.6	476.95	66.22	1 668.875	0.485 716	0.285 791	0.039 679
23	英大人寿	779.78	665.73	198.45	4 065.08	0.191 824	0.163 768	0.048 818
24	国华人寿	3 796.08	3 678.42	280.37	4 966.98	0.764 263	0.740 575	0.056 447
25	幸福人寿	3 487.09	3 279.94	317.52	4 260.505	0.818 469	0.769 848	0.074 526
26	百年人寿	94.17	83.62	13.31	794.375	0.118 546	0.105 265	0.016 755
27	中邮人寿	5.11	4.77	0.97	254.17	0.020 105	0.018 767	0.003 816
28	中宏人寿	1 632.38	963.44	182.34	5 397.795	0.302 416	0.178 488	0.033 78
29	太平洋安泰	614.36	302.12	141.64	3 494.76	0.175 795	0.086 449	0.040 529
30	中德安联	1 153.04	955.95	140.76	6 127.99	0.188 16	0.155 997	0.022 97
31	金盛人寿	551.99	195.63	61.58	2 452.555	0.225 067	0.079 766	0.025 109
32	交银康联	84.02	88.21	51.1	1 073.725	0.078 251	0.082 153	0.047 591
33	信诚人寿	2 398.13	1 735.83	236.73	9 347.635	0.256 549	0.185 697	0.025 325
34	中意人寿	3 993.17	4 216.25	1 387.98	31 857.2	0.125 346	0.132 348	0.043 569
35	光大永明	1 227.18	994.41	77.22	4 932.84	0.248 778	0.201 59	0.015 654
36	中荷人寿	564.81	397.27	222.44	4 184.15	0.134 988	0.094 946	0.053 163
37	海尔纽约	348.2	166.71	43.33	1 240.965	0.280 588	0.134 339	0.034 916
38	中英人寿	3 213.93	2 432.63	380.78	10 202.75	0.315 006	0.238 429	0.037 321
39	海康人寿	1 020.19	718.79	92.57	3 212.96	0.317 523	0.223 716	0.028 811
40	招商信诺	731.19	114.34	15.7	3 804.69	0.192 181	0.030 052	0.004 126

(续表)

序号	保险公司	保险业务收入	责任准备金增量及保险赔付支出	投资收益	平均总资产	保险业务收入/平均总资产 y_1	责任准备金增量及保险赔付支出/平均总资产 y_2	投资收益/平均总资产 y_3
41	长生人寿	42.89	28.38	16.59	926.015	0.046 317	0.030 647	0.017 915
42	恒安标准	515.27	383.79	217.58	4 414.605	0.116 719	0.086 936	0.049 286
43	瑞泰人寿	2.18	1.35	5.41	2 490.405	0.000 875	0.000 542	0.002 172
44	中美大都会	1 521.29	967.97	88.96	3 316.75	0.458 669	0.291 843	0.026 821
45	国泰人寿	239.17	137.89	105.14	2 311.295	0.103 479	0.059 659	0.045 49
46	中航三星	48.36	15.46	28.27	611.015	0.079 147	0.025 302	0.046 267
47	联泰大都会	443.98	280.34	28.46	2 581.58	0.171 98	0.108 592	0.011 024
48	中法人寿	270.11	259.66	18.87	518.115	0.521 332	0.501 163	0.036 42
49	中新大东方	175.62	139.85	14.79	818.92	0.214 453	0.170 774	0.018 06
50	君龙人寿	36.34	30.14	8.54	125.62	0.289 285	0.239 93	0.067 983
51	汇丰人寿	20.06	11.59	2.21	269.015	0.074 568	0.043 083	0.008 215
52	新光海航	14.02	6.25	3.99	260.345	0.053 852	0.024 007	0.015 326

资料来源：根据2009年《中国保险年鉴》整理。

附录4-3　2009年52家寿险公司净利润和总成本指标数据统计表

单位：百万元人民币

序号	保险公司	净利润	净利润+a	总成本	平均总资产	（净利润+a）/平均总资产 $\pi+a$	总成本/平均总资产 C
1	人保寿险	3.52	1 949.52	4 753.13	67 731.81	0.028 783	0.070 176
2	人保健康	32.06	1 978.06	1 058.47	19 591.54	0.100 965	0.054 027
3	国寿股份	33 036	34 982	42 174	1 108 211	0.031 566	0.038 056
4	太平人寿	92.64	2 038.64	5 653.24	69 812.87	0.029 201	0.080 977
5	民生人寿	−66.97	1 879.03	1 780.55	12 752.38	0.147 347	0.139 625
6	阳光人寿	−472.77	1 473.23	1 076.99	6 707.245	0.219 648	0.160 571
7	太保寿险	5 427	7 373	5 653.24	285 192.5	0.025 853	0.019 823
8	平安人寿	10 944.16	12 890.16	16 641.49	534 856.6	0.024 1	0.031 114
9	平安养老	−572.54	1 373.46	995.5	4 940.85	0.277 981	0.201 484
10	平安健康	−11.86	1 934.14	61.91	608.595	3.178 041	0.101 726
11	华泰人寿	−188.01	1 757.99	663.57	6 216.215	0.282 807	0.106 748
12	新华人寿	2 648.68	4 594.68	12 725.15	185 820.5	0.024 726	0.068 481
13	泰康人寿	2 495.38	4 441.38	8 626.02	196 963.6	0.022 549	0.043 795
14	天安人寿	−4.51	1 941.49	51.2	1 088.215	1.784 105	0.047 05

(续表)

序号	保险公司	净利润	净利润+a	总成本	平均总资产	(净利润+a)/平均总资产 π+a	总成本/平均总资产 C
15	生命人寿	67.14	2 013.14	1 418.14	14 136.18	0.142 411	0.100 32
16	合众人寿	78.97	2 024.97	1 525.12	12 952.28	0.156 341	0.117 749
17	长城人寿	-185.4	1 760.6	410.51	5 169.84	0.340 552	0.079 405
18	昆仑健康	-32.35	1 913.65	37.97	228.625	8.370 257	0.166 08
19	和谐健康	-47.61	1 898.39	69.13	473.495	4.009 314	0.145 999
20	正德人寿	-177.78	1 768.22	271.54	3 446.13	0.513 103	0.078 796
21	华夏人寿	-482.78	1 463.22	993.08	3 162.975	0.462 609	0.313 97
22	信泰人寿	-212.69	1 733.31	533.22	1 668.875	1.038 61	0.319 509
23	英大人寿	-179.22	1 766.78	366.79	4 065.08	0.434 624	0.090 229
24	国华人寿	27.48	1 973.48	362.76	4 966.98	0.397 32	0.073 034
25	幸福人寿	-236.01	1 709.99	763.01	4 260.505	0.401 359	0.179 089
26	百年人寿	-58.03	1 887.97	81.26	794.375	2.376 673	0.102 294
27	中邮人寿	-2.45	1 943.55	13.04	254.17	7.646 654	0.051 304
28	中宏人寿	30.28	1 976.28	726.24	5 397.795	0.366 127	0.134 544
29	太平洋安泰	142.17	2 088.17	240.26	3 494.76	0.597 515	0.068 749
30	中德安联	-389.85	1 556.15	707.63	6 127.99	0.253 941	0.115 475
31	金盛人寿	-99.23	1 846.77	482.25	2 452.555	0.752 998	0.196 632
32	交银康联	-1.35	1 944.65	30.55	1 073.725	1.811 125	0.028 452
33	信诚人寿	87.47	2 033.47	921.79	9 347.635	0.217 538	0.098 612
34	中意人寿	-43.46	1 902.54	641.45	31 857.2	0.059 721	0.020 135
35	光大永明	-183.87	1 762.13	374.57	4 932.84	0.357 224	0.075 934
36	中荷人寿	-29.37	1 916.63	299.79	4 184.15	0.458 069	0.071 649
37	海尔纽约	-116.19	1 829.81	283.31	1 240.965	1.474 506	0.228 298
38	中英人寿	155.87	2 101.87	860.47	10 202.75	0.206 01	0.084 337
39	海康人寿	-136.79	1 809.21	479.03	3 212.96	0.563 098	0.149 093
40	招商信诺	159.04	2 105.04	429.86	3 804.69	0.553 275	0.112 982
41	长生人寿	-49.3	1 896.7	79.11	926.015	2.048 239	0.085 431
42	恒安标准	-333.87	1 612.13	581.77	4 414.605	0.365 181	0.131 783
43	瑞泰人寿	-55.7	1 890.3	94.22	2 490.405	0.759 033	0.037 833
44	中美大都会	90.89	2 036.89	510.55	3 316.75	0.614 122	0.153 931
45	国泰人寿	-141.41	1 804.59	295.58	2 311.295	0.780 77	0.127 885
46	中航三星	-52.58	1 893.42	102.87	611.015	3.098 811	0.168 359
47	联泰大都会	-59.94	1 886.06	281.62	2 581.58	0.730 584	0.109 088

(续表)

序号	保险公司	净利润	净利润+a	总成本	平均总资产	(净利润+a)/平均总资产 π+a	总成本/平均总资产 C
48	中法人寿	2.7	1 948.7	32.56	518.115	3.761 134	0.062 843
49	中新大东方	-55.16	1 890.84	81.38	818.92	2.308 943	0.099 375
50	君龙人寿	-24.84	1 921.16	37.86	125.62	15.293 42	0.301 385
51	汇丰人寿	-198.19	1 747.81	215.19	269.015	6.497 073	0.799 918
52	新光海航	-40.94	1 905.06	62.34	260.345	7.317 444	0.239 451

注：a 的取值为 1 946 百万元，取值依据详见本书第五章第三节因变量选取的内容。
资料来源：根据 2009 年《中国保险年鉴》整理。

附录 4-4   2009 年 52 家寿险公司影响因素指标数据统计表

序号	保险公司	保险业务收入	年末总资产	本科以上学历人数	市场份额（当年该寿险公司保费收入/当年全国寿险总保费收入）MF	公司规模（当年年末总资产对数）LnCS	人力资本（当年本科以上学历人数的对数）LnHC
1	人保寿险	46 566.99	92 965.04	12 410	0.056 366	11.439 98	9.426 258
2	人保健康	2 069.98	22 070.79	4 007	0.002 506	10.002 01	8.295 798
3	国寿股份	275 970	1 226 257	41 442	0.334 045	14.019 48	10.632 05
4	太平人寿	19 068.3	79 712.2	9 392	0.023 081	11.286 18	9.147 614
5	民生人寿	4 759.21	14 257.73	2 298	0.005 761	9.565 054	7.739 794
6	阳光人寿	3 191.83	8 225.25	2 515	0.003 864	9.014 964	7.830 028
7	太保寿险	19 068.3	309 641	418	0.023 081	12.643 17	6.035 481
8	平安人寿	72 073.03	596 568.5	24 153	0.087 24	13.298 95	10.092 16
9	平安养老	1 299.75	7 095.1	436	0.001 573	8.867 16	6.077 642
10	平安健康	66.38	626.44	22	8.03E-05	6.440 053	3.091 042
11	华泰人寿	2 478.24	7 333	957	0.003	8.900 14	6.863 803
12	新华人寿	65 040.21	206 560.6	212 082	0.078 727	12.238 35	12.264 73
13	泰康人寿	44 910.13	201 949.9	10 731	0.054 361	12.215 77	9.280 892
14	天安人寿	325.91	1 454.35	71	0.000 394	7.282 314	4.262 68
15	生命人寿	5 171.75	9 895.38	5 069	0.006 26	9.199 823	8.530 899
16	合众人寿	4,993.67	15 102.96	3 315	0.006 045	9.622 646	8.106 213
17	长城人寿	695.58	5 728.44	933	0.000 842	8.653 199	6.838 405
18	昆仑健康	81.69	291.2	99	9.89E-05	5.674 01	4.595 12
19	和谐健康	27.24	388.74	106	3.30E-05	5.962 911	4.663 439
20	正德人寿	357.79	4 510.95	414	0.000 433	8.414 263	6.025 866
21	华夏人寿	1 879.51	4 339.71	6 117	0.002 275	8.375 563	8.718 827
22	信泰人寿	810.6	1 896.76	1 166	0.000 981	7.547 902	7.061 334

附录 | 225

(续表)

序号	保险公司	保险业务收入	年末总资产	本科以上学历人数	市场份额（当年该寿险公司保费收入/当年全国寿险总保费收入）MF	公司规模（当年年末总资产对数）LnCS	人力资本（当年本科以上学历人数的对数）LnHC
23	英大人寿	779.78	5 519.06	540	0.000 944	8.615 963	6.291 569
24	国华人寿	3 796.08	6 067.05	582	0.004 595	8.710 628	6.366 47
25	幸福人寿	3 487.09	6 228.8	911	0.004 221	8.736 939	6.814 543
26	百年人寿	94.17	1 588.75	271	0.000 114	7.370 703	5.602 119
27	中邮人寿	5.11	508.34	185	6.19E−06	6.231 151	5.220 356
28	中宏人寿	1 632.38	5 930.33	697	0.001 976	8.687 835	6.546 785
29	太平洋安泰	614.36	3 730.36	249	0.000 744	8.224 26	5.517 453
30	中德安联	1 153.04	7 029.03	798	0.001 396	8.857 804	6.682 109
31	金盛人寿	551.99	2 862.55	465	0.000 668	7.959 468	6.142 037
32	交银康联	84.02	1 099.09	51	0.000 102	7.002 238	3.931 826
33	信诚人寿	2 398.13	11 137.49	3 445	0.002 903	9.318 072	8.144 679
34	中意人寿	3 993.17	34 299.7	866	0.004 833	10.442 89	6.763 885
35	光大永明	1 227.18	6 426.25	1 021	0.001 485	8.768 146	6.928 538
36	中荷人寿	564.81	4 540.43	449	0.000 684	8.420 777	6.107 023
37	海尔纽约	348.2	1 300.48	567	0.000 421	7.170 489	6.340 359
38	中英人寿	3 213.93	12 034.69	868	0.003 89	9.395 549	6.766 192
39	海康人寿	1 020.19	3 726.53	853	0.001 235	8.223 233	6.748 76
40	招商信诺	731.19	4 289.99	488	0.000 885	8.364 04	6.190 315
41	长生人寿	42.89	1 491.51	196	5.19E−05	7.307 544	5.278 115
42	恒安标准	515.27	4 741.11	931	0.000 624	8.464 027	6.836 259
43	瑞泰人寿	2.18	3 009.04	198	2.64E−06	8.009 376	5.288 267
44	中美大都会	1 521.29	4 091.03	430	0.001 841	8.316 552	6.063 785
45	国泰人寿	239.17	2 415.55	1 365	0.000 29	7.789 682	7.218 91
46	中航三星	48.36	655.74	276	5.85E−05	6.485 764	5.620 401
47	联泰大都会	443.98	3 069.58	282	0.000 537	8.029 296	5.641 907
48	中法人寿	270.11	644.91	35	0.000 327	6.469 111	3.555 348
49	中新大东方	175.62	1 217.29	322	0.000 213	7.104 382	5.774 552
50	君龙人寿	36.34	251.24	114	4.40E−05	5.526 409	4.736 198
51	汇丰人寿	20.06	538.03	275	2.43E−05	6.287 914	5.616 771
52	新光海航	14.02	520.69	115	1.70E−05	6.255 155	4.744 932

注：1. 2009 年全国寿险总保费收入为 826 147 百万元。

2. 保险业务收入和年末总资产的单位是百万元；本科以上学历人数的单位是个。

资料来源：根据 2009 年《中国保险年鉴》整理。

附录5-1　　2010年55家寿险公司投入指标数据统计表

单位：百万元人民币

序号	保险公司	手续费和佣金	实收资本	业务及管理费用	保险业务收入	平均总资产	佣金占保费收入的比率P_1	实收资本占平均总资产的比率P_2	营业费用占平均总资产的比率P_3
1	人保寿险	3 161.3	8 802.24	3 360	72 127.3	139 917	0.043 829	0.062 91	0.024 014
2	人保健康	130.76	3 000	967.52	2 863.38	24 323.35	0.045 666	0.123 338	0.039 777
3	国寿股份	27 256	28 265	20 917	318 229	1 318 418	0.085 649	0.021 439	0.015 865
4	太平人寿	2 946.1	3 730	3 932.38	32 290.79	95 520.07	0.091 237	0.039 049	0.041 168
5	太平养老	1.5	800	344.71	22.16	623.425	0.067 69	1.283 234	0.552 929
6	民生人寿	911.36	2 700	1 072.37	7 933.48	17 892.41	0.114 875	0.150 902	0.059 934
7	阳光人寿	894.61	2 300	1 723.23	14 075.88	16 551.74	0.063 556	0.138 958	0.104 112
8	太保寿险	2 946.1	3 730	3 932.38	32 290.79	344 295	0.091 237	0.010 834	0.011 422
9	平安人寿	8 273.35	23 800	11 674.24	92 645.01	679 115.5	0.089 302	0.035 046	0.017 19
10	平安养老	509.74	3 360	1 144	4 170.64	9 148.155	0.122 221	0.367 287	0.125 053
11	平安健康	7.02	625	71.04	62.19	755.93	0.112 88	0.826 796	0.093 977
12	华泰人寿	301.56	1 315.5	613.69	5 133.22	10 124.75	0.058 747	0.129 929	0.060 613
13	新华人寿	7 182.19	1 200	8 483.08	91 679.06	255 506.5	0.078 341	0.004 697	0.033 201
14	泰康人寿	4 663.74	852.2	8 305.49	65 459.7	247 712.6	0.071 246	0.003 44	0.033 529
15	天安人寿	15.28	500	44.63	347.78	1 582.43	0.043 936	0.315 97	0.028 203
16	生命人寿	1 265.52	4 394.72	1 844.3	14 527.09	12 850.19	0.087 114	0.341 996	0.143 523
17	安邦人寿	0.34	500	4.64	0.55	252.96	0.618 182	1.976 597	0.018 343
18	合众人寿	625.88	1 729.79	1 147.81	7 026.33	19 629.63	0.089 076	0.088 121	0.058 473
19	长城人寿	191.15	1 407.5	378.79	2 262.79	7 160.28	0.084 475	0.196 571	0.052 902
20	嘉禾人寿	217.11	996	593.35	3 171.55	15 030.25	0.068 455	0.066 266	0.039 477
21	昆仑健康	9.77	300	48.78	95.47	305.045	0.102 336	0.983 461	0.159 911
22	和谐健康	0.32	1 000	42.64	2.79	675.67	0.114 695	1.480 012	0.063 108
23	正德人寿	116.07	1 000	191.33	424.6	6 716.7	0.273 363	0.148 883	0.028 486
24	华夏人寿	442.65	2 200	716.68	2 904.22	5 832.305	0.152 416	0.377 209	0.122 881
25	信泰人寿	212.44	1 468.29	393.59	2 090.78	3 021.68	0.101 608	0.485 918	0.130 255
26	英大人寿	59.58	1 303.15	419.73	767.99	6 845.695	0.077 579	0.190 361	0.061 313
27	国华人寿	147.15	1 000	259.94	3 919.21	9 305.93	0.037 546	0.107 458	0.027 933
28	幸福人寿	386.5	2 288	855.99	4 491.44	9 439.115	0.086 053	0.242 396	0.090 685
29	百年人寿	77.79	1 110	202.02	1 021.06	1 912.265	0.076 186	0.580 463	0.105 644
30	中邮人寿	72.28	500	100.89	2 029.6	1 463.5	0.035 613	0.341 647	0.068 937
31	中融人寿	0.07	300	42.32	0.58	686.67	0.120 69	0.436 891	0.061 631
32	中宏人寿	288.24	1 600	497.23	1 986.56	6 856.28	0.145 095	0.233 363	0.072 522

(续表)

序号	保险公司	手续费和佣金	实收资本	业务及管理费用	保险业务收入	平均总资产	佣金占保费收入的比率 P_1	实收资本占平均总资产的比率 P_2	营业费用占平均总资产的比率 P_3
33	太平洋安泰	82.12	800	188.74	708.03	3 987.185	0.115 984	0.200 643	0.047 337
34	中德安联	143.67	2 000	515.69	945.97	7 261.32	0.151 876	0.275 432	0.071 019
35	金盛人寿	55.47	1 605	478.27	757.98	3 322.51	0.073 181	0.483 069	0.143 948
36	交银康联	22.98	500	51.28	712.87	1 495.56	0.032 236	0.334 323	0.034 288
37	信诚人寿	324.38	2 115	741.43	3 702.54	13 270.73	0.087 61	0.159 373	0.055 87
38	中意人寿	219.88	2 700	528.23	5 712.35	36 890.02	0.038 492	0.073 191	0.014 319
39	光大永明	162.33	3 000	444.89	3 941.85	8 470.42	0.041 181	0.354 174	0.052 523
40	中荷人寿	101.1	1 300	229.76	1 175.71	5 115.25	0.085 991	0.254 142	0.044 917
41	海尔纽约	31.34	835	185.59	404.32	1 368.205	0.077 513	0.610 289	0.135 645
42	中英人寿	440.55	2 345.98	626.13	3 749.31	13 707.14	0.117 502	0.171 15	0.045 679
43	海康人寿	197.3	1 750	306.51	1 155.64	4 289.7	0.170 728	0.407 954	0.071 453
44	招商信诺	252.92	500	450.77	2 647.63	5 264.595	0.095 527	0.094 974	0.085 623
45	长生人寿	16.43	1 300	86.06	181.27	1 570.83	0.090 638	0.827 588	0.054 786
46	恒安标准	180.16	1 652	180.16	680.31	5 087.77	0.264 82	0.324 7	0.035 41
47	中美大都会	152.62	800	458.18	2 048.5	4 943.355	0.074 503	0.161 833	0.092 686
48	国泰人寿	34.51	1 200	284.77	401.22	2 595.71	0.086 013	0.462 301	0.109 708
49	中航三星	23.59	500	99.61	105.92	770.61	0.222 715	0.648 837	0.129 261
50	联泰大都会	51	1 000	370.29	718.04	3 685.615	0.071 027	0.271 325	0.100 469
51	中法人寿	7.81	200	23.02	222.38	739.955	0.035 12	0.270 287	0.031 11
52	中新大东方	32.88	1 000	94.5	458.29	1 397.895	0.071 745	0.715 361	0.067 602
53	君龙人寿	8.71	240	55.75	135.88	293.405	0.064 101	0.817 982	0.190 01
54	汇丰人寿	18.49	675	158.08	118.35	629.16	0.156 232	1.072 859	0.251 256
55	新光海航	15.02	500	77.86	114.59	534.135	0.131 076	0.936 093	0.145 768

资料来源：根据2010年《中国保险年鉴》整理。

附录5-2　　2010年55家寿险公司产出指标数据统计表

单位：百万元人民币

序号	保险公司	保险业务收入	责任准备金增量及保险赔付支出	投资收益	平均总资产	保险业务收入/平均总资产 y_1	责任准备金增量及保险赔付支出/平均总资产 y_2	投资收益/平均总资产 y_3
1	人保寿险	72 127.3	69 791.71	7 677.42	139 917	0.515 5	0.498 808	0.054 871
2	人保健康	2 863.38	2 268.61	1 366.78	24 323.35	0.117 721	0.093 269	0.056 192

(续表)

序号	保险公司	保险业务收入	责任准备金增量及保险赔付支出	投资收益	平均总资产	保险业务收入/平均总资产 y_1	责任准备金增量及保险赔付支出/平均总资产 y_2	投资收益/平均总资产 y_3
3	国寿股份	318 229	279 744	68 280	1 318 418	0.241 372	0.212 182	0.051 789
4	太平人寿	32 290.79	25 986.03	3 961	95 520.07	0.338 052	0.272 048	0.041 468
5	太平养老	22.16	0.81	5.26	623.425	0.035 546	0.001 299	0.008 437
6	民生人寿	7 933.48	6 413.78	706.01	17 892.41	0.443 399	0.358 464	0.039 459
7	阳光人寿	14 075.88	12 394.34	809.72	16 551.74	0.850 417	0.748 824	0.048 921
8	太保寿险	32 290.79	62 377.06	3 961	344 295	0.093 788	0.181 173	0.011 505
9	平安人寿	92 645.01	79 395.38	27 079.04	679 115.5	0.136 42	0.116 91	0.039 874
10	平安养老	4 170.64	2 108.77	325.41	9 148.155	0.455 9	0.230 513	0.035 571
11	平安健康	62.19	27.44	19.82	755.93	0.082 27	0.036 3	0.026 219
12	华泰人寿	5 133.22	4 628.44	401.89	10 124.75	0.506 997	0.457 141	0.039 694
13	新华人寿	91 679.06	83 699.1	10 677.07	255 506.5	0.358 813	0.327 581	0.041 788
14	泰康人寿	65 459.7	55 527.55	11 944.48	247 712.6	0.264 257	0.224 161	0.048 219
15	天安人寿	347.78	331.48	48.01	1 582.43	0.219 776	0.209 475	0.030 339
16	生命人寿	14 527.09	12 301.12	1 429.68	12 850.19	1.130 496	0.957 271	0.111 257
17	安邦人寿	0.55	0.03	2.65	252.96	0.002 174	0.000 119	0.010 476
18	合众人寿	7 026.33	5 398.26	851.66	19 629.63	0.357 945	0.275 006	0.043 386
19	长城人寿	2 262.79	1 987.44	269.88	7 160.28	0.316 02	0.277 565	0.037 691
20	嘉禾人寿	3 171.55	1 411.24	711.41	15 030.25	0.211 011	0.093 893	0.047 332
21	昆仑健康	95.47	89.3	4.78	305.045	0.312 97	0.292 744	0.015 67
22	和谐健康	2.79	11.81	5.01	675.67	0.004 129	0.017 479	0.007 415
23	正德人寿	424.6	638.19	458.68	6 716.7	0.063 216	0.095 015	0.068 289
24	华夏人寿	2 904.22	2 361.24	189.41	5 832.305	0.497 954	0.404 855	0.032 476
25	信泰人寿	2 090.78	1 743.73	105.53	3 021.68	0.691 926	0.577 073	0.034 924
26	英大人寿	767.99	658.24	271.9	6 845.695	0.112 186	0.096 154	0.039 718
27	国华人寿	3 919.21	3 958.18	573.9	9 305.93	0.421 152	0.425 34	0.061 67
28	幸福人寿	4 491.44	4 069.41	661.82	9 439.115	0.475 833	0.431 122	0.070 115
29	百年人寿	1 021.06	913.63	84.02	1 912.265	0.533 953	0.477 774	0.043 937
30	中邮人寿	2 029.6	1 930.28	32.3	1 463.5	1.386 812	1.318 948	0.022 07
31	中融人寿	0.58	0.08	39.57	686.67	0.000 845	0.000 117	0.057 626
32	中宏人寿	1 986.56	1 263.76	262.94	6 856.28	0.289 743	0.184 322	0.038 35
33	太平洋安泰	708.03	501.05	163.1	3 987.185	0.177 576	0.125 665	0.040 906
34	中德安联	945.97	722.33	151.28	7 261.32	0.130 275	0.099 476	0.020 834
35	金盛人寿	757.98	338.25	66.46	3 322.51	0.228 135	0.101 806	0.020 003

（续表）

序号	保险公司	保险业务收入	责任准备金增量及保险赔付支出	投资收益	平均总资产	保险业务收入/平均总资产 y_1	责任准备金增量及保险赔付支出/平均总资产 y_2	投资收益/平均总资产 y_3
36	交银康联	712.87	685.03	68.87	1 495.56	0.476 658	0.458 042	0.046 05
37	信诚人寿	3 702.54	2 925.05	358.27	13 270.73	0.279	0.220 414	0.026 997
38	中意人寿	5 712.35	5 922.95	1 526.25	36 890.02	0.154 848	0.160 557	0.041 373
39	光大永明	3 941.85	3 779.39	262.69	8 470.42	0.465 367	0.446 187	0.031 013
40	中荷人寿	1 175.71	996.16	265.32	5 115.25	0.229 844	0.194 743	0.051 868
41	海尔纽约	404.32	263.43	49.47	1 368.205	0.295 511	0.192 537	0.036 157
42	中英人寿	3 749.31	2 752.28	502.24	13 707.14	0.273 53	0.200 792	0.036 641
43	海康人寿	1 155.64	835.53	135.74	4 289.7	0.269 399	0.194 776	0.031 643
44	招商信诺	2 647.63	621.1	36.71	5 264.595	0.502 912	0.117 977	0.006 973
45	长生人寿	181.27	153.76	41.43	1 570.83	0.115 398	0.097 885	0.026 375
46	恒安标准	680.31	379.02	170.29	5 087.77	0.133 715	0.074 496	0.033 47
47	中美大都会	2 048.5	1 268.05	142.43	4 943.355	0.414 395	0.256 516	0.028 812
48	国泰人寿	401.22	296.72	127.49	2 595.71	0.154 57	0.114 312	0.049 116
49	中航三星	105.92	51.78	36.32	770.61	0.137 45	0.067 194	0.047 131
50	联泰大都会	718.04	446.18	46.03	3 685.615	0.194 822	0.121 06	0.012 489
51	中法人寿	222.38	215.84	35.39	739.955	0.300 532	0.291 693	0.047 827
52	中新大东方	458.29	409.18	30.19	1 397.895	0.327 843	0.292 712	0.021 597
53	君龙人寿	135.88	119.79	10.95	293.405	0.463 114	0.408 275	0.037 32
54	汇丰人寿	118.35	73	8.73	629.16	0.188 108	0.116 028	0.013 876
55	新光海航	114.59	85.92	19.54	534.135	0.214 534	0.160 858	0.036 583

资料来源：根据2010年《中国保险年鉴》整理。

附录5-3　2010年55家寿险公司净利润和总成本指标数据统计表

单位：百万元人民币

序号	保险公司	净利润	净利润+a	总成本	平均总资产	（净利润+a）/平均总资产 $\pi+a$	总成本/平均总资产 C
1	人保寿险	737.05	2 683.05	6 521.3	139 917	0.019 176	0.046 608
2	人保健康	53.93	1 999.93	1 098.28	24 323.35	0.082 223	0.045 153
3	国寿股份	33 811	35 757	48 173	1 318 418	0.027 121	0.036 538
4	太平人寿	949.68	2 895.68	6 878.48	95 520.07	0.030 315	0.072 011
5	太平养老	-153.99	1 792.01	346.21	623.425	2.874 46	0.555 335
6	民生人寿	17.18	1 963.18	1 983.73	17 892.41	0.109 721	0.110 87
7	阳光人寿	-323.3	1 622.7	2 617.84	16 551.74	0.098 038	0.158 161

(续表)

序号	保险公司	净利润	净利润+a	总成本	平均总资产	(净利润+a)/平均总资产 $\pi+a$	总成本/平均总资产 C
8	太保寿险	4 611	6 557	6 878.48	344 295	0.019 045	0.019 978
9	平安人寿	8 726.54	10 672.54	19 947.59	679 115.5	0.015 715	0.029 373
10	平安养老	161.83	2 107.83	1 653.74	9 148.155	0.230 41	0.180 773
11	平安健康	-30.61	1 915.39	78.06	755.93	2.533 819	0.103 264
12	华泰人寿	-146.66	1 799.34	915.25	10 124.75	0.177 717	0.090 397
13	新华人寿	2 230.26	4 176.26	15 665.27	255 506.5	0.016 345	0.061 311
14	泰康人寿	2 095.2	4 041.2	12 969.23	247 712.6	0.016 314	0.052 356
15	天安人寿	-13.47	1 932.53	59.91	1 582.43	1.221 242	0.037 859
16	生命人寿	98.46	2 044.46	3 109.82	12 850.19	0.159 1	0.242 006
17	安邦人寿	0.2	1 946.2	4.98	252.96	7.693 707	0.019 687
18	合众人寿	237.5	2 183.5	1 773.69	19 629.63	0.111 235	0.090 358
19	长城人寿	-163.05	1 782.95	569.94	7 160.28	0.249 006	0.079 597
20	嘉禾人寿	14.3	1 960.3	810.46	15 030.25	0.130 424	0.053 922
21	昆仑健康	-48.82	1 897.18	58.55	305.045	6.219 345	0.191 939
22	和谐健康	-40.43	1 905.57	42.96	675.67	2.820 267	0.063 581
23	正德人寿	0.72	1 946.72	307.4	6 716.7	0.289 833	0.045 767
24	华夏人寿	-315.05	1 630.95	1 159.33	5 832.305	0.279 641	0.198 777
25	信泰人寿	-160.58	1 785.42	606.03	3 021.68	0.590 87	0.200 561
26	英大人寿	-345.33	1 600.67	479.31	6 845.695	0.233 821	0.070 016
27	国华人寿	65.34	2 011.34	407.09	9 305.93	0.216 135	0.043 745
28	幸福人寿	-450.38	1 495.62	1 242.49	9 439.115	0.158 449	0.131 632
29	百年人寿	-144.03	1 801.97	279.81	1 912.265	0.942 322	0.146 324
30	中邮人寿	-39.66	1 906.34	173.17	1 463.5	1.302 59	0.118 326
31	中融人寿	21.79	1 967.79	42.39	686.67	2.865 7	0.061 733
32	中宏人寿	123.19	2 069.19	785.47	6 856.28	0.301 795	0.114 562
33	太平洋安泰	37.49	1 983.49	270.86	3 987.185	0.497 466	0.067 933
34	中德安联	-293.68	1 652.32	659.36	7 261.32	0.227 551	0.090 804
35	金盛人寿	-76.89	1 869.11	533.74	3 322.51	0.562 56	0.160 644
36	交银康联	-23.79	1 922.21	74.26	1 495.56	1.285 278	0.049 654
37	信诚人寿	184.02	2 130.02	1 065.81	13 270.73	0.160 505	0.080 313
38	中意人寿	68.39	2 014.39	748.11	36 890.02	0.054 605	0.020 279
39	光大永明	-208.56	1 737.44	607.22	8 470.42	0.205 119	0.071 687
40	中荷人寿	-14.73	1 931.27	330.86	5 115.25	0.377 551	0.064 681

(续表)

序号	保险公司	净利润	净利润+a	总成本	平均总资产	(净利润+a)/平均总资产 π+a	总成本/平均总资产 C
41	海尔纽约	-38.03	1 907.97	216.93	1 368.205	1.394 506	0.158 551
42	中英人寿	217.53	2 163.53	1 066.68	13 707.14	0.157 84	0.077 819
43	海康人寿	-89.74	1 856.26	503.81	4 289.7	0.432 725	0.117 446
44	招商信诺	171	2 117	703.69	5 264.595	0.402 12	0.133 665
45	长生人寿	-50.19	1 895.81	102.49	1 570.83	1.206 884	0.065 246
46	恒安标准	-164.39	1 781.61	360.32	5 087.77	0.350 175	0.070 821
47	中美大都会	233.17	2 179.17	610.8	4 943.355	0.440 828	0.123 56
48	国泰人寿	-182.29	1 763.71	319.28	2 595.71	0.679 471	0.123 003
49	中航三星	-61.1	1 884.9	123.2	770.61	2.445 984	0.159 873
50	联泰大都会	-76.37	1 869.63	421.29	3 685.615	0.507 278	0.114 307
51	中法人寿	-16.43	1 929.57	30.83	739.955	2.607 686	0.041 665
52	中新大东方	-48.5	1 897.5	127.38	1 397.895	1.357 398	0.091 123
53	君龙人寿	-42.54	1 903.46	64.46	293.405	6.487 483	0.219 696
54	汇丰人寿	-121.95	1 824.05	176.57	629.16	2.899 183	0.280 644
55	新光海航	-49.24	1 896.76	92.88	534.135	3.551 087	0.173 889

注：a 的取值为 1 946 百万元，取值依据详见本书第五章第三节因变量选取的内容。

资料来源：根据2010年《中国保险年鉴》整理。

附录5-4　　2010年55家寿险公司影响因素指标数据统计表

序号	保险公司	保险业务收入	年末总资产	本科以上学历人数	市场份额（当年该寿险公司保费收入/当年全国寿险总保费收入）MF	公司规模（当年年末总资产对数）LnCS	人力资本（当年本科以上学历人数的对数）LnHC
1	人保寿险	72 127.3	186 869.1	14 763	0.067 838	12.138 16	9.599 879
2	人保健康	2 863.38	26 575.9	1 825	0.002 693	10.187 76	7.509 335
3	国寿股份	318 229	1 410 579	42 989	0.299 303	14.159 51	10.668 7
4	太平人寿	32 290.79	111 327.9	10 649	0.030 37	11.620 24	9.273 221
5	太平养老	22.16	824.15	1 045	2.08E-05	6.714 353	6.951 772
6	民生人寿	7 933.48	21 527.08	3 965	0.007 462	9.977 067	8.285 261
7	阳光人寿	14 075.88	24 878.23	4 715	0.013 239	10.121 75	8.458 504
8	太保寿险	32 290.79	378 949	15 106	0.030 37	12.845 16	9.622 847
9	平安人寿	92 645.01	761 662.5	29 465	0.087 135	13.543 26	10.290 96
10	平安养老	4 170.64	11 201.21	1 326	0.003 923	9.323 777	7.189 922
11	平安健康	62.19	885.42	20	5.85E-05	6.786 062	2.995 732

（续表）

序号	保险公司	保险业务收入	年末总资产	本科以上学历人数	市场份额（当年该寿险公司保费收入/当年全国寿险总保费收入）MF	公司规模（当年年末总资产对数）LnCS	人力资本（当年本科以上学历人数的对数）LnHC
12	华泰人寿	5 133.22	12 916.5	1 147	0.004 828	9.466 261	7.044 905
13	新华人寿	91 679.06	304 452.4	26 653	0.086 227	12.626 27	10.190 66
14	泰康人寿	65 459.7	293 475.3	7 998	0.061 567	12.589 55	8.986 947
15	天安人寿	347.78	1 710.51	81	0.000 327	7.444 547	4.394 449
16	生命人寿	14 527.09	15 805	11 981	0.013 663	9.668 082	9.391 077
17	安邦人寿	0.55	505.92	63	5.17E-07	6.226 379	4.143 135
18	合众人寿	7 026.33	24 156.3	5 948	0.006 608	10.092 3	8.690 81
19	长城人寿	2 262.79	8 592.12	1 321	0.002 128	9.058 601	7.186 144
20	嘉禾人寿	3 171.55	17 604.02	1 283	0.002 983	9.775 883	7.156 956
21	昆仑健康	95.47	318.89	182	8.98E-05	5.764 846	5.204 007
22	和谐健康	2.79	962.6	99	2.62E-06	6.869 638	4.595 12
23	正德人寿	424.6	8 922.45	633	0.000 399	9.096 326	6.450 47
24	华夏人寿	2 904.22	7 324.9	1 979	0.002 731	8.899 035	7.590 347
25	信泰人寿	2 090.78	4 146.6	1 736	0.001 966	8.330 044	7.459 339
26	英大人寿	767.99	8 172.33	780	0.000 722	9.008 509	6.659 294
27	国华人寿	3 919.21	10 439.53	696	0.003 686	9.253 355	6.545 35
28	幸福人寿	4 491.44	12 649.43	4 071	0.004 224	9.445 367	8.311 644
29	百年人寿	1 021.06	2 235.78	607	0.000 96	7.712 345	6.408 529
30	中邮人寿	2 029.6	2 418.66	272	0.001 909	7.790 969	5.605 802
31	中融人寿	0.58	1 373.34	81	5.46E-07	7.225 001	4.394 449
32	中宏人寿	1 986.56	7 782.23	739	0.001 868	8.959 598	6.605 298
33	太平洋安泰	708.03	4 244.01	258	0.000 666	8.353 264	5.552 96
34	中德安联	945.97	7 493.61	765	0.000 89	8.921 806	6.639 876
35	金盛人寿	757.98	3 782.47	551	0.000 713	8.238 133	6.311 735
36	交银康联	712.87	1 892.03	98	0.000 67	7.545 406	4.584 967
37	信诚人寿	3 702.54	15 403.97	3 437	0.003 482	9.642 381	8.142 354
38	中意人寿	5 712.35	39 480.33	912	0.005 373	10.583 56	6.815 64
39	光大永明	3 941.85	10 514.59	1 062	0.003 707	9.260 519	6.967 909
40	中荷人寿	1 175.71	5 690.07	1 004	0.001 106	8.646 478	6.911 747
41	海尔纽约	404.32	1 435.93	406	0.000 38	7.269 568	6.006 353
42	中英人寿	3 749.31	15 379.59	937	0.003 526	9.640 797	6.842 683
43	海康人寿	1 155.34	4 852.87	748	0.001 087	8.487 326	6.617 403
44	招商信诺	2 647.63	6 239.2	218	0.002 49	8.738 607	5.384 495

(续表)

序号	保险公司	保险业务收入	年末总资产	本科以上学历人数	市场份额（当年该寿险公司保费收入/当年全国寿险总保费收入）MF	公司规模（当年年末总资产对数）LnCS	人力资本（当年本科以上学历人数的对数）LnHC
45	长生人寿	181.27	1 650.15	335	0.000 17	7.408 621	5.814 131
46	恒安标准	680.31	5 434.43	1 482	0.000 64	8.600 51	7.301 148
47	中美大都会	2 048.5	5 795.68	514	0.001 927	8.664 868	6.242 223
48	国泰人寿	401.22	2 775.87	722	0.000 377	7.928 719	6.582 025
49	中航三星	105.92	885.48	137	9.96E−05	6.786 13	4.919 981
50	联泰大都会	718.04	4 301.65	343	0.000 675	8.366 754	5.837 73
51	中法人寿	222.38	835	34	0.000 209	6.727 432	3.526 361
52	中新大东方	458.29	1 578.5	437	0.000 431	7.364 23	6.079 933
53	君龙人寿	135.88	335.57	172	0.000 128	5.815 831	5.147 494
54	汇丰人寿	118.35	720.29	184	0.000 111	6.579 654	5.214 936
55	新光海航	114.59	547.58	200	0.000 108	6.305 509	5.298 317

注：1. 2010年全国寿险总保费收入为 1 063 233 百万元。

2. 保险业务收入和年末总资产的单位是百万元；本科以上学历人数的单位是个。

资料来源：根据2010年《中国保险年鉴》整理。

附录6−1　2004—2010年中国平安（集团）投入指标数据统计表

单位：百万元人民币

年份	手续费和佣金	股本(实收资本)	业务及管理费用	保险业务收入	平均总资产	佣金占保费收入的比率 P_1	实收资本占平均总资产的比率 P_2	营业费用占平均总资产的比率 P_3
2004	5 250.94	6 195.05	6 099.19	65 617.37	222 505.56	0.080 024	0.027 842	0.027 411
2005	5 250.94	6 195.05	7 033.28	71 625.12	263 535.43	0.073 311	0.023 507	0.026 688
2006	8 074	6 195.05	10 008	85 405	351 127.56	0.094 538	0.017 643	0.028 502
2007	10 838	7 345	15 465	100 945	557 196	0.107 365	0.013 182	0.027 755
2008	8 649	7 345	14 421	89 103	677 834	0.097 067	0.010 836	0.021 275
2009	11 418	7 345	22 438	112 213	820 138	0.101 753	0.008 956	0.027 359
2010	14 507	7 644	29 276	159 384	1 053 669.5	0.091 019	0.007 255	0.027 785

资料来源：根据2004—2010年《中国保险年鉴》及2004—2010年《中国平安（集团）年报》整理。

附录6-2 2004—2010 年中国平安（集团）产出指标数据统计表

单位：百万元人民币

年份	保险业务收入	责任准备金增量及保险赔付支出	投资收益	平均总资产	保险业务收入/平均总资产 y_1	责任准备金增量及保险赔付支出/平均总资产 y_2	投资收益/平均总资产 y_3
2004	65 617.37	49 986.64	2 986.22	222 505.555	0.294 902	0.224 653	0.013 421
2005	71 625.12	55 294.93	5 885.13	263 535.425	0.271 786	0.209 82	0.022 331
2006	85 405	82 829	21 292	351 127.555	0.243 231	0.235 894	0.060 639
2007	100 945	117 284	56 950	557 196	0.181 166	0.210 49	0.102 208
2008	89 103	53 555	25 708	677 834	0.131 453	0.079 009	0.037 927
2009	112 213	79 564	30 380	820 138	0.136 822	0.097 013	0.037 043
2010	159 384	109 347	32 782	1 053 669.5	0.151 266	0.103 777	0.031 112

资料来源：根据2004—2010 年《中国保险年鉴》及2004—2010 年《中国平安（集团）年报》整理。

附录6-3 2004—2010 年中国平安（集团）净利润总成本及影响因素指标数据统计表

年份	净利润	总成本	平均总资产	净利润/平均总资产 π	总成本/平均总资产 C	薪酬(SL)	股份(SH)	薪酬取对数 lnSL	股份取对数 lnSH
2004	2 608.08	11 350.13	222 505.6	0.011 721	0.051 011	19.695	0.000 000 01	2.980 365	-18.420 7
2005	3 338.43	12 284.22	263 535.4	0.012 668	0.046 613	22.337	0.000 000 01	3.106 244	-18.420 7
2006	7 496	18 240	351 127.6	0.021 348	0.051 947	74.648 45	334.738 768	4.312 79	5.813 35
2007	15 581	26 888	557 196	0.027 963	0.048 256	292.595	334.589 748	5.678 789	5.812 905
2008	1 635	25 001	677 834	0.002 412	0.036 884	69.918 3	305.282 748	4.247 327	5.721 238
2009	14 482	45 337	820 138	0.017 658	0.055 28	90.592 9	158.385 468	4.506 376	5.065 032
2010	17 938	52 999	1 053 670	0.017 024	0.050 299	68.202 7	158.007 968	4.222 484	5.062 645

注：1. 净利润、总成本、平均总资产和薪酬的单位都是百万元；股份的单位是百万股。

2. 2004 年和2005 年的《中国平安（集团）年报》未公布董事、监事、高级管理人员的持股情况，应该将其视为零。为了满足FRONTER4.1 处理数据的要求，本书采用常用的数据处理方法，将其设置为接近于零，但又不为零的非常小的数字以便于计算。

资料来源：根据2004—2010 年《中国保险年鉴》及2004—2010 年《中国平安（集团）年报》整理。

附录 7-1　　2006—2010 年中国人寿投入指标数据统计表

单位：百万元人民币

年份	手续费和佣金	股本（实收资本）	业务及管理费用	保险业务收入	平均总资产	佣金占保费收入的比率 P_1	实收资本占平均总资产的比率 P_2	营业费用占平均总资产的比率 P_3
2006	14 647	28 265	13 211	181 173	603 585.5	0.080 845	0.046 828	0.021 888
2007	16 056	28 265	16 323	196 626	789 985.5	0.081 658	0.035 779	0.020 662
2008	24 200	28 265	17 340	295 579	942 384	0.081 873	0.029 993	0.018 4
2009	22 936	28 265	19 238	275 970	1 108 210.5	0.083 11	0.025 505	0.017 36
2010	27 256	28 265	20 917	318 229	1 318 418	0.085 649	0.021 439	0.015 865

资料来源：根据 2006—2010 年《中国保险年鉴》及 2006—2010 年《中国人寿年报》整理。

附录 7-2　　2006—2010 年中国人寿产出指标数据统计表

单位：百万元人民币

年份	保险业务收入	责任准备金增量及保险赔付支出	投资收益	平均总资产	保险业务收入/平均总资产 y_1	责任准备金增量及保险赔付支出/平均总资产 y_2	投资收益/平均总资产 y_3
2006	181 173	166 418	30 951	603 585.5	0.300 161	0.275 716	0.051 279
2007	196 626	180 288	91 377	789 985.5	0.248 898	0.228 217	0.115 669
2008	295 579	274 411	53 339	942 384	0.313 65	0.291 188	0.056 6
2009	275 970	237 145	62 807	1 108 211	0.249 023	0.213 989	0.056 674
2010	318 229	279 744	68 280	1 318 418	0.241 372	0.212 182	0.051 789

资料来源：根据 2006—2010 年《中国保险年鉴》及 2006—2010 年《中国人寿年报》整理。

附录7-3　2006—2010年中国人寿净利润总成本及影响因素指标数据统计表

年份	净利润	总成本	平均总资产	净利润/平均总资产 π	总成本/平均总资产 C	薪酬（SL）	股份（SH）	薪酬取对数 lnSL	股份取对数 lnSH
2006	14 479	28 769.4	603 585.5	0.023 988	0.047 664	15.306 8	0.002	2.728 297	-6.214 61
2007	28 297	33 480.82	789 985.5	0.035 82	0.042 382	29.28	0.002	3.376 905	-6.214 61
2008	19 274	45 479	942 384	0.020 452	0.048 26	28.86	0.002	3.362 457	-6.214 61
2009	33 036	46 244	1 108 211	0.029 81	0.041 729	15.7	0.000 000 01	2.753 661	-18.420 7
2010	33 811	52 912	1 318 418	0.025 645	0.040 133	19.737 5	0.000 000 01	2.982 52	-18.420 7

注：1. 净利润、总成本、平均总资产和薪酬的单位都是百万元；股份的单位是百万股。

2. 2009年和2010年的《中国人寿年报》未公布董事、监事、高级管理人员的持股情况，应该将其视为零。为了满足FRONTER4.1处理数据的要求，本书采用常用的数据处理方法，将其设置为接近于零，但又不为零的非常小的数字以便于计算。

资料来源：根据2006—2010年《中国保险年鉴》及2006—2010年《中国人寿年报》整理。

附录8-1　2007—2010年中国太保投入指标数据统计表

单位：百万元人民币

年份	手续费和佣金	股本（实收资本）	业务及管理费用	保险业务收入	平均总资产	佣金占保费收入的比率 P_1	实收资本占平均总资产的比率 P_2	营业费用占平均总资产的比率 P_3
2007	5 615	7 700	10 055	74 236	256 050.5	0.075 637	0.030 072	0.039 27
2008	7 258	7 700	11 430	94 016	314 200	0.077 2	0.024 507	0.036 378
2009	8 820	8 483	13 237	96 342	358 288.5	0.091 549	0.023 676	0.036 945
2010	11 198	8 600	16 989	139 555	436 449	0.080 241	0.019 704	0.038 926

资料来源：根据2007—2010年《中国保险年鉴》及2007—2010年《中国太保年报》整理。

附录 8-2　　　2007—2010 年中国太保产出指标数据统计表

单位：百万元人民币

年份	保险业务收入	责任准备金增量及保险赔付支出	投资收益	平均总资产	保险业务收入/平均总资产 y_1	责任准备金增量及保险赔付支出/平均总资产 y_2	投资收益/平均总资产 y_3
2007	74 236	69 810	27 009	256 050.5	0.289 927	0.272 642	0.105 483
2008	94 016	77 137	14 008	314 200	0.299 223	0.245 503	0.044 583
2009	96 342	73 022	19 389	358 288.5	0.268 895	0.203 808	0.054 116
2010	139 555	101 685	21 067	436 449	0.319 751	0.232 983	0.048 269

资料来源：根据 2007—2010 年《中国保险年鉴》及 2007—2010 年《中国太保年报》整理。

附录 8-3　2007—2010 年中国太保净利润总成本及影响因素指标数据统计表

年份	净利润	总成本	平均总资产	净利润/平均总资产 π	总成本/平均总资产 C	薪酬（SL）	股份（SH）	薪酬取对数 lnSL	股份取对数 lnSH
2007	7 069	16 493	256 050.5	0.027 608	0.064 413	39.451 8	0.000 000 01	3.675 08	-18.420 7
2008	1 415	19 249	314 200	0.004 504	0.061 264	31.076	0.000 000 01	3.436 436	-18.420 7
2009	7 473	25 404	358 288.5	0.020 857	0.070 904	37.726	0.064 525	3.630 35	-2.740 7
2010	8 665	32 612	436 449	0.019 853	0.074 721	32.916	0.130 225	3.493 959	-2.038 49

注：1. 净利润、总成本、平均总资产和薪酬的单位都是百万元；股份的单位是百万股。

2. 2007 年和 2008 年的《中国太保年报》未公布董事、监事、高级管理人员的持股情况，应该将其视为零。为了满足 FRONTER4.1 处理数据的要求，本书采用常用的数据处理方法，将其设置为接近于零，但又不为零的非常小的数字以便于计算。

资料来源：根据 2007—2010 年《中国保险年鉴》及 2007—2010 年《中国太保年报》整理。

后 记

本书是在笔者博士学位论文的基础上进一步修改、完善而成的。书稿的主要部分在 2012 年 6 月笔者论文答辩前即已完成，但因种种原因，书稿的修改定稿工作直至今日才告完成。定稿辍笔，不免长舒一口气！每天从早到晚，在电脑前一坐就是一整天，这样辛劳了一年多，磨亮了鼠标，磨光了键盘上的字，在我的文字生涯中，这恐怕是耗时最长的一部书稿了。心中感触甚多，本书将成为我求学生涯弥足珍贵的载体。

回望读博的经历，可谓悲喜交集、甘苦尽尝。2007 年 5 月，单位领导派我去广州参加一个全国高校双语教学会议，听了来自全国各大高校教师代表在会议上的高水平发言，在对教学工作反思之余，我突然意识到作为一名年轻的大学教师，自己对所学的专业理论知识的认知是多么有限和贫乏，于是便毅然决定继续深造，报考博士。幸而得到西南财经大学保险学院孙蓉教授垂青，几经周折，在孙老师的大力支持和不断鼓励之下，我终于在 2009 年 9 月圆了自己的求学之梦，并有幸在孙蓉教授的指导下攻读博士学位。我深知这次学习机会来之不易，在三年的求学路上，不敢虚度光阴，日日苦读，使自己广泛涉猎经济学的基本理论到保险的专业理论，对寿险公司产权结构及其有效性领域有了较深入的研究，并能完成本书的写作。回顾这三年，长进不小，收获不少，感悟良多！

案前的这本书稿，凝结着我攻读博士学位三年来的汗水，从书稿选题到写作，再到初稿草成，多少个宁静的夜晚，一个人孤坐灯下，冥思苦想、苦苦探寻。本书的写作是一个煎熬的过程，因为几乎所有东西都要在别人的基础上提炼，经过消化吸收用自己的大脑加工再形成一个新的体系。对于我来说，"寿险公司产权结构有效性"是一个新的领域，也是一次大的挑战。在本书的写作过程中，最难之处莫过于对产权理论浩如烟海的文献著述进行整理、归纳、吸收之后，再将其与寿险公司的经营效率相结合，最终落实到"寿险公司产权结构有效性"这一论点上进行探讨和研究。写作中总有新问题不断涌现：寿险公司产权结构有效性到底该怎么界定？寿险公司产权结构有效性究竟从哪些角度分析才能体现出产权理论的精髓？从哪些方面以及用什么方法验证我国寿险公司产权结构的有效性？这些问题一度成为我最大的困扰。在前人的研究中寻找思路，在与导师和同学的讨论中获得启发，跳出原有的思维模式，终令我有豁然开朗的感觉。

　　本书文献资料和数据信息的搜集非常困难。特别是书稿涉及产权经济学、保险公司经营治理问题、公司效率理论以及计量模型等各方面的交叉学科知识，就连界定产权、效率等概念都需要查阅数十本中外相关文献。在实证分析环节，为了选择最适宜的计量模型反映寿险公司经营效率与其股权结构或经理报酬之间的关系，往往要进行多次模型的筛选和比较，动辄就需要几个月的时间才能确定一个最终模型。当然，辛苦的付出也让我获益匪浅，收获良多。

　　尽管书稿已画上了最后一个句号，但仍有少许遗憾。由于考虑到科斯定理的核心内容是将产权的经济功能界定为克服外部性，降低社会成本，从而在制度上保证资源配置的有效性，因此本书选择以产权的外部性内在化激励功能作为衡量寿险公司产权结构有效性的标准，又限于研究的重点和问题的集中性，寿险公司产权结构有效性理论的其他分析视角并未列入本书的研究范围，所以本书的研究难免存在一定的局限和遗漏。同时，由于数据来源的诸多限制，研究的内容还有待进一步细化。这些都将是笔者今后关注和研究的重点。

　　在此，我要衷心地感谢我的博士生导师、全国金融教育先进工作者、西南财经大学首届教学名师、西南财经大学保险学院孙蓉教授。能师从孙老师攻读我的博士学业是我一生的荣幸。每当在学业上遇到困难，孙老师总能为我指点迷津，热忱鼓励，帮助我开拓研究思路，让我茅塞顿开。在学习和本书的写作过程中，孙老师广博深厚的学术功底、严谨的治学态度给我留下了深刻印象。每一次和导师相聚，聆听她的教诲，都使我受益匪浅。在本书选题、构思、资料搜集、成文定稿的各个环节，我都得到了孙老师的悉心指导和大力帮助，在此向孙老师表示最真诚的感谢和深深的敬意。

　　感谢在攻读博士学位期间，林义教授、卓志教授、陈滔教授、丁少群教授及胡秋明教授在专业课程上的悉心指导，以及在笔者博士毕业论文开题和预答辩过程中提出的宝贵意见和建议，均使我获益匪浅，深受启发。感谢读博期间担任我课程指导的庞皓教授以及王晓全、李毅、雷震、刘书祥、杨海涛等老师，我从他们那里不仅学习了经济学及相关的理论知识，他们的教学态度和敬业精神也时常激励我认真求知。我还要感谢那些文献中提到的和未提到的孜孜以求的学者，是他们的成果如阳光和水给我的写作提供了宝贵的养料，成就了我今天的研究。

在本书艰难的写作过程中，还有许许多多的人为我提供了无私帮助和大力支持，在此致以我最诚挚的感谢。感谢同门师弟陈晓安和王向楠给予的指正和提供的诸多宝贵意见，使本书有所完善；在与他们进行思想的交流、知识的探讨中，他们的聪明和睿智常常让我激赏，并启发和提高了自己。感谢同学金丹、常晓素、贾佩、韩青宇、王伊琳、刘明霞、段胜、李俊等的鼓励与支持，使我在漫长的求学路上，能够坚持下去。同学间的深情厚谊，永记心头。

此外，还要感谢我的任教单位海南师范大学为我提供了宽松的学习环境和必要的物质经济条件；感谢海南师范大学经管学院院长潘永强教授给予我最大的支持和多方面帮助；感谢海南师范大学经管学院陈莉花副院长为我承担了更多的工作任务，牺牲了她大量的时间和精力。

感谢海南师范大学学术专著出版基金和海南师范大学博士启动基金对本书的出版提供的至关重要的资助，还要感谢西南财经大学出版社的汪涌波编辑在本书的编辑、校对及出版过程中提供的大力支持和帮助。

最后，要特别感谢我的妈妈，多年来为我艰辛付出，分忧解难，鼓励我积极进取，她永远是我最温暖、最踏实的依靠！感谢我的先生一直以来对我学习和工作的支持与生活的照顾，不仅承担了全部的家庭生活重任，还为我分担了资料收集整理、书稿排版及校对的工作。感谢我的女儿叶叶，她甜甜的笑靥、灵动的双眸，为我的生活增添了无穷的乐趣。衷心地感谢我的家人在我求学路上给予的支持与帮助，因为有他们的爱支撑，我才能最终完成学业和书稿。我还想谨以此书献给我已故多年的父亲，告诉他，我没有辜负他对我的期望，终于完成了我人生中最高学历的学业，达成了他多年的遗愿！

本书的写作历练使我领悟到"路漫漫其修远兮，吾将上下而求索"的深刻内涵，并能够以一种沉静而专注的心态投入到今后的研究工作当中。我将秉承"慎终若始"的坚韧精神，不断前行，让今后的人生走得更好、更远！

叶成徽
2013年2月定稿于椰城